U0854587

新世纪高等学校教材·教育学专业系列教材

教育法学教程

第2版

叶 芸——主编

JIAOYU FAXUE
JIAOCHENG

北京师范大学出版集团
BEIJING NORMAL UNIVERSITY PUBLISHING GROUP
北京师范大学出版社

图书在版编目(CIP)数据

教育法学教程 / 叶芸主编. —2 版. —北京：北京师范大学出版社，2024.1
新世纪高等学校教材·教育学专业系列教材
ISBN 978-7-303-29160-1

Ⅰ. ①教… Ⅱ. ①叶… Ⅲ. ①教育法－法的理论－中国－高等学校－教材 Ⅳ. ①D922.161

中国国家版本馆 CIP 数据核字(2023)第 098175 号

图书意见反馈：gaozhifk@bnupg.com 010-58805079
营销中心电话：010-58802755 58800035
北师大出版社教师教育分社微信公众号 京师教师教育

出版发行：北京师范大学出版社 www.bnup.com
北京市西城区新街口外大街 12-3 号
邮政编码：100088
印 刷：北京溢漾印刷有限公司
经 销：全国新华书店
开 本：787 mm×1092 mm 1/16
印 张：22.75
字 数：390 千字
版 次：2024 年 1 月第 2 版
印 次：2024 年 1 月第 6 次印刷
定 价：69.00 元

策划编辑：何 琳　　责任编辑：孟 浩
美术编辑：焦 丽　　装帧设计：焦 丽
责任校对：陈 荟　　责任印制：马 洁 赵 龙

前　言

本书主要作为高等师范院校、教育学院教师教育的专业课程教材，适合高等院校教育学专业、教育管理专业以及与师范教育有关的其他专业的本科生或研究生学习使用，也可作为校长培训、教师进修和广大教育行政干部、教育管理人员等在职继续教育的师资培训教材，同时能够作为教师资格考试复习及辅导用书，以及供关心依法治教和国家教育事业发展的读者学习与参考。

本书以辩证唯物主义和历史唯物主义为指导，以习近平总书记关于教育的重要论述和党的十八大，尤其是党的二十大以来的教育精神为依据，主要论述了教育法学的概念、教育法学的产生和发展、教育法的概念、教育法律规范、教育法律关系、教育法律责任和教育法的历史发展等基本理论问题，重点介绍了教育行政机关、学校、教师和学生等法律关系主体的法律地位、权利与义务等内容，系统阐释了教育法的实施和教育法律救济等教育法律过程问题。

为了达到使学习者掌握教育法学的基本理论，增强教育法律意识，形成运用教育法知识分析教育法律问题的能力，养成依法治教素养的目的，本书力争体现以下特点。一是基础性。本书广泛吸收法学和教育法学的研究成果，借鉴教育法学课程较为达成共识的理论体系来选择与编写内容，力求让学习者较为全面地理解与掌握本学科的理论知识和基本原理。二是新颖性。本书力争展现教育法学前沿理论知识和已颁布的教育法律法规，尤其凸显教育法律法规新修订的内容，帮助学习者掌握教育法规的发展变化规律及发展趋势。三是实践性。本书各章节均配有大量典型的教育法案例，通过案情陈述、案例评析，将案例、法理和法律规范三者融为一体，阐明法理、解释教育法律规范，理论联系实践，深入浅出地分析教育法知识，使教材内容易于理解、便于掌握。四是适用性。本书各章末尾都结合该章内容提供了1～3个教育法案例分析题，以期通过案例的剖析引导学习者学以致用，培养学习者联系相关法律、法规、政策知识分析问题、讨论问题的习惯与能力，达成提高学习者教育法律素养的目的。

本书由叶芸组织撰写，由多位从事教育法学研究的高校教师共同参与编写。全书共九章，具体分工如下：海南师范大学叶芸(第一章、第二章、第五章、第八章)，山东女子学院王录平(第三章)，华南农业大学刘辉和海南师范大学叶芸(第四章)，闽南师范大学汪敏(第六章、第七章)，华南农业大学林玲(第九章)。本书由叶芸修改、统稿并任主编。

在编写过程中，我们参考、借鉴和引用了许多学者的研究成果和文献资料，在此对前辈学者和同辈学人表示感谢。我们本着认真、严谨的态度并付出了努力，但囿于能力、经验等，我们的工作还存在不足之处，欢迎读者和专家、学者批评指正！

编者

2024年1月

目录

目录

第一章　绪　论

学习目的和要求

1. 掌握教育法学的概念。
2. 理解教育法学的学科性质。
3. 知道教育法学的研究对象。
4. 了解教育法学的研究内容。
5. 知道不同历史时期教育法学的代表人物和代表作。
6. 了解我国教育法学产生和发展的历史脉络。
7. 掌握教育法学的研究方法。
8. 明确学习教育法学的意义。

具体教学内容

1. 教育法学的定义
2. 教育法学的学科性质、研究对象、研究内容和研究方法
3. 教育法学和其他相邻学科的关系
4. 教育法学产生和发展的历史沿革
5. 我国教育法学产生和发展的历史脉络

第一节 教育法学的概念

一、教育法学的定义

教育法学是教育学学科群中重要的一门学科，有自己相对独立的研究领域。经过多年的发展，教育法学在研究对象、研究范畴、研究任务、研究内容和研究方法等方面已经形成了独具特色的体系。

（一）教育法学定义的相关研究

什么是教育法学，是学习和研究教育法学首先需要了解的问题。一般而言，如果某门学科在研究对象、研究范畴、研究任务、研究内容和研究方法等方面已经具备了相对完整的内容，那么对这门学科的界定通常在逻辑上表述为这门学科是研究某个领域的一门学科，或者这门学科的研究领域、研究对象、研究内容、研究方法等都具有相对的明确性、具体性和可操作性。

对于什么是教育法学，我国学者下定义的落脚点不尽相同，看法并不一致。相关的定义主要如下。①教育法学是一门以教育学和法学为基础，以教育法问题为中心的多学科综合性的边缘学科。[①] ②教育法学是以理论法学为指导，运用法学共用的方法，吸收邻接法律学科、一般法学以及其他特别法学的研究成果，并在教育法实践基础上形成的一门新的独立的学科。[②] ③教育法学是研究教育领域的法律现象及其发展规律的科学。[③] ④教育法学是以有关教育法规制定和实施等方面问题为研究对象的法律学科，是一个独立的法学部门。[④] ⑤教育法学是以教育法规规范和教

① 胡文斌：《国外教育法学发展概述》，载《教育研究》，1986(11)。
② 何瑞琨：《教育法学的学科特点》，载《教育研究》，1987(6)。
③ 丁胜源、陆进达：《关于建立具有中国特色的教育法学的意见》，载《教育研究》，1987(12)。
④ 何勤华、徐永康：《法学新学科手册》，30页，杭州，浙江人民出版社，1988。

育法制现象为重要研究对象，并揭示其基本规律的一门科学；它是马克思主义法学体系中的一个分支学科。[①] ⑥教育法学是一门以法学和教育学的方法论为基础，以教育法为对象，研究学校教育关系的法律调节的特定的知识部门。[②] ⑦教育法学是教育法律科学的简称，是以法学和教育学为基础，以教育法、教育法律规律及其发展规律为研究对象的一门新兴学科。[③] ⑧教育法学是以教育法律现象及其发展规律为研究对象的法学分支学科。[④] ⑨教育法学是以教育法律问题为对象，运用案例法、分析法、比较法、语义法、推理法以及系统法等方法对教育法律问题进行研究，揭示教育法律规律，形成教育法律理论，以便指导教育法律实践的一门法律学科。[⑤] ⑩教育法学是以法学理论为基础、以教育领域中的法律问题为研究对象的交叉学科。[⑥] ⑪教育法学又称教育法律科学，是以教育法、教育法律现象及其发展规律为研究对象的法学分支学科。[⑦] ⑫教育法学是一门新兴的综合性边缘学科，以法学原理和教育学原理为基础，是法学和教育学相互渗透的产物。[⑧] ⑬教育法学以法学和教育学原理为基础，是法学和教育学相互渗透的产物，是法学原理和教育学原理的有机结合，是法学和教育学的交叉学科。[⑨] ⑭教育法学是以教育法为本位的一门学科；从学科的角度来看，它主要涉及教育学和法学，特别是后者中的行政法学、宪法学和民法学等。[⑩] ⑮教育法学是运用法学、教育学理论研究和阐释教育法律现象及其发展规律，并与教育法律思想、教育法律制度、教育法律行为等密切联系的法

---

① 张玉堂：《关于我国教育法规研究的几个问题》，载《四川师范大学学报(社会科学版)》，1994(2)。
② 劳凯声、郑新蓉：《教育法学概论》，26 页，武汉，湖北教育出版社，1996。
③ 孙葆森：《教育法学基础》，1 页，长春，吉林教育出版社，1998。
④ 郑良信：《教育法学通论》，1 页，南宁，广西教育出版社，2000。
⑤ 黄崴：《教育法学》，4 页，广州，广东高等教育出版社，2002。
⑥ 谭晓玉：《当前中国教育法学研究中的若干理论问题探讨》，载《教育研究》，2004(3)。
⑦ 杨颖秀：《教育法学》第二版，4 页，北京，中央广播电视大学出版社，2007。
⑧ 李晓燕：《教育法学》第 2 版，3 页，北京，高等教育出版社，2006。
⑨ 刘冬梅：《教育法学学科建构论略》，载《河南师范大学学报(哲学社会科学版)》，2011(3)。
⑩ 湛中乐：《中国教育法学理论体系和学科构建研究的回顾与展望》，见劳凯声、余雅风：《中国教育法制评论》第 12 辑，北京，教育科学出版社，2014。

学分支学科。①

综上所述，我国学者对教育法学定义的阐释，要么从交叉、边缘、新兴学科，要么从独立的学科，要么从法学分支学科等展开。但是，其共同的理论基础都是教育学和法学的原理，研究的话题都是教育领域的法学论题。据此，我们对教育法学的理解是，教育法学是一门以教育学和法学的原理为基础，以教育领域的法现象、法问题、法规律为研究对象的新兴的独立学科。

（二）教育法学与相邻学科的关系

教育法学作为名词，可以分解为教育、法学和教育学三个核心名词。把教育法学放在学科群中，与相邻的学科做比较，有助于深入理解教育法学的概念。理解教育法学的概念，需要以厘清教育法学与教育学以及法学的关系为着眼点。

1. 教育法学与教育学的关系

从学科研究内容看，教育学是研究教育现象、揭示教育规律的科学。具体研究内容包括教育与社会、教育与经济、教育与人的身心发展、教育目的、教育机构、教师与学生、教育工作等方面。教育法学是研究教育法、教育法现象及其发展规律的科学，主要从教育法律关系、教育权利与义务等方面研究教育法律问题。

教育学与教育法学虽然都以教育活动及其现象为研究对象，但是两者研究对象的侧重点不同。在一定意义上，教育法律现象属于广义的教育现象。教育法学是从法律的角度来研究教育问题，以特定的法律现象即教育法律现象为研究对象，是研究法律问题中的一种特殊问题——教育法律问题。② 教育学侧重研究教育活动和现象中的教育问题和由此引发的教育规律；教育法学侧重教育活动中产生的教育法律问题。教育学研究各种形式、各种类型、各种模式的教育事实、教育活动、教育问题和教育理论等。教育法学是为保证教育活动正常顺畅进行，对教育法律规范、教

---

① 许晓东、阎峻：《论中国教育法学学科建设》，载《高教发展与评估》，2015(5)。

② 刘冬梅：《教育法学学科建构论略》，载《河南师范大学学报(哲学社会科学版)》，2011(3)。

育法律关系、教育法律主体及其教育法律责任等方面在教育领域产生的权利、义务和法理进行研究。因此，教育学与教育法学是从不同的角度对相同客体的不同方面进行研究，两者有着必然的联系。教育学为教育法学的发展提供理论基础；教育法学在对教育法律现象进行研究的过程中必须遵循教育方针、教育目的、教育规律等。比如，教育法学在研究教育法的制定过程中必须遵循符合教育规律的基本原则，才能保证制定出适应教育发展需要的、真正发挥作用的教育法。①

从学科分类看，在教育学学科群中，教育学是一级学科。如果将教育法学作为教育学一级学科的分支学科，则教育法学只能是与教育哲学、教学论、德育论、教育史、教育管理学、教育政策等并列的分支学科。如果说教育哲学是研究教育中的哲学问题，教学论是研究教育中的教学及课程问题，德育论是研究教育中的思想道德教育问题，教育史是研究教育的历史发展问题，教育管理是研究教育中的管理问题，教育政策是研究教育中的政策问题，那么教育法学则是研究教育中的法律问题，或者说是从教育的角度来研究法律问题。②

2. 教育法学与法学的关系

从学科性质看，法学是研究法律、法律现象、法律问题及其发展规律的学科或理论知识体系，是一门独立的关于社会共同生活的规范科学、社会科学；侧重研究法律的一般问题，是高度概括的法律理论知识体系，研究法的产生与发展、法律制度及关系、法的内部联系和调整机制、法与其他社会现象的联系及作用等。③ 如果将教育法学看成是以教育法、教育法律现象及其发展规律为研究对象的法学的一门分支学科，则教育法学与法学是特殊与一般的关系。作为一门法律科学，教育法学和法学的联系表现为：法学为教育法学的发展提供坚实的基础理论知识和理论指导；教育法学需要在法学基础理论的指导下开拓自己的专门领域，发展丰富法律科学及

① 孙绵涛：《教育法学学科理论研究的若干方法论问题》，载《高等教育研究》，2015(1)。
② 孙绵涛：《教育法学学科理论研究的若干方法论问题》，载《高等教育研究》，2015(1)。
③ 刘冬梅：《教育法学学科建构论略》，载《河南师范大学学报(哲学社会科学版)》，2011(3)。

其体系，具体应用法学基本原理、基本概念和基本规律去分析教育现象，解决教育问题，用法律保障教育的正常发展。应当注意的地方是，两者的区别在于作为相互独立的学科，法学的研究不能代替教育法学的研究，教育法学的研究也不能代替法学的研究。

从学科分类看，如果将教育法学看成是法学的一门分支学科，在与法学一级学科的关系上，教育法学是与法学一级学科下的宪法学、刑法学、民商法学、行政法学等并行的部门法学。教育法学研究的是法律现象中的教育法律问题，或者是从法律的角度研究教育问题。①

3. 教育法学与教育管理学的关系

从学科分类看，如果把教育法学与教育管理学都作为教育学一级学科下的二级学科，那么教育法学与教育管理学是并列的二级学科。如果将教育法作为教育管理的手段和领域，如国家和地方需要依法治教，学校需要依法治校，那么教育法学则是教育管理学二级学科下的一个学科研究领域。②

4. 教育法学与教育政策学的关系

从学科分类看，如果将教育法学与教育政策学都作为教育学一级学科下的二级学科，则两者为教育学一级学科下并列的二级学科。如果将教育法与教育政策作为教育管理的手段，那么教育法学与教育政策学是教育管理学二级学科下并列的两个三级学科研究领域。其理由是国家、地方及学校对教育的管理，除依靠法律手段外，还需要依靠政策手段。法律是国家强制力保证执行的规范，政策则不具有强制力。在一定意义上，将法律与政策作为教育管理的两个手段，只具有相对的意义，不具有绝对的意义。③

（三）教育法学的学科性质

由于对教育法学概念理解的不同，对于教育法学的学科性质，学者的认识也不

① 孙绵涛：《教育法学学科理论研究的若干方法论问题》，载《高等教育研究》，2015(1)。
② 孙绵涛：《教育法学学科理论研究的若干方法论问题》，载《高等教育研究》，2015(1)。
③ 孙绵涛：《教育法学学科理论研究的若干方法论问题》，载《高等教育研究》，2015(1)。

同。关于教育法学的学科性质，目前我国的学术界主要持如下三种观点。

第一种观点认为，教育法学是法学与教育学的交叉学科。比如，劳凯声认为，教育法学是法学和教育学的一门共同的分支学科，行政法学为其提供了总论，教育学则为其提供了应用原理。周光礼、谭晓玉等也表达了相似的观点。① 周光礼认为，教育法学以教育学、法学等理论为基础，被看成是教育学和法学的共同分支学科，因此应属于交叉学科。② 谭晓玉认为，真正意义上的教育法学应该是“法学的”教育法学与“教育学的”教育法学的逻辑发展，亦即科学的教育法学应该是努力吸取上述两种教育法学之长，舍其之短，是两者的有机结合。③ 孙绵涛认为，从性质看，教育法学既是法学也是教育学一级学科下的二级学科，也是教育管理学二级学科下的三级学科研究领域。但是，从将教育法学作为教育学和法学两个一级学科下的二级学科看，教育法学二级学科不是教育学和法学这两个一级学科内容的简单相加。无论是从教育学一级学科角度看教育法学，还是从法学一级学科角度看教育法学，教育法学都应是法学和教育学的融合。它具有教育学的性质，也具有法学的性质，是教育学和法学的交叉学科。教育法学这一学科性质决定了教育法学专业的毕业生既可被授予教育学学位，也可被授予法学学位。④

第二种观点认为，教育法学是法学的一个分支学科。比如，何瑞琨认为，作为法学一个分支的教育法学，是研究存在于教育过程之中的法律现象及其发展规律的科学。⑤ 与其对教育法的判断相对照，教育法学应是一个不隶属于行政法学的独立法学学科。⑥ 周光礼认为，教育法学是法学的一个分支学科，以教育学、法学等理

① 转引自湛中乐：《中国教育法学理论体系和学科构建研究的回顾与展望》，见劳凯声、余雅风：《中国教育法制评论》第 12 辑，北京，教育科学出版社，2014。

② 周光礼：《反思与重构：教育法学的学科建构》，载《高等工程教育研究》，2007(6)。

③ 谭晓玉：《教育法学的何谓与何为——中国教育法治的困惑与教育法学的使命》，见劳凯声：《中国教育法制评论》第 6 辑，北京，教育科学出版社，2009。

④ 孙绵涛：《教育法学学科理论研究的若干方法论问题》，载《高等教育研究》，2015(1)。

⑤ 何瑞琨：《教育法学研究对象初探》，载《辽宁高等教育研究》，1986(3)。

⑥ 湛中乐：《中国教育法学理论体系和学科构建研究的回顾与展望》，见劳凯声、余雅风：《中国教育法制评论》第 12 辑，北京，教育科学出版社，2014。

论为基础。作为学科门类，教育法学是独立的，是与行政法学、民法学、环保法学、经济法学等并列的一个学科门类。① 许晓东等认为，教育法学是法学的一门分支学科，不隶属于行政法学，是与行政法学并列的二级学科。②

第三种观点认为，教育法学是教育学的一个分支学科。③ 对于这种观点，有学者认为，虽然从学理上主张此种观点的少，但现实中是占比最大的主张。因为事实上部属、省属师范院校中绝大部分学校的教育法学课是在教育学或教育管理专业开设的。④ 在教育学学科评议中，教育法学也常常被包含在教育经济学等学科中。⑤

关于教育法学的学科性质，基于当前认识上的不一致，仍然有待后续继续深入探讨。

二、教育法学的研究对象

由于对教育法学的概念和学科性质的理解不一致，对于什么是教育法学的研究对象，学者的看法也不同。

有学者认为教育法学研究教育法律现象及其发展规律。其中，教育法律现象包含教育法律关系、教育法律规范、教育法律制度和教育法律意识四个要素。⑥ 有学者主张教育法学研究教育法律规范本身的内容和教育政策、教育道德、教育规律、教育史及其相互的联系。⑦ 有学者主张教育法学研究教育活动过程存在的法律现象以及教育现象与外部事物相联系产生的各种关系。⑧ 有学者主张教育法学研究教育

① 周光礼：《反思与重构：教育法学的学科建构》，载《高等工程教育研究》，2007(6)。
② 许晓东、阎峻：《论中国教育法学学科建设》，载《高教发展与评估》，2015(5)。
③ 李连宁：《我国教育法规体系刍议》，载《中国法学》，1988(1)。
④ 刘冬梅：《教育法学学科建构论略》，载《河南师范大学学报(哲学社会科学版)》，2011(3)。
⑤ 转引自湛中乐：《中国教育法学理论体系和学科构建研究的回顾与展望》，见劳凯声、余雅风：《中国教育法制评论》第12辑，北京，教育科学出版社，2014。
⑥ 何瑞琨：《教育法学研究对象初探》，载《辽宁高等教育研究》，1986(3)。
⑦ 张维平：《教育法学》，10页，哈尔滨，东北朝鲜民族教育出版社，1990。
⑧ 周建、徐其萍、李洪甫：《教育法学的基本理论》，载《河北法学》，1991(2)。

法制现象及其规律。① 有学者认为教育法学的研究对象是教育过程中的教育法律现象及其规律，包括教育法律关系、教育法律规范、教育法律制度等方面。② 有学者认为，对于教育法学的研究对象，学界达成的共识是教育法学以教育法律现象为研究对象。教育法律现象是教育法律法规在发展变化中的表现形式及其与教育活动的联系。它主要包括教育法律思想、教育法律制度、教育法律形式、教育法律作用、教育法律关系、教育法律的制定与实施等。③ 有学者认为，教育法学的中心论题应该是教育法律关系。其理由是，社会科学的中心论题是社会关系，教育法学作为一门社会科学应该研究教育法律关系；只有弄清楚了基本的教育法律关系才能建章立制。教育法学是一门应用性学科，其合理性的依据是政治论的学科哲学，即它能否指导立法与司法；教育法学归根结底是权利与义务之学，因此必须以教育法律关系为研究起点，构建理论体系；只有法律关系才能把教育中不同的主体联结起来，才能建构教育法学的独特性和完整性。④

综上所述，教育法学的研究对象应当是教育法现象、问题及其发展规律，具体包括教育法律规范、教育法律关系、教育法律责任及其在实践中的运行制度。

三、教育法学的研究内容

作为一门以教育学和法学的原理为基础，以教育领域的法现象、法问题、法规律为研究对象的新兴的独立学科的教育法学，从国内已有的研究成果看，其研究内容十分丰富。

有学者认为，教育法规学的研究内容既包括基础理论，也涉及具体教育法规部门。基础理论研究的内容包括教育法规的含义，教育法规的特征，教育法规的基本

---

① 张玉堂、程微梦：《教育法规通论》，112页，成都，电子科技大学出版社，1996。
② 许晓东、阎峻：《论中国教育法学学科建设》，载《高教发展与评估》，2015(5)。
③ 刘冬梅：《教育法学学科建构论略》，载《河南师范大学学报(哲学社会科学版)》，2011(3)。
④ 湛中乐：《中国教育法学理论体系和学科构建研究的回顾与展望》，见劳凯声、余雅风：《中国教育法制评论》第12辑，北京，教育科学出版社，2014。

原则，教育法规及教育法规学的产生、现状和发展趋势，教育立法的原则和程序，教育法规的地位和职能，教育法规规范及其形式等。具体教育法规部门研究的内容包括基础教育、高级中学教育、高等教育、成人教育、师范教育、职业教育、幼儿教育、教育行政、教师权益保障、教育经费等方面的制度。①

有学者认为，从学科框架看，教育法学的内容体系包括五个方面。一是教育法学基本原理。它主要探讨教育法的概念、特征、本质、价值和功能，教育法学的研究对象、性质和研究方法，教育法律规范等基本理论。二是教育法律关系。教育法律关系作为教育法学的中心内容，主要研究教育法律关系主体之间的法律关系，诸如教育行政机关、学校、教师、学生及学生家长之间的法律关系。三是教育法律制度。它主要研究我国现行的教育法律制度，如义务教育法律制度、职业教育法律制度、高等教育法律制度、教师法律制度等。四是教育法治。它主要探讨教育法律的制定、实施与法律监督。五是教育法律救济。它研究教育申诉、教育行政复议、教育行政诉讼、教育行政赔偿等法律救济制度。此外，它还研究教育法律责任的承担等问题。②

还有学者通过对比教育法学教材体系，认为我国比较流行的教育法学教材体系一般分三个部分：一是总论，阐述教育法的本质、教育法律规范及教育法律关系等；二是教育立法、执法(司法)、法律监督和法律救济等；三是教育法条款释义和教育法案例分析等。因此，一般来说，教育法学理论体系可包括教育法史学、教育法理学、教育法实务学三方面。教育法史学可细化为中国教育法史学、外国教育法史学、中国教育法学史、外国教育法学史；教育法理学可细分为教育法学导论(包括教育法概论、教育法理学概论、马克思主义教育法学的产生和发展等)，教育法本体论(包括教育法的概念、教育法的渊源、教育法的分类和效力、教育法律要素、教育法律

① 张玉堂：《关于我国教育法规研究的几个问题》，载《四川师范大学学报(社会科学版)》，1994(2)。

② 刘冬梅：《教育法学学科建构论略》，载《河南师范大学学报(哲学社会科学版)》，2011(3)。

体系、教育法的权利与义务、教育法律关系、教育法律责任、教育法律程序等)，教育法的起源和发展论，教育法的运行与价值论等；教育法实务学可分为教育立法论、教育执法论、教育法救济论、教育法案例论、教育法条款解读、中国典型教育法案例分析、国外典型教育法案例分析等。①

有学者认为，21 世纪以来我国教育法学领域的研究主要集中在以下几个方面。一是教育法学学科自身建构的研究，包含教育法学的形成与发展、概念界说、学科特点、学科性质、理论基础、基础理论、基本范畴，教育法学与相关学科的比较研究，中外教育法学的比较研究等范畴。二是受教育权中的法学问题研究，主要聚焦教育权的历史演变，教育权的分类，国家教育权、社会教育权与父母教育权的关系及行使权利的模式，教师的学术自由与教学权利的保障，教师的教育权与惩戒权，父母的教育监护权与择校权，父母的教育监护权与学校参与权，以及受教育权的概念、性质、内容和受教育者权利意识的增强与保护等。具体表现为国家教育权、社会教育权和家庭教育权三种不同形态的教育权的研究。三是教育法治研究，主要包含教育法律行为研究，教育立法、执法、守法和法律监督的研究，法律教育的研究，教育法律关系的研究，教育法律规范与教育法律行为的比较研究，如教育管理中的法学问题、各类教育的立法问题、各类教育的行政执法问题等。②

以上研究成果关于教育法学的研究内容的结论虽然不尽相同，但是都认同教育法学的研究内容主要包括基础理论和具体教育法规部门，即研究教育法学的基础理论和与教育法学相关的具体法规。因此，教育法学的研究内容具体包括教育法的本质、功能和特征，教育法律关系，教育法的制定、实施和监督，我国基本的教育法律制度，教育法律责任，教育法律救济等。

---

① 孙绵涛：《教育法学学科理论研究的若干方法论问题》，载《高等教育研究》，2015(1)。

② 湛中乐：《教育法学研究的问题、范围与方法》，载《中国高等教育》，2014(17)。

第二节　教育法学的产生与发展

教育法学形成于20世纪50年代末至60年代初，其产生与发展具有本学科的内在特色。

一、教育法学的产生

任何一门学科的产生都有其前提条件。有学者在谈及法学的形成时指出："一般地说，法学是随着法的出现而出现的，但也不是一有了法就有法学，法学是在法发展到一定阶段上才产生的。"这个思路一样适合教育法学的学科发展，即教育法学作为研究教育法的学科，其产生与发展与教育立法有着密切的联系。

（一）教育法学产生的前提条件

从教育法学学科的产生与发展看，在一定意义上，教育法学的产生是世界各国教育立法发展到一定阶段的产物，与现代社会和现代教育的发展息息相关。

在人类社会发展的早期，生产力的发展极少依赖于劳动力的知识文化水平。学校教育的目标是培养国家未来的政治或军事人才，接受教育是统治阶级子弟的特权。学校教育内部的事务涉及的对象和领域并不广泛。教育活动并不纷繁复杂，不存在复杂多样的各种矛盾关系。运用专门的法律调节教育事项的需要并不迫切。社会发展进入工业革命之后，尤其是18世纪中期以后，现代社会生产能力的增强对劳动者提出了更高的素质要求，劳动者不具有相应的知识水平便不能适应社会生产力发展的需求。这对劳动者必须普遍地接受学校教育提出了要求。从生产管理看，现代社会生产既需要加强宏观管理，又需要加强微观管理，要求管理者必须具备一定的科学管理知识。在这样的背景下，教育需要通过培养人才与经济和社会的发展等紧密联系在一起。教育的培养对象就不仅是少数统治阶级子弟，还是促进社会生产力发展的普通劳动者。面向全社会培养各种类型、各个层次的劳动力成为教育迫切需要解决的问题，使教育的目标、任务、范畴、对象复杂化，促使教育领域的活动规范化。因此，社会的发展为教育的普及创造了客观条件。在工业革命初期，发达资本主义国家就纷纷在义务教育阶段开展了国家教育立法活动，义务教育立法成为教育立法的主要内容。

从世界各国教育立法的发展历程看，现代教育立法萌芽于 16 世纪至 17 世纪的欧洲。随着社会经济和科学文化的发展以及普及教育的需要，德国、法国、美国、日本等国家在 18 世纪中期之后先后颁布法令，以立法的形式实施义务教育。其中，德国是教育立法最早的国家。普鲁士早在 1763 年和 1794 就先后颁布义务教育法令。19 世纪中期至 20 世纪 50 年代，世界各国进入广泛教育立法的时期。其中较具代表性的是 19 世纪欧美各国的义务教育立法。比如，美国马萨诸塞州在 1852 年颁布义务教育法令。英国在 1870 年颁布教育法律。法国在 1881 年和 1882 年先后颁布教育法令。日本在 1886 年颁布教育法令等。这时普及义务教育的立法主要是围绕教育的强制性、免费性和公共性三个主题展开的，这些教育法律的颁布有力地保障了各自国家义务教育的实施。同时，教育法律的实践在客观上又要求人们对法律问题进行研究。

随着经济和教育的发展，许多国家加强了对教育的全面干预和控制，纷纷建立和健全了教育行政系统，对从初等教育直至高等教育的整个教育系统实施行政管理。教育立法受到重视，大量有关教育的法律相继产生。许多国家的宪法与教育法律将发展与普及教育规定为国家的责任，保证每个人受教育机会的平等。国家更多地通过法律手段干预教育，大大地推进了教育的普及与发展。教育事业的急剧发展使教育与国家的关系变得愈加紧密，使教育体系的内部结构更为复杂，使教育与社会的相互作用逐渐增强并渗透到社会的各个方面。同时，教育的发展又促成了一些新的社会关系。这些新的社会关系需要新的法律来进行调节，促使法律不断地向教育的各个层次渗透。从世界各国教育立法的具体时间段看，现代教育立法的发展可以分为如下四个时期。第一，16 世纪至 19 世纪上半叶为零星立法时期。第二，19 世纪中叶至 20 世纪初(第一次世界大战)为义务教育立法时期。第三，第一次世界大战之后至第二次世界大战期间为广泛立法时期。第四，第二次世界大战之后为综合立法时期。自此，众多的调节教育领域中各种社会关系的法律规范逐渐构成了若干具体的法律制度。于是许多国家开始了以探讨教育法的制定、实施及其理论依据等为主线的科学研究活动，教育法学应运而生。

综上所述，教育法学产生的条件来自四个方面。第一，从学科的基础看，教育法学研究的是教育法现象、问题及其规律，教育法学产生在教育法律产生之后。但是单一的、分散的教育法的出现不足以促成教育法学的产生和发展，教育法学的产生和发展依赖于教育法体系的完善。当教育立法活动广泛开展，教育立法体系逐渐完备，教育法材料积累到一定的程度时，教育法学才可能具备产生和发展的现实基础。第二，从学科的发展看，作为分支学科和边缘学科，教育法学必须产生于其母体学科产生之后。因此，教育法学产生的前提是其母体学科——法学、教育学等学科的产生和发展。第三，从学科的研究看，教育法学必须以比较系统的理论研究为基础。有影响的理论研究成果是教育法学产生的标志。第四，从学科的研究人员看，专门从事教育法律研究的专家、学者或热心教育法律研究的教育工作者的积极参与，是促使教育法学产生和发展的重要条件。

（二）教育法学产生的标志

1948 年，联合国通过并宣布了《世界人权宣言》。这标志着受教育权开始进入国际法领域。随后，德国行政管理学的创始人 L. V. 施泰因首次倡导国家运用法律对教育事业进行干预，以保障公民的受教育权，并从法理学上对此进行了论证。这一事件被认为是教育法学的历史发端。① 较早对教育法学做比较系统研究的主要有美国、德国和日本等几个国家。在 20 世纪 50 年代的德国，作为行政法之一的学校法

① 龙洋、孙霄兵：《对我国教育法学理论体系逻辑起点的思考》，载《教育学报》，2011(6)。

从行政法体系中独立出来；最早形成教育法学学科概念的是德国和美国。20 世纪 60 年代初，英国、法国的教育法研究开始兴起。目前各国已形成了具有各自特色的教育法学。①

1. 教育法学著作的出版

德国是世界上最早进行义务教育立法来普及义务教育、发展职业技术教育和师范教育的国家，其教育法学的研究也较早展开。早在 1957 年，德国就出版了汉斯·赫克尔和希普合著的《学校法学》。该书倡导教师在教育上的自由，由三编构成，包含研究教育法的理论体系。第一编探讨学校制度方面的法律，对有关学校方面的法律和法理进行了系统的阐述；第二编研究教员的法律关系，对学校教育制度、教育和教育官员方面进行了诠释；第三编研究学生和学校的关系，对学生和学校方面的法律制度进行了论述。② 该书被认为是世界上最早的、成体系的教育法学著作，在教育法学学术研究方面具有较高的价值。

20 世纪 60 年代，德国围绕各州学校法制改革、教育政策与法、教育法社会学开展的研究十分活跃。希尼克的《国民教育》出版于此时，探讨的是国民、教师的教育权与现代国家教育权之间的关系。③ 1964 年，德国法学者召开以“行政与法学”为主题的会议。在大会发言中，作为报告人之一的埃法斯教授讨论了父母参与中央和地方教育管理以及私立学校和教员教育上的自由等问题，引起了行政法学者对教育法治研究的广泛兴趣。1967 年，汉斯·赫克尔的另一部教育法学著作《学校法与学校制度》出版。1969 年，德国宪法学家克莱因等合著出版了《教育权利以及在人口稠密地区的实现》一书。德国学者这个时期的著作主要集中讨论了国家、学校、教师、学生

① 谭晓玉：《教育法学的何谓与何为——中国教育法治的困惑与教育法学的使命》，见劳凯声：《中国教育法制评论》第 6 辑，北京，教育科学出版社，2009。

② 李晓燕：《教育法学》第 2 版，11 页，北京，高等教育出版社，2006。

③ 谭晓玉：《教育法学的何谓与何为——中国教育法治的困惑与教育法学的使命》，见劳凯声：《中国教育法制评论》第 6 辑，北京，教育科学出版社，2009。

及家长的权利与义务等问题。①

美国具有代表性的学校法文献主要有爱德华的《法院与公立学校》、鲁特和汉密尔顿的《公共教育法》、雷姆林的《学校法》。② 1963年，诺尔特和林恩编写出版的《学校法——教师手册》是美国第一部成体系的教育法学著作，奠定了美国研究学校法的理论体系。该书是以判例为主要素材编写的，共分为四部分。第一部分阐述了美国教育制度的法律基础，第二部分解释了教师的聘任制度及其雇佣契约方面的规定，第三部分论述了教师的各种权利，第四部分阐明了教师的各种职责。当代美国教育法研究的体系仍是按照这一模式发展的，只不过在内容上更为丰富了，如进一步增加了对学生的权利、学校财政、法律责任等方面的研究，促使教育法学研究涉及的教育领域更加完整。一直以来，以判例为素材是美国教育法学研究较为突出的特色。比如，爱德华的《法院与公立学校》就是围绕教育法学中典型的判例进行研究的具有代表性的研究成果。在判例的基础上进行系统理论研究的作品中具有代表性的是布鲁贝克的《高等教育哲学》。该书对学术自由、大学自治、国家教育权、受教育权、学术道德等教育领域中的基本权利进行了法理学的探究。③

20世纪60年代以来，日本出版了一批教育法学研究著作，如1961年同期出版的宗像诚也的《教育与教育政策》、仓辽吉的《教育与法律》、田中耕太郎的《教育基本法的理论》等。④ 1963年，兼子仁的《教育法》出版。该书较为全面地研究了国民的教育自由与学习权、保障国民教育权的公共教育制度、教师的教育权与父母的教育要求权、教师职务的专业性和特别身份保障、教育行政、学校条件的筹措性等基本理论问题，构成了日本教育法学的基本理论体系。因此，《教育法》一书也被认为是日本第一本阐述教育法学基本原理的权威著作。另外，教育判例法在日本盛行起来，

---

① 周光礼：《反思与重构：教育法学的学科建构》，载《高等工程教育研究》，2007(6)。

② 谭晓玉：《教育法学的何谓与何为——中国教育法治的困惑与教育法学的使命》，见劳凯声：《中国教育法制评论》第6辑，北京，教育科学出版社，2009。

③ 周光礼：《反思与重构：教育法学的学科建构》，载《高等工程教育研究》，2007(6)。

④ 周光礼：《反思与重构：教育法学的学科建构》，载《高等工程教育研究》，2007(6)。

其作用虽远不及英美国家，但越来越重要。

2. 学术组织的成立和学术刊物的出版

1954 年，美国成立了全美教育法问题研究会。它是世界上最早成立的一个专门研究教育法学的学术组织，现更名为美国教育法学会，其总部设在俄亥俄州得顿市。该学会每年召开全会讨论教育法问题。1957 年，德国出版了研究教育法学的专业性杂志《青少年法和教育法》，由原《少年法》杂志改名而来。至此，国际上有了专门研究教育法学的刊物。① 1970 年，日本成立了教育法学会。它研究的课题涉及教育行政与教师和父母的教育权、教师的工作时间制上劳动法的适用等，并出版了《日本教育法学会年报》。② 这些组织的成立和杂志的创刊对教育法学的研究与发展起到了促进作用。

3. 教育法学课程的开设和教材的编写

20 世纪 50 年代以后，大学开始开设教育法学课程。20 世纪 50 年代中期，美国许多大学的教育学院把教育法学作为一门正式的课程来开设，80％的师范大学开设了学校法课程。③ 1949 年，日本制定了《教职员许可证法》，要求校长和教务长的一般许可证获得的条件之一就是要学习教育法规。1954 年，按规定要获得教育普通许可证的也要了解教育法规。对于要求承担教育工作的教师，原则上规定必须是大学毕业。于是，教育法规的学习、研究在大学被重视起来了。教育行政学者和教育行政官员开始编写教育法讲义，尝试阐述新教育法体系。相良惟一的《教育行政法》和安藤尧雄的《教育法规》等就编写于此时期。④

二、教育法学的发展

进入 20 世纪 70 年代，教育法学逐渐得以发展和完善。虽然教育法学在不同国

① 李晓燕：《教育法学》第 2 版，12 页，北京，高等教育出版社，2006。

② 周光礼：《反思与重构：教育法学的学科建构》，载《高等工程教育研究》，2007(6)。

③ 谭晓玉：《教育法学的何谓与何为——中国教育法治的困惑与教育法学的使命》，见劳凯声：《中国教育法制评论》第 6 辑，北京，教育科学出版社，2009。

④ 周光礼：《反思与重构：教育法学的学科建构》，载《高等工程教育研究》，2007(6)。

家的发展状况不尽相同，但总体发展的特点如下。

第一，教育法学逐渐从行政法学中分离出来。在教育法学发展的初期，除了主要的教育法律之外，各国相当一部分教育法由行政机关制定。行政机关制定的规范性文件的数量已大大超过权力机关的立法数量，因而教育法学研究没有超出行政法学的范畴。随着国家通过教育法对教育的干预和管理的加强，由于教育法的内容逐渐庞杂，体系逐渐完善，纳入单一的法律部门已经受到限制，教育法学逐渐表现出从行政法学中分离出来的趋势。

第二，教育法学的研究内容更为系统。教育法学从理论研究到实践研究，从以学校教育制度为主的教育内部研究到对国家、学校、社会相互关系的研究，逐渐形成了研究系统。第二次世界大战之后，许多国家纷纷制定了教育基本法或具有基本法性质的学校总法以及其他一些新的法律法规，对已有的众多的教育法律法规进行了整理、汇编，使其系统化并逐渐构成若干具体的教育法律制度，在此基础上形成了和谐统一的教育法体系。例如，1947 年日本就率先颁布了以《教育基本法》和《学校教育法》等为首的一系列的教育法律。体系化的教育法体系促进教育法学研究内容的深化和系统化。

第三，教育法学课程在高校普遍开设。在这个时期，美国许多高校要求师范教育专业普遍开设教育法学课程，还设置了教育法学博士学位授予点。高校教育法学课程的普遍开设成为教育法学发展的重要推动力量。

第四，教育法学的专业学术组织继续得到发展，专业学术杂志、教育法学著作增多，教育法学研究在不同法系的国家的特点不尽相同。比如，1972 年，德国亨内克发表《国家与教育》等。德国教育法学研究侧重教育立法理论以及对事实与法律的分析与评价，主要围绕教育法律关系主体的权利和义务进行论述，从理论上为国家的教育立法提供可行的依据。又如，美国流行判例法，整个法律的发展是制定法和判例法相互作用的产物。与其法律制度相适应，美国教育法学研究也体现了这一特点，重视判例的汇编、解释与研究。即通常以一些比较典型的具体教育法律纠纷案例为主要研究对象，以宪法规定的公民的基本权利为依据，围绕这些案例所涉及的具体权利和义务关系从理论上进行探讨。高尔克的《学校法》和约翰逊的《教育法》等都是以判例为素材编写的著作。再如，日本教育法学研究不仅理论成果丰富，而且重视教育法律解释和教育案例与判例等实际问题研究，致力于教育法学的应用研究。相关著作有 1973 年出版的《教育判例百选》、兼子仁等的《从判例看教育法》以及木田宏的《地方教育行政法逐条解说》等。

三、我国教育法学的产生与发展

相比欧美和日本，我国教育法学研究起步稍晚，但是也取得了较快的发展和令人瞩目的成就。

（一）新中国成立前的教育立法

教育活动中的教育法现象在我国早就存在。比如，西周时期的“凡三王教世子，必以礼乐”就是对教学内容的规范要求，在某种意义上就是教育习惯法。法家的创始人商鞅倡导的治国法典：“圣人之为国也，壹赏、壹刑、壹教。”“壹教”指的上从法律制度上统一教育，废止其他私学，铲除儒家等其他学派。韩非子提出“以法为教”“以吏为师”。秦朝在教育方面实行“书同文”“行同伦”“政教合一”“官师合一”的文教政策。后来实行的“焚书坑儒”“禁私学”也是秦朝强化教育法制的一部分。汉朝董仲舒提出“罢黜百家，独尊儒术”“兴太学，置明师，以养天下之士”“选贤任能”，被汉武帝一一采纳并作为三大文教政策进行推行。从此，儒家学说成为历代王朝法律所规定的“官学”。到了隋朝，官员任用荐举制度引发的弊端被科举考试制度取代。唐朝政治经济文化的鼎盛进一步完善了科举考试选拔人才的制度。唐朝的科举考试制度具体到考试的形式、方法、内容和管理等方面，都以国家法令的形式进行了严格的规定。具有国家教育法令性质的科举考试制度一直沿用到清朝末年。但是即便如此，在一定意义上，直到 19 世纪末，我国也没有形成比较系统的教育法体系。

20 世纪初，清政府为挽救统治，实行大规模的社会变革，制定了我国有史以来比较完备的涉及国家社会生活领域的法律体系，其中包括教育领域的立法。清政府1902年颁布《钦定学堂章程》，1904年颁布《奏定学堂章程》。特别是后者包括《高等学堂章程》《中等学校章程》《初等学校章程》《各学堂管理通则》和《任用教员章程》等20余项文件。其中，《优级师范学堂章程》规定，师范学生必须学习教育法令。《奏定学堂章程》是我国现代最早的具有法律效力的文件，它的颁布意味着科举制度的废除、现代学制的建立。自此我国第一次形成了历史上最完整的教育法体系。

1912年，孙中山领导的辛亥革命取得胜利后，建立了南京临时政府。国民政府从成立之初就十分重视教育立法，在1912年颁行了《普通教育暂行办法》，同时还颁行了《普通教育暂行课程标准》、壬子癸丑学制、《大学令》《师范学校规程》《高等师范学校规程》等。据统计，从1912年到1948年，国民政府先后制定和颁布了1500余项教育法规，形成了比较完善的教育法体系。遗憾的是，这几十年很多教育法规都未能落实。中国共产党领导的革命根据地和各解放区在1921—1949年也先后颁布过500余项教育法规。但由于中国共产党当时主要将精力集中在夺取和巩固政权上，因此这些教育法规比较单一，主要集中在基础教育和干部教育等几个方面。总体来看，在这个时期没有人也不可能有人对教育法进行深入的研究。

在这个时期，我国教育法学研究的特点表现在：无论是古代还是新中国成立之前的近代，虽然都存在一定程度上的教育立法活动，甚至为了适应当时社会发展的需要，以国家的名义颁布了一系列的较为完整的教育法体系，但是整体来看我国教育法学研究处于空白状况。

（二）新中国成立后的教育法学研究

依据我国社会发展对教育的影响以及教育自身立法的特点，新中国成立后的教育法学研究可以划分为以下四个时期。

1. 新中国成立到“文化大革命”结束的教育法学研究

1949年，我国在北京举行了中国人民政治协商会议，制定并通过了中华人民共和国的建国纲领，即《中国人民政治协商会议共同纲领》。其中，有关教育的条款为新中国教育的发展规定了基本的方向。之后国家在教育领域陆陆续续颁布了一系列的政令法规，如1950年在高等教育领域颁布的《高等学校暂行规程》和《专科学校暂行规程》、1951年颁布的《政务院关于改革学制的决定》、1952年颁布的《关于接办私立中、小学的指示》。1954年，第一届全国人民代表大会第一次会议通过了新中国第一部宪法。该部宪法规定了新中国教育的社会主义原则和民主原则。1961年，教育部根据中共中央的指示，起草被称为"高校六十条、中学五十条、小学四十条"的三项重要教育法规——《教育部直属高等学校暂行工作条例(草案)》《全日制中学暂行工作条例(草案)》《全日制小学暂行工作条例(草案)》，总结了1958年教育改革以来的正、反两方面的经验，为各级学校工作规定了明确的工作方针。这个时期颁布的教育法规尽管未能形成体系，但是总结了新中国成立以来我国教育发展正、反两方面的经验，为各级学校规定了明确的工作方针，极大地推动了当时教育工作的发展，对我国教育体制的建立起到了十分重要的推动和促进作用。1966年"文化大革命"爆发，教育事业遭到严重摧残。1976年粉碎"四人帮"以后，教育部重新颁发了"高校六十条、中学五十条、小教四十条"三项教育法规。1978年，中国共产党召开十一届三中全会，标志着我国的法制建设进入了新时期，教育立法出现崭新的面貌。

在这个时期，我国教育法学研究的特点表现在：与教育法学相关的研究论题只是教育立法层面的积累。教育科学研究的问题与教育法学研究的论题相去甚远，没有教育法学研究相关的论文，未出现"教育法学"的名称概念，尚未产生真正意义上的教育法学研究。

2. 改革开放到20世纪90年代初的教育法学研究

党的十一届三中全会之后，我国重启社会主义法制建设，在教育领域同步开启法制建设。1979年，《光明日报》刊发了呼吁制定教育法的几篇文章，开始引发了人们对教育法的关注。① 与此相应，我国与教育实践相关的第一部教育法颁布，促使学术界开始对教育立法展开探讨。在这个时期，我国教育法学研究的情况如下。

---

① 张瑞芳：《1980—2000：中国教育法学研究二十年》，见劳凯声：《中国教育法制评论》第1辑，北京，教育科学出版社，2002。

(1)教育立法

1977年，我国恢复高考。为了规范大学学位教育的发展，迎接“文化大革命”后招收的第一批大学生的毕业，1980年，第五届全国人民代表大会常务委员会第十三次会议通过了《中华人民共和国学位条例》(简称《学位条例》)。这是新中国成立以来第一部由国家立法机构审议和通过的教育法律文件。1981年，国家颁布《中华人民共和国学位条例暂行实施办法》。1982年，第五届全国人民代表大会第五次会议制定了新的《中华人民共和国宪法》(简称《宪法》)。《宪法》对教育法的根本准则以及教育的有关方面进行了规定，为教育领域的立法以及依法治教提供了最高的依据。1985年，《中共中央关于教育体制改革的决定》(简称《决定》)颁布。《决定》明确提出：“在简政放权的同时，必须加强教育立法工作。”同年，我国开始教育基本法的起草工作并着手制定“七五”教育立法规划，一批重要的教育法律的起草工作开始紧锣密鼓地进行。1986年，第六届全国人民代表大会第四次会议通过了《中华人民共和国义务教育法》(简称《义务教育法》)。这是新中国第一部由全国人民代表大会全体会议审议和通过的教育法律。《义务教育法》的颁布既标志着我国义务教育在法律制度层面的确立，也是我国社会主义教育法制及依法治教的开端。

(2)研究论文

《学位条例》和《义务教育法》的陆续颁布引发我国学术界对教育领域立法的关注，促使教育界和法学界开始审视教育领域立法的重要性问题。1984年，全国人大教科文卫委员会在北京召开新中国成立后的第一次教育立法座谈会。会后各地报刊登载了有关阐述教育法的论文。① 之后，关于教育立法的理论与实践的研究论文以及评介外国教育立法研究成果方面的文章陆续见于报纸与杂志上，开始出现教育法学研究的专题论文。关注教育立法理论与实践研究的论文情况如下。1981年，《甘肃师大学报》第2期刊发《试谈制定教育法令的问题》。② 1984年，《法学研究》第6期刊发宋

① 余雅风、劳凯声：《改革开放30年中国教育法学研究的回顾与展望》，载《教育研究》，2009(2)。
② 张玉堂：《关于我国教育法规研究的几个问题》，载《四川师范大学学报(社会科学版)》，1994(2)。

占生的《论我国的高教立法》。同年，《中国教育报》刊发《抓紧教育立法开展教育法学研究》一文，提出了具有中国特色的社会主义教育法体系的概念，勾勒了我国教育法学研究的基本范围，并对教育法学的学科性质做出了界定，为教育法学在未来作为一个相对独立学科的发展提出了建设性意见。① 1985 年，《教育理论与实践》第 1 期刊发陈侠的《试论我国的教育立法问题》；同年，《教育研究》第 9 期刊发张天麟的《试论教育的内部事务和外部事物教育法——教育法的立法技术之一》。1987 年，《苏州大学学报(哲学社会科学版)》第 3 期刊发殷爱荪的《关于我国教育法体系的问题》。同年，《教育研究》第 6 期刊发娄延常、彭宇文的《教育法在法律体系中的地位浅探——教育法是一个独立的法律部分》；《社会科学》第 11 期刊发忻福良的《试论我国当前的教育法规建设》。1988 年，《中国法学》第 1 期刊发李连宁的《我国教育法规体系刍议》。同年，罗宏述在《教育评论》第 5 期上发表论文《略论教育立法的几个问题》。② 评介外国教育立法研究成果的论文情况如下。1981 年，《外国教育资料》第 4 期刊发了张维平的《战后六国教育立法简述》。1986 年，《教育研究》第 11 期刊发了《国外教育法学发展概述》。该文较为全面地介绍了国外教育法学形成与发展的历程，还使“教育法学”作为一门学科首次见于学术报端，被学术界认为是开启了我国教育法学学科建设的先河。教育法学研究的专题论文情况如下。1987 年，《教育研究》第 6 期刊发了何瑞琨的《教育法学的学科特点》，第 12 期刊发了丁胜源、陆进达的《关于建立具有中国特色的教育法学的意见》。1988 年，何瑞琨在《教育研究》第 12 期上发表《教育权问题刍议》等。

(3)课程开设和研究专著

1985 年，我国一些师范院校的教育管理专业开始开设“义务教育法”课程，一些

---

① 张玉堂：《关于我国教育法规研究的几个问题》，载《四川师范大学学报(社会科学版)》，1994(2)。

② 张瑞芳：《1980—2000：中国教育法学研究二十年》，见劳凯声：《中国教育法制评论》第 1 辑，北京，教育科学出版社，2002。

师范院校的教育系开始开设“教育立法讲座”课程。① 同年年底，北京师范大学教育系受国家教育委员会委托，开展教育基本法前期调研和草案起草工作；在历时一年多基本完成后又接受国家教育委员会关于开设“教育法学讲座”课程的倡议，在1987年春将该课程作为选修课对本科生开设。后来该课程改为“教育法学”必修课，由劳凯声和郑新蓉主讲。1988年春，北京教育行政学院为了满足教育管理干部(校长)培训的需要，开设“教育法概论”课程。之后，沈阳师范大学、华中师范大学等高校陆续开设相关课程。② 1989年，国家教育委员会发布了《关于加强全国中小学校长培训工作的意见》，把教育政策法规列为校长岗位培训的主要内容，明确规定要编写教育法规教材。同年7月，北京教育行政学院米桂山、龚友明在讲授“教育法概论”课程的基础上整理出版了《教育法概论》教材。③ 教育法学研究的专著主要有1987年何瑞琨所著的《中外教育法知识》。教育法学课程的开设和研究专著的出版极大地推动了教育法学研究。

在这个时期，我国教育法学研究的特点表现在如下四个方面。第一，教育法学研究围绕着教育立法展开，既讨论我国教育立法的实际情况，也介绍美国、日本、德国、苏联等国家的教育立法状况。具体体现在：一是对我国教育立法研究成果的阐释与说明，如对《学位条例》和《义务教育法》进行了大量的阐释、解释性的研究。二是对国外教育立法研究成果的译介与评述。第二，我国教育立法与教育法学研究开始形成了比翼发展的态势。学术界在对教育立法进行研究的同时，已经有意识地将教育法学作为一门学科加以探讨。第三，教育法学学科建设基本问题的研究与探讨涉及教育法学的形成与发展、研究对象、学科特点、研究范畴以及学科性质等，为

---

① 秦惠民：《中国教育法学的产生发展背景与研究状态》，见劳凯声：《中国教育法制评论》第6辑，北京，教育科学出版社，2009。

② 余雅风：《我国教育法学的发展及其对教育法治的回应——基于学术史的视角》，载《教育学报》，2021(1)。

③ 余雅风：《我国教育法学的发展及其对教育法治的回应——基于学术史的视角》，载《教育学报》，2021(1)。

创建具有我国特色的教育法学学科体系奠定了坚实的理论基础和必要的舆论准备。① 教育法学作为一个明确的学科概念得以明确，初步形成了学科建设观念。② 第四，教育法学研究的范围、对象、方法等仍然不够明确，繁杂和紊乱现象仍然存在。③ 主要表现为“四多四少”，即对教育法律法规本身的关注多，从教育法律现象赖以产生和存在的更为广泛的社会背景中考察教育法的运行少；对教育法律法规条文规范的诠释多，考察教育法在教育活动中的实际运作少；对国外教育法的理论研究与实践译述成分多，结合我国实际分析、借鉴的少；囿于教育法律现象本身内部要素的静态描述多，从影响和制约这一特殊社会现象的深层文化渊源和国际比较中加以考察的少。④

3. 20 世纪 90 年代初到 21 世纪初的教育法学研究

20 世纪 90 年代以后，我国进入了教育法制建设的快速发展时期，先后颁布和实施了若干教育法律。国家和地方系列教育立法活动的开展，促使与教育法相关的研究呈现出繁荣的景象。

(1)教育立法

随着教育的发展和教育改革的深入，我国教育领域呈现出规模不断庞大，成分日渐多样，关系日趋复杂，管理日益纷繁等特征。制定一整套适应新型教育需求、比较完备的教育法规，以便有效地协调、组织和管理教育活动显得十分迫切。1993 年 2 月，中共中央、国务院印发的《中国教育改革和发展纲要》明确指出：“加快教育法制建设，建立和完善执法监督系统，逐步走上依法治教的轨道。”“抓紧草拟基本的教育法律、法规和当前急需的教育法律、法规，争取到本世纪末，初步建立起教育

① 谭晓玉：《教育法学的何谓与何为——中国教育法治的困惑与教育法学的使命》，见劳凯声：《中国教育法制评论》第 6 辑，北京，教育科学出版社，2009。

② 余雅风：《我国教育法学的发展及其对教育法治的回应——基于学术史的视角》，载《教育学报》，2021(1)。

③ 张瑞芳：《1980—2000：中国教育法学研究二十年》，见劳凯声：《中国教育法制评论》第 1 辑，北京，教育科学出版社，2002。

④ 谭晓玉：《研究权利——中国教育法学的新发展》，见劳凯声：《中国教育法制评论》第 1 辑，北京，教育科学出版社，2002。

法律、法规体系的框架。地方要从各自的实际出发，加快制定地方性的教育法规。”为了贯彻落实《中国教育改革和发展纲要》的精神，我国教育领域继续开展了一系列的立法活动，以最高立法机关制定的系列教育法律陆续颁布。1993 年 10 月颁布《中华人民共和国教师法》(简称《教师法》)。1994 年召开的国务院学位委员会第十二次会议提出加强法制建设，着手组织《学位条例》及其暂行实施办法的修订工作。1995 年颁布《中华人民共和国教育法》(简称《教育法》)。《教育法》是我国教育事业的根本大法，是新中国第一部教育基本法。其颁行具有划时代的里程碑意义，标志着我国的教育工作进入了全面依法治教的新时期。1996 年颁布《中华人民共和国职业教育法》(简称《职业教育法》)。1997 年年初，由国务院学位办公室和国家教育委员会政策法规司正式聘请法学家和教育学家组成专家组，开始了对《学位条例》的修订工作。①1998 年颁布《中华人民共和国高等教育法》(简称《高等教育法》)。国务院也紧随其后制定了一些教育法律的实施细则和教育行政法规，如《残疾人教育条例》《教师资格条例》《社会力量办学条例》等。国家教育委员会制定了为数众多的教育规章，如《普通高等学校学生管理规定》《教育行政处罚暂行实施办法》《高等学校校园秩序管理若干规定》《民办高等学校设置暂行规定》《中外合作办学暂行规定》《学校卫生工作条例》《学校体育工作条例》等。全国各地方政府也制定了众多的地方性教育法规和规章。至此，我国基本上已经形成了具有中国特色的以国家宪法为方向、以教育基本法为基础、以教育单行法为骨干、以众多的教育法规和部门规章为支撑、以地方性立法为补充的教育法框架体系。

(2)研究论著与教材

教育领域立法活动的开展，推动了学术界对教育法律的研究。学术界围绕着《教师法》和《教育法》等教育法律进行了大量的阐释性研究。② 1991 年，相关著作将“教

---

① 秦惠民：《中国教育法学的产生发展背景与研究状态》，见劳凯声：《中国教育法制评论》第 6 辑，北京，教育科学出版社，2009。

② 谭晓玉：《研究权利——中国教育法学的新发展》，见劳凯声：《中国教育法制评论》第 1 辑，北京，教育科学出版社，2002。

育法学”定为同教育学、教育经济学、教育哲学并列的分支学科。① 20世纪90年代，“教育法学”名称开始出现在教育法研究著作中，一批系统的教育法学论著和具有开创性的研究教育法学特定问题的学术专著问世。② 1990年1月，东北朝鲜民族教育出版社出版了张维平的《教育法学》。同年10月，辽宁大学出版社出版了郝庆堂的《教育法律案例与思考》。1991年，四川、陕西等地分别出版了《教育政策法规》和《教育政策法规要论》等。同年，贵州教育出版社出版了孙霄兵的《外国教师法选编》。1992年，罗宏述、米桂山的《教育政策法规》由科学普及出版社出版。武汉工业大学出版社出版了李晓燕的《教育法学》，延边大学出版社出版了杨颖秀的《教育法学基础》。同年，上海出版了《地方教育立法研究》和《各国高等教育立法》。1993年，劳凯声出版了《教育法论》。1995年，郭齐家出版了《教育法全书》。同年，崔相录、劳凯声的《教育法实务全书》出版，国家教育委员会政策法规司政策法规处的《教育法实用大全》出版。1996年，劳凯声、郑新蓉出版了《教育法学概论》。1997年，劳凯声、郑新蓉等出版了《规矩方圆——教育管理与法律》。同年，李连宁、孙葆森出版了《学校教育法制基础》和《教育法制概论》。1998年，秦惠民出版了《走入教育法制的深处——论教育权的演变》。同年，褚宏启出版了《学校法律问题分析》。1999年，黄崴、胡劲松出版了《教育法学概论》等。教育法学教材在这个时期出现了小的“高产期”，据不完全统计共有20余本教材、教参出版。③

(3)研究论文

这个时期有关探索教育法学的学科性质、体系和框架，力图构建中国特色教育法学的研究论文逐渐增多。比如，1991年我国第一篇教育法学博士论文《教育立法的实践、理论与问题》获得通过，研究内容涉及教育法体系、教育行政的法律形式、受

---

① 张玉堂：《关于我国教育法规研究的几个问题》，载《四川师范大学学报(社会科学版)》，1994(2)。

② 秦惠民：《中国教育法学的产生发展背景与研究状态》，见劳凯声：《中国教育法制评论》第6辑，北京，教育科学出版社，2009。

③ 余雅风：《我国教育法学的发展及其对教育法治的回应——基于学术史的视角》，载《教育学报》，2021(1)。

教育权利、学校事故等，探讨的就是教育法学的一些核心概念与范畴。[①] 从整体上对我国开展的教育法学研究进行综合性的考察，或对已有的研究加以概括、予以反思的文章主要有：《当前开展教育法学研究的几个问题》(《法学》1993 年第 3 期)、《构建教育法规学的若干问题初探》(《教育导刊》1993 年第 10 期)、《关于我国教育法规研究的几个问题》[《四川师范大学学报(社会科学版)》1994 年第 2 期]等。对我国教育法制建设的现状进行总结思考，反映当前教育法制实践问题的文章主要有：《我国教育法学研究的回顾与反思》(《教育研究》1995 年第 8 期)、《深刻反思当代中国教育法学研究的价值取向》[《华东师范大学学报(教育科学版)》1999 年第 3 期]等。围绕着教育与法律的关系、教育与受教育权、教师的权利与义务等问题进行学理探讨的博士论文主要有谭晓玉的《教育与法律关系的法理学思考》、李晓燕的《论我国教师的权利和义务》以及秦惠民的《论教育权的演变：对一个教育法制问题的历史分析》等。

(4)课程开设

1994 年，张玉堂提出："将教育法规学作为师范院校，特别是学校教育专业、学校管理专业、教育行政管理专业和各级各类行政干部管理院校的必修课。"[②]1994 年起，北京师范大学开始在教育经济与管理、教育学原理二级学科下招收教育政治学与教育法学方向的硕士研究生，在教育学原理二级学科下招收教育法学方向的博士研究生，将教育法学作为专业必修课程。1995 年，国家教育委员会发布《关于各级各类师范院校学习宣传和贯彻落实〈中华人民共和国教育法〉的通知》，要求各级各类师范院校开设教育法相关内容的选修课、讲座，或在公共教育学课程中讲授相关内容。自此，教育法学课程陆续在全国师范类院校开设。[③]

---

① 劳凯声：《教育立法的实践、理论与问题》，博士学位论文，北京师范大学，1991。

② 张玉堂：《关于我国教育法规研究的几个问题》，载《四川师范大学学报(社会科学版)》，1994(2)。

③ 余雅风：《我国教育法学的发展及其对教育法治的回应——基于学术史的视角》，载《教育学报》，2021(1)。

(5)专业教育期刊和专业研究组织、机构

1993 年，全国第一家以教育政策法规为研究对象的专业期刊——湖南省教育委员会创办的《教育政策法规研究》创刊，只可惜不久后便停刊。① 1997 年，上海成立了全国第一家教育法制研究与咨询中心。这是集教育法制研究、咨询与培养于一体的教育法制专职研究机构。

(6)管理机构和学术研究活动

1991 年，在国家教育委员会正式成立政策法规司后，各省(自治区、直辖市)教育委员会也陆续成立政策法规处。政策法规司和政策法规处等机构都被国家赋予研究教育法规的任务。政策法规司成立后不久，根据国务院清理行政法规的部署，在全面清理新中国成立以来发布的有关教育方面的行政法规、规章基础上，正式编辑出版了《中华人民共和国现行教育法规汇编》。该汇编的出版发行有力地促进了我国教育法规学研究的深入开展，并吸引了越来越多的人关心和从事教育法规学的研究工作。② 1994 年，全国教育学研究会教育管理专业委员会在天津召开了教育法学术研讨会，并商议拟成立全国教育法学专业委员会的事宜；1995 年在苏州召开了相关的学术讨论会。③ 1999 年，上海市教育法制研究与咨询中心举办全国学生伤害事故研讨会。这些学术研究和组织活动都极大地促进了我国教育法学的学科建设与发展。④

在这个时期，我国教育法学研究的特点表现在五个方面。第一，继续对教育立法进行研究，并在整体上对我国教育法学已有的研究成果进行总结与反思。关于学科建设问题的系列论文得以陆续发表，教育法学专著开始出版。第二，出现了一批专职或兼职的教育法学研究工作者。第三，关注教育法学学科的学理探讨。学者们

① 谭晓玉：《我国教育法学研究的回顾与反思》，载《教育研究》，1995(8)；余雅风：《我国教育法学的发展及其对教育法治的回应——基于学术史的视角》，载《教育学报》，2021(1)。

② 张玉堂：《关于我国教育法规研究的几个问题》，载《四川师范大学学报(社会科学版)》，1994(2)。

③ 谭晓玉：《我国教育法学研究的回顾与反思》，载《教育研究》，1995(8)。

④ 谭晓玉：《未成年学生在校伤害事故法律责任问题探讨——“中小学在校伤害事故”理论研讨会综述》，载《中小学管理》，1999(9)。

围绕着教育法学的概念、体系、原则等问题，讨论教育法学的学科性质，力图构建中国特色的教育法学体系和框架。教育法学作为一门独立学科的地位逐步明确。第四，仍处在教育法学学科发育的初期。关于教育法学的学科称谓、概念界说、研究对象、基本内容、学科特点、理论依据、学科性质、体系框架等，观点纷呈、意见不一。教育法学是属于法学门类还是属于教育学门类，未达成共识。① 第五，基础理论薄弱，局部研究较多，整体研究少，没有形成完善的教育法学体系。②

4. 21 世纪以来的教育法学研究

21 世纪以来，经济社会和教育的发展使教育法律实践日益增多，为教育法学研究提供了丰富的素材；中国特色的社会主义教育法律法规体系逐步形成，为教育法律的研究提供了前提条件，为教育法学的发展提供了现实基础。教育法学学科建设研究持续推进，学术界开始真正深入思考教育法学的逻辑起点及教育法学规范体系的特殊性以及整个理论体系的建构路径，教育法学学科理论开始从自发走向自觉。③

(1)教育立法

2002 年，《中华人民共和国民办教育促进法》(简称《民办教育促进法》)颁布；2006 年，《义务教育法》进行了修订。同时还有相当数量的教育行政法规、地方性教育法规、教育行政规章问世。仅仅截至 2014 年就形成了 8 部专门的教育法律、近 20 部教育行政法规和 70 多部教育规章以及大量的地方教育立法的法律体系。2010 年，《国家中长期教育改革和发展规划纲要(2010—2020 年)》提出了修订教育法、高等教育法、职业教育法、学位条例、教师法、民办教育促进法和制定有关考试、学校、终身学习、学前教育、家庭教育等法律的立法任务。截至 2022 年，教育法、高等教育法、职业教育法、民办教育促进法陆续修订完成。《中华人民共和国家庭教育促进法》(简称《家庭教育促进法》)于 2021 年 10 月 23 日由第十三届全国人民代表大会常

---

① 谭晓玉：《我国教育法学研究的回顾与反思》，载《教育研究》，1995(8)。
② 张玉堂：《关于我国教育法规研究的几个问题》，载《四川师范大学学报(社会科学版)》，1994(2)。
③ 龙洋、孙霄兵：《对我国教育法学理论体系逻辑起点的思考》，载《教育学报》，2011(6)。

务委员会第三十一次会议通过，并于2022年1月1日起施行。这些教育法律法规的颁布和实施极大地丰富和完善了我国的教育法体系，推动我国教育事业朝着以法治教、以法促教的良性方向发展。

(2)研究论文

教育法学研究高潮兴起，产生大量新的问题和领域，使研究论文数量激增，具体涉及教育公益性的保护、教育公共性的立法诉求、受教育权的平等保护、教师职业的专业性和教师的专业权力、教育人权和义务教育法的立法价值等。① 在研究论文方面，2001年，谭晓玉在《清华大学教育研究》第1期上发表《当前我国教育法学研究的价值取向：若干问题与思考》。2004年，谭晓玉的《当前中国教育法学研究中的若干理论问题探讨》一文发表在《教育研究》第3期上。2007年，周光礼在《高等工程教育研究》第6期上发表《反思与重构：教育法学的学科建构》。周彬在《国家教育行政学院学报》第9期上发表《论教育法学研究的困境与出路》。劳凯声在《教育研究》第11期上发表《改革开放30年的教育法制建设》。2009年，余雅风和劳凯声在《教育研究》第2期上发表《改革开放30年中国教育法学研究的回顾与展望》。王燕华和闵令香将《近十年中国教育法学研究评析》发表在《黑龙江高教研究》第10期上。2012年，黄欣在《教育发展研究》第19期上发表《我国教育法学的研究现状和未来展望》。2014年，湛中乐将《教育法学研究的问题、范围与方法》发表在《中国高等教育》第17期上。程雁雷将《诉求与回应：构建教育法学学科的若干思考》发表在《中国高等教育》第17期上。2015年，孙绵涛将《教育法学学科理论研究的若干方法论问题》发表在《高等教育研究》第1期上。许晓东和阎峻将《论中国教育法学学科建设》发表在《高教发展与评估》第5期上。2016年，祁占勇和陈鹏将《中国教育法学研究热点的共词可视化分析》发表在《华东师范大学学报(教育科学版)》第3期上。湛中乐和黄宇骁在《中国高教研究》第10期上发表《日本教育法学发展回顾与评析》。陈亮和陈恩伦在

---

① 余雅风：《我国教育法学的发展及其对教育法治的回应——基于学术史的视角》，载《教育学报》，2021(1)。

《内蒙古社会科学(汉文版)》第 3 期上发表《我国教育法学研究的困惑与展望——基于文献之思》。湛中乐和苏宇在《北京师范大学学报(社会科学版)》第 2 期上发表《教育法学的理论体系与学科建设初论》。2018 年，刘昕鹏将《我国教育法学博士的培养现状与研究关注——基于 1998—2015 年 137 篇博士学位论文的分析》发表在《中国高教研究》第 2 期上。管华将《教育法治四十年：回顾与展望》发表在《法学评论》第 4 期上。申素平、周航、郝盼盼将《改革开放 40 年我国教育法治建设的回顾与展望》发表在《教育研究》第 8 期上。2019 年，李连宁、王大泉、于安等将《改革开放 40 年教育法治回顾与展望(笔谈)》发表在《中国高教研究》第 3 期上。2020 年，彭宇文在《教育研究》第 4 期上发表《教育法地位再探——兼论教育法学学科建设》。吴会会在《复旦教育论坛》第 4 期上发表《教育法学视域下的民办教育法律规范——基于学术史的考察》。2021 年，秦惠民和王俊在《华东师范大学学报(教育科学版)》第 12 期上发表《比较法视野下教育法学定位与学科体系》。余雅风将《我国教育法学的发展及其对教育法治的回应——基于学术史的视角》发表在《教育学报》第 1 期上。任海涛和张玉涛将《领域法学视野下教育法学的理论定位与体系建构》发表在《湖南师范大学教育科学学报》第 6 期上。2022 年，湛中乐和靳澜涛在《湖南师范大学教育科学学报》第 4 期上发表《教育法学体系化的域外比较与中国路径》等。

(3)研究专著

在构建教育法学自身的学科知识架构方面，张维平、石连海、黄巍、申素平、黄欣、李晓燕、杨颖秀、湛中乐、杨挺、高君智等纷纷以专著的形式开展探索。[①] 这个时期有近 40 部教育法学专业性论著出版。2002 年，《中国教育法制评论》(以书代刊)开始出版。这是我国当时唯一的教育法学专业集刊，为教育法学研究与学术交流提供了重要平台。[②] 褚宏启的《教育法制基础》出版。2003 年，劳凯声的《变革社会

① 湛中乐、苏宇：《教育法学的理论体系与学科建设初论》，载《北京师范大学学报(社会科学版)》，2016(2)。

② 余雅风：《我国教育法学的发展及其对教育法治的回应——基于学术史的视角》，载《教育学报》，2021(1)。

中的教育权与受教育权：教育法学基本问题研究》出版。孙霄兵的《受教育权法理学：一种历史哲学的范式》由教育科学出版社出版。张维平、马立武的《美国教育法研究》由中国法制出版社出版。2005 年，周光礼的《教育与法律：中国教育关系的变革》由社会科学文献出版社出版。2009 年，劳凯声的《改革开放三十年：教育政策与法律卷》由北京师范大学出版社出版。申素平的《教育法学：原理、规范与应用》由教育科学出版社出版。余雅风的《学生权利概论》由北京师范大学出版社出版。2010 年，李晓燕的《义务教育法律制度的理论与实践》由华中师范大学出版社出版。覃壮才的《中国公立高等学校法人治理结构研究》由北京师范大学出版社出版；余雅风的《构建高等教育公共性的法律保障机制》由北京师范大学出版社出版；王鹰的《创建安全的学校》由北京师范大学出版社出版；申素平的《高等学校的公法人地位研究》由北京师范大学出版社出版。2011 年，黄明东的《中、美、法高校教师法律地位比较研究》由武汉大学出版社出版。尹力的《儿童受教育权：性质、内容与路径》由教育科学出版社出版。2013 年，褚宏启等的《论教育法的精神——为了人的自由而全面的发展》由教育科学出版社出版。湛中乐的《教育行政诉讼理论与实务研究》由中国法制出版社出版。宋雁慧的《中学校园暴力及其防治研究》由北京师范大学出版社出版。2016 年，周洪宇的《中国教育黄皮书——2016 年：加强教育法治，全面推进依法治教》由湖北教育出版社出版。2017 年，孙霄兵、马雷军的《教育法理学》由教育科学出版社出版。祁占勇的《基于共词可视化的教育政策基本问题研究 30 年：1985—2015》由科学出版社出版。杨进、孙琳等的《职业教育法修订的研究与实证》由高等教育出版社出版。陈蔚的《美国残障儿童受教育权利的立法保障研究》由中国商务出版社出版。2018 年，湛中乐的《高校行政权力与学术权力运行机制研究》由北京大学出版社出版。申素平等的《从法制到法治——教育法治建设之路》由华东师范大学出版社出版等。

(4)课程开设与学生培养

与教育法学相关的教学与科研活动日益活跃，师范院校和教育类专业普遍开设了教育法学课程。2000 年，国务院学位委员会办公室在《授予博士、硕士学位和培养研究生的学科、专业目录》之外，批准中国人民大学试办教育法学专业，招收硕士学位研究生。① 中国人民大学自此建立了全国第一个教育法学硕士学位点。② 同时，中国人民大学还在教育法学学科下设置了教育法学理论、中国教育法制建设、教育管理与法治、中外教育法比较等研究方向。③ 2007 年，教育法学在沈阳师范大学被确立为二级学科，2009 年获得硕士学位授予权。④ 2011 年，教育部办公厅发布《授予博士、硕士学位和培养研究生的二级学科自主设置实施细则》，把研究生教育中的二级学科设置权归还给了高校。于是，有条件的师范院校在教育学学科下设置了教育法学二级学科，招收硕士或博士研究生(有的是设置二级学科的一个研究方向)。独立政法院校也在宪法和行政法学二级学科下设置了与宪法、行政法平行的教育法学方向。在研究生教育中，2011 年以后，各类高校中以教育法学为二级学科或学科方向招收硕士生的学校增加迅猛。⑤ 2012 年，北京师范大学自主增设二级学科教育政策学与教育法学，招收教育法学方向博士研究生。华中师范大学在二级学科教育学原理下设置教育法学方向。华东师范大学在自设二级学科教育政策学下设置教育法学研究方向。⑥ 一批以教育法学为研究方向的硕士、博士得到培养。

(5)学术团体组织与年会

2000 年，国家召开我国教育政策与法律研究的回顾与展望学术研讨会，同时筹备成立全国教育政策与法律研究专业委员会。自此，全国性教育法学研究与交流的民间学术团体组织产生，2009 年应中国教育学会的要求改名为中国教育学会教育政

---

① 秦惠民：《中国教育法学的产生发展背景与研究状态》，见劳凯声：《中国教育法制评论》第 6 辑，北京，教育科学出版社，2009。

② 谭晓玉：《研究权利——中国教育法学的新发展》，见劳凯声：《中国教育法制评论》第 1 辑，北京，教育科学出版社，2002。

③ 蒋后强、余兴凤：《教育法学学科建设及人才培养的路径探索》，载《学位与研究生教育》，2016(9)。

④ 余雅风：《我国教育法学的发展及其对教育法治的回应——基于学术史的视角》，载《教育学报》，2021(1)。

⑤ 蒋后强、余兴凤：《教育法学学科建设及人才培养的路径探索》，载《学位与研究生教育》，2016(9)。

⑥ 余雅风：《我国教育法学的发展及其对教育法治的回应——基于学术史的视角》，载《教育学报》，2021(1)。

策与法律研究分会。2001年，沈阳师范大学召开主题为“改革开放中我国教育政策与法制建设的基本问题”的中国教育学会教育政策与法律研究第二届年会，并决定每两年召开一次全国性年会。2003年以来，上海市教育法制研究与咨询中心、辽宁省教育学会教育政策与法律研究专业委员会、湖北省教育法律与政策研究会、北京市法学会教育法学研究分会、上海市法学会教育法学研究会等地方学会相继成立，表明教育法学专业群体的活动和影响正在全国范围内扩展。2013年，中国教育发展战略学会教育法治专业委员会成立并定期召开年会和高层论坛。这使全国性和地方性学术团体的活动和影响范围得到进一步拓展。①

(6)专业研究机构

教育法学专业研究机构在高校纷纷成立。比如，中国政法大学、武汉大学、北京大学分别于2003年、2006年、2009年设立教育法研究中心；华东政法大学于2009年设立高等教育与教育法制研究所；中国人民大学于2011年设立教育法律与政策研究所。2017年，教育部政策法规司设立教育法制研究专项，与13所大学以及中国教育科学研究院合作共建14个教育立法研究基地。其中11个设在法学院所。②

在这个时期，教育法学研究的特点表现在四个方面。第一，教育法学研究成果日渐丰富。学术界探讨教育法学的基本问题、研究范围与方法等论题的相关文献迅速增多，论文、著作和教材等大量涌现。第二，教育法学研究内容广泛。教育法学研究不仅聚焦于教育立法与教育法学的基础理论和学科知识体系，而且涉及学校纪律、校车立法、校园安全、学生管理、学校治理、教育司法、校园欺凌等诸多问题。③ 第三，教育法学作为相对独立的学科开始走向成熟。在早期，从总体上看，

---

① 余雅风：《我国教育法学的发展及其对教育法治的回应——基于学术史的视角》，载《教育学报》，2021(1)。

② 余雅风：《我国教育法学的发展及其对教育法治的回应——基于学术史的视角》，载《教育学报》，2021(1)。

③ 秦惠民：《中国教育法学的产生发展背景与研究状态》，见劳凯声：《中国教育法制评论》第6辑，北京，教育科学出版社，2009。

教育法学研究尚显稚嫩，对教育法学研究的基本问题、研究范围与方法的探讨较少。① 且对于教育法学基础理论及学科知识体系的探索较少相互参考，设想大相径庭，缺乏清晰的主线，在种种关于教育法学理论体系的主张中欠缺深层的法理思考。同时，教育法学研究在方法方面缺乏像民法学、刑法学、行政法学等学科那样一套较为成熟的理论体系，常借用其他学科的体系(如德国及日本学者对高等教育法学的研究常借用行政法学的体系)。② 2009 年发布的《学科分类与代码》明确将学科定义为相对独立的知识体系，并规定学科应具备理论体系和专门方法的形成、有关科学家群体的出现、有关研究机构和教学单位以及学术团体的建立与有效活动的开展、有关专著和出版物的问世等条件。③ 以上述学科的基本要素为判断标准，在后期，我国学者通过对教育法学发展阶段演进、研究内容、理论架构、研究思维与范式、作用与意义等的深入探讨，使教育法学理论研究进入体系化、深入化的较高阶段，使教育法学学科开始走向成熟。第四，教育法学在学科建设上从散兵游勇、单枪匹马的研究方式向着有组织的专业化的教育法学研究共同体目标接近。④

第三节　教育法学的研究方法

每一门学科都有自己的逻辑体系、研究内容和研究方法。掌握教育法学的学习和研究方法，对于更好地理解和掌握教育法学的基本概念、基本原理，了解学校教育、学校管理实践中的教育法问题和从事教育法学研究具有指导价值。从学科属性

① 湛中乐：《教育法学研究的问题、范围与方法》，载《中国高等教育》，2014(17)。

② 湛中乐、苏宇：《教育法学的理论体系与学科建设初论》，载《北京师范大学学报(社会科学版)》，2016(2)。

③ 湛中乐、苏宇：《教育法学的理论体系与学科建设初论》，载《北京师范大学学报(社会科学版)》，2016(2)。

④ 谭晓玉：《当前中国教育法学研究中的若干理论问题探讨》，载《教育研究》，2004(3)。

来看，从属于法学、教育学以及管理学的诸多研究方法，如法律解读的方法、法律适用的方法、建模的方法等，都应当并且可以成为教育法学的研究方法。① 调查研究法、历史考察法、比较分析法、案例分析法、语义分析法等是教育法学常用的研究方法。

一、调查研究法

调查研究法是利用理论联系实际了解事物具体情况的研究方法。调查研究法要求研究者深入实际，掌握第一手的信息，以发现问题，找出解决问题的途径和方法。在教育领域，凸显调查研究法的重要性，能够使研究者深入教育活动第一线，了解情况、收集资料，并注意了解教育行政部门关于重大教育问题或重大教育事件的处理决定、学校内部规章制度或重大教育事故的处理意见等。运用调查研究法的意义在于能够切合教育法学实践性和应用性的特征，能够更好地了解教育法发展的现状和问题。

二、历史考察法

任何事物都有一个产生、发展的过程，教育法学同样经历了从萌芽、产生到发展的这一过程。学习和研究教育法和教育法学的历史，对于充分认识教育法现象，弄清教育法和教育法学的发展规律具有重要的价值。运用历史考察法来学习和研究教育法学，对于全面把握教育法和教育法学的历史概貌，找到解决现实中存在的教育法问题的途径和方法具有十分重要的意义。

三、比较分析法

当需要了解事物之间的异同、联系，并希望从中得到启示和教益的时候，人们就可以运用比较分析法对事物的现象、问题等进行比较和分析。因为教育法律是一

---

① 谭晓玉：《当前中国教育法学研究中的若干理论问题探讨》，载《教育研究》，2004(3)。

种普遍性的规范，在理解和实施教育法律过程中必然会产生教育法律解释问题，所以科学使用分析方法是正确适用教育法律的前提。同时在研究教育法律制度等问题时，研究者还可对同一国家不同时期和不同国家的同类教育法律进行比较，分析其异同，揭示共同发展的规律。具体而言，比较分析法既可以用于国际之间教育法律现象、问题之间的比较和分析，也可用于两个及其以上教育法规、教育法制问题的比较和分析。例如，可以比较和分析教育部颁布的《学生伤害事故处理办法》与地方性教育法规、教育规章之间的异同和联系等。

四、案例分析法

案例分析法是综合运用所学理论知识以解决实际问题的研究方法。在教育领域，案例分析法就是选取具有代表性的教育法律事件，运用教育法学理论知识进行法理分析的研究方法。在现实的教育教学活动中，研究者每天都可能面临着众多的教育法律事件，所以案例分析法应该是教育法学重要的研究方法。研究者通过对典型的教育法学案例的分析，以理解、掌握教育法律规范在制定、落实和实施过程中的精神实质，探讨运用教育法律规范解决具体教育法律问题的途径和方法，增强运用教育法原理分析教育法律现象和运用法律知识解决教育纠纷问题的基本能力。

五、语义分析法

语义分析法也称语言分析法。把语义分析法运用于教育法学研究是十分必要的。语言是人类进行交流、沟通的工具，任何一个词语或句子都有一定意义，任何一种语言都表示着一个民族的思维习惯、行为方式和文化内涵。所以，要了解一个民族，首先要理解其语言。这不独对一个民族，就是对各种学科来说也是如此。每一门学科都有其特定的概念以及这些概念所包含的特定的内涵，学习一门学科首先要学习该门学科的语言。在法律领域，第一，语言的功能是法律机关借助语言来表现、传播、推行和执行国家意志，给个人、集体、国家规定权利和义务。每个教育法律规范都是一个行为规范，是指引、评价法律行为的标准和预测法律后果的依据。这就要求法律用语规范化、语义明确、前后一致，便于人们理解和运用，以排除法律用语的歧义性和不确切性，以避免在立法、执法、司法以及其他法律事务中的混乱。第二，法学的争论中有很多对立的意见，甚至法庭辩论中往往各执一词，主要就是由对法律概念理解的差异所引起的。人们往往把类似的概念运用到不同的事例中。就是对于同一概念，不同的人根据自己的理解也会做出不同的解释。这就需要运用语义分析法找出语义的差异度，寻求共同的话语，弄清问题的实质，以回答这些问题。第三，语义分析法重视的是对语言要素、结构的分析，通过考察词语、概念的语源和语境来确认、选择语义，而不是采取直接的定义方法(规定的方法)。如果习惯于采用定义方法或从定义出发来解决法律问题，就可能使教育法律陷于武断和出现歧义。规定性定义是应然的，分析性定义是必然的。我们需要规定性定义，但它必须是在分析的基础上的定义。①

应该注意的是，尽管上述每一种方法都有其比较确定的适用范围，但是人们也有可能根据具体情况的不同采取两种及两种以上的方法来学习和研究教育法学，而不是单一地使用某一种方法，以达到更好的学习和研究的目的。由多种研究方法构成的教育法学方法体系，能较为深刻地反映出教育法学研究的特点，也能决定教育法学研究所能达到的程度。因此，人们可以扩展教育法学研究的视角，结合学科特点，重视利用多种方法切入教育法学问题的研究。

第四节 学习教育法学的意义

实现社会主义现代化，建设社会主义强国，必须依靠法治。在改革开放初期，邓小平同志就指出为了保障人民民主，必须加强法制，并提出有法可依，有法必依，

① 黄崴：《教育法学》，7～8页，广州，广东高等教育出版社，2002。

执法必严，违法必究，法律面前人人平等的法律原则，强调一手抓建设，一手抓法制。1999 年 3 月 15 日，第九届全国人民代表大会第二次会议通过了《中华人民共和国宪法修正案》，将“中华人民共和国实行依法治国，建设社会主义法治国家”写入宪法。

依法治教是依法治国的必然要求，教育在国家的发展中处于举足轻重的地位。学习教育法学对于贯彻依法治教、养成教育法律素养、促进教育法制建设、完善教育法学学科体系具有重要意义。

一、学习教育法学是贯彻依法治教的必然要求

依法治教是现代教育发展的一个重要特征，是世界各国教育发展的共同经验，是我国教育改革与发展的迫切要求和必然趋势。依法治教是指依据法律来管理教育，要求国家机关以及有关机构依照法律规定在其职权范围内从事教育管理活动，要求各级各类学校及其他教育机构、社会组织和公民依照教育法律的规定从事办学活动、教育教学活动以及其他教育活动。此类活动包括教育立法、教育法律的宣传普及、教育行政执法、教育司法、教育法制监督以及教育法律的遵守等内容。长期以来，我国教育事业的管理比较依赖行政手段，在一定程度上忽视了教育法律的作用。依法治教要求教育管理由过去的主要依靠行政手段转向主要依靠法律手段，各级政府及其教育主管部门乃至学校的校长都必须依法管理、依法办事。认真学习教育法学，树立依法治教的观念，是全面依法治教的基础要求。

二、学习教育法学有助于提升教育法律素养

教育法律素养包括教育法律意识、教育法制观念和守法行为。教育法律意识是人们关于教育法律现象的思想、观点和心理的总和，包括对教育法的本质、作用的看法，对教育法的态度、评价和解释，以及对人们行为的法律意义的评价。教育法制观念是人们对教育法和教育法律现象的理性反映，对于正确执行和遵守教育法律

有着重要的指导作用。党的十一届三中全会以来，我国的法制建设进入了新的历史发展阶段。重要的法律相继颁布实施，同时又辅之以全民普法教育，使人们的法律意识、法制观念有了很大提高。但目前有些人对法制建设的重要性认识不足，有法不依、执法不严的现象依然存在，违反教育法的现象偶有发生；有些人对教育法的强制性认识不足，把教育法视为“软法”。这些都影响了教育法的贯彻实施。由此可见，要想健全教育法制，真正把教育纳入法制轨道，首先必须提高全社会，尤其是教育工作者的法律意识和法制观念。教育工作者要通过学习教育法学，了解教育法律法规，掌握教育法律法规的精神实质，提高教育法律意识，增强法制观念，自觉遵守教育法律法规。

三、学习教育法学有助于促进教育法制建设

我国教育领域尚未形成完整的法律体系，教育法制建设还不能完全适应我国教育事业发展的需要。就教育立法而言，由最高权力机关制定的法律有《教育法》《义务教育法》《教师法》《职业教育法》《高等教育法》《学位条例》。此外，我国现有的教育行政法规和规章种类繁多，有一些已经过时，不少领域尚未制定必要的行政法规，存有立法空白。所有这一切都亟须全面加以研究和系统化。

加强立法标准化是加强教育法制建设必须予以重视的问题，也是教育法学研究的重要任务之一。制定的法规文件必须区别于一般的行政文件，必须含有法律规范，包括假定、处理和制裁；必须具有法律的稳定性，不能朝令夕改；必须根据法定的程序通过和发布；必须使用规范的法规名称，杜绝出现乱用、滥用、错用的现象。要加强和完善我国的教育立法工作，提高教育立法水平，离不开对教育法学的研究。只有认真研究教育法学的原理、原则，研究我国学校教育制度和教育行政制度的历史和现状，研究和比较各国教育法律制度，才能排除任意性和盲目性，才能制定出符合教育规律、符合人民利益的高水平的教育法律法规。

四、学习教育法学有助于完善教育法学学科体系

在我国，教育法学研究起步较晚。随着教育立法的开展，我国教育法律法规的

数量日益增多。这些法律法规渗透到教育领域的各个层面，对各类教育教学活动和各种教育关系予以调整。这一切不仅为教育法学的完善打下了基础，也迫切要求教育法学早日完善。不仅如此，在教育领域中，教育法学的兴起和发展将对教育学学科的完善产生越来越大的影响。为尽早建立一个完善的教育法学学科体系，必须加快对教育法和教育法学的研究。①

复习思考题

1. 如何理解教育法学的学科性质？
2. 如何理解教育法学的研究对象？
3. 简述教育法学的研究内容。
4. 简述教育法学与教育学的关系。
5. 简述教育法学的研究方法。
6. 简述教育法学的产生条件。
7. 如何理解教育法学与法学的关系？
8. 简述我国教育法学产生和发展的历史脉络。
9. 联系实际讨论为什么需要学习教育法学。

案例分析题

常某上八年级时因在课上打瞌睡，被班主任张某责罚蹲在讲台下面。张某还对常某进行了殴打。

2018 年某天下午，常某驾驶自己的黑色越野车与同村的潘某外出钓鱼时，遇见骑电动车经过的张某(系常某八年级时的班主任，现任某中学老师)。常某拦下张某，对其进行辱骂、指责、殴打。

问题：结合案例讨论当前教育法治背景下如何才能做到依法治教。

① 黄才华：《依法治教概论》，11～17 页，北京，国际文化出版公司、教育科学出版社，2002。

第二章　教育法的基本原理

学习目的和要求

1. 掌握教育法、教育法律规范、教育法律关系、教育法律责任的含义。
2. 理解教育法律规范的结构。
3. 理解教育法律关系、教育法律责任的构成要素。
4. 了解教育法律关系产生、变更和消灭的条件。
5. 了解我国现行的教育法体系。
6. 理解教育法律责任的类型。
7. 掌握教育法律责任的归责原则。
8. 知道权利与义务的关系。
9. 明确学习教育法的意义。

具体教学内容

1. 教育法、教育法律规范、教育法律关系、教育法律责任的含义
2. 我国现行的教育法体系
3. 教育法律关系的构成要素
4. 教育法律责任的构成要素和归责原则
5. 教育法律关系产生、变更和消灭

第一节 教育法的概念

一、教育法的含义

（一）法律的含义

法律有广义与狭义之分。广义的法律是从整体意义或抽象意义上说的，是由一定的物质生活条件所决定的国家意志的体现，是由国家制定或认可，体现国家意志，以国家强制力保证实施的并具有普遍效力的行为规则的总和。它包括宪法、法律、法令、条例、规则、决议、命令等。我国现行的法律包括全国人民代表大会及其常务委员会制定的法律，地方国家权力机关制定的地方性法规，国务院制定的行政规章，国务院各部委制定的有关规定、条例等。狭义的法律指拥有立法权的国家权力机关依照立法程序制定和颁布的规范性文件，在我国主要指全国人民代表大会及其常务委员会所制定的法律。

（二）教育法的含义

教育法也有广义与狭义之分。根据制定教育法律的主体性质，广义的教育法是指国家制定或认可的并由国家强制力保证实施的教育活动的法律规范体系及其实施所形成的教育法律关系和法律秩序的总和。广义的教育法的制定主体是多元的，不仅有最高权力部门，也有地方权力部门，还有其他政府部门等。广义的教育法在我国主要是指全国人民代表大会及其常务委员会所制定的教育法律，地方权力部门制定的地方性教育法规，国务院及其各部委所制定的规章、规定等。它包括有关教育的法律（主要是宪法中有关教育的条款、教育基本法律和教育专门法律等），教育行政法规，地方性教育法规和具有一定法律效力的教育规章（包括部门教育规章和地方政府教育规章）以及国际教育条约与协定。

狭义的教育法即教育法律，是指国家最高权力机关制定的有关教育的规范性文件，包括宪法中有关教育的条款和教育基本法律与教育专门法律，在我国主要是指全国人民代表大会及其常务委员会所制定的教育法律。

另外，狭义的教育法在我国还特指《教育法》(1995 年 9 月 1 日起施行)。

（三）教育法的本质属性

在实践中，教育活动的广泛性、教育主体的多样性、教育关系的复杂性等决定了在一般意义上使用教育法概念时必然是广义的，而非狭义的。在这个意义上，教育法就是关于教育方面的法律，体现国家在教育方面的意志，由国家制定或认可并以国家强制力保证实施的，调整教育活动中各种社会关系的一类法律规范的总称。因此，教育法的本质属性表现为以下几个方面。

1. 教育法是一种行为规范

法是人们的社会行为规范，规定人们在一定条件下应该有怎样的行为，不应该有怎样的行为和可以有怎样的行为。同样，教育法是教育活动的行为规范，不仅指出教育活动中国家、学校、教育者、受教育者、社会等各主体的行为方向和规定各主体作为和不作为的行为规则，而且规定了行为条件和行为后果。教育法为教育活动提供行为标准，要求人们遵守规则并按照统一的标准处理问题，是教育活动有秩序开展的法律保障。

2. 教育法是由国家制定或认可的行为规范

教育法是由国家通过法定程序采取制定或认可两种方式确定的行为规范。国家制定教育法，是指国家机关按照法定权限和程序，创制具有不同法律效力的规范性文件。国家认可的教育法是指国家机关通过一定的形式赋予某些早已存在的习惯、判例等以法律效力。从当前来看，认可的情况还是较少的。

3. 教育法是体现国家教育意志的行为规范

从教育法的本质上说，其所确定的行为规范是国家教育意志的反映。法是体现人的意志的事物，是人有意识地支配和规范自身的行为与社会秩序，并达到一定目的的意识结晶。但一般人的意志不能上升为国家意志，更不能上升为法。而国家意志也只有经过立法程序并形成一定的法律文件才能成为法。在现代社会，国家管理教育事业主要依靠教育法，教育法体现了国家在教育方面的意志。

4. 教育法是以国家强制力保证实施的行为规范

这是教育法与其他行为规范的根本区别。法律规范、道德规范、社会习俗等社会规范对公民个人和社会组织都具有一定的约束力和强制性。道德规范是靠社会道德舆论和个体的自觉约束发挥作用的，是由内向外控制个体的行为，主要是自律。社会习俗是各地长期的风俗习惯熏陶形成的生活规范。道德规范和社会习俗的遵守是以人的自觉自愿为前提的。法律规范则不同，它是由外向内控制个体的行为，是他律。从法的运行看，教育法是以国家强制力保证实施，以国家的名义规定人们在教育活动中应享有的权利和应履行的义务。为了使人们的法定权利免遭非法侵犯或剥夺，使人们的法定义务得以全面履行，以及把教育法所确定的行为规范变为社会现实，就必须以国家强制力为后盾，通过国家强制力保证教育法的实施。

5. 教育法是调整教育活动的行为规范

教育法调整的是有关教育的活动中形成的各种社会关系。教育法所调整的有关教育的活动专指有目的、有计划、有组织地培养人的教育活动以及与此紧密相关的其他相关活动，包括各种主体举办、管理、实施、接受和参与教育的活动。教育法所调整的社会关系专指前述教育活动中产生的教育内部关系及教育外部关系。教育内部关系包括教育行政机关与学校等教育机构的关系、教育机构与教育者的关系、教育机构与教育对象的关系、教育者与受教育者的关系、教育机构之间的关系等；教育外部关系包括教育行政机关、教育机构、受教育者、教育者与其他国家机关、社会组织、公民在举办、管理、实施、接受以及参与教育的各种活动中产生的社会关系。教育法调整范围的区分是界定教育法与其他法的一个重要标准。

二、教育法的特点

教育法的特点指的是由教育法特定的调整对象和调整内容所决定的不同于其他

法律的特征。教育法作为法的一个独立部门，也具有法的一般特点。

（一）法的特点

法作为调整人们社会行为的规范，一般具有以下几个方面的特征。

1. 法的国家意志性

法作为一种行为规范是由国家制定或认可的，体现的是国家意志。人们的社会行为规范有许多种，如道德、社会团体章程、乡规民俗等。法与其他行为规范的原则性区别在于法是由国家制定并认可的，而其他行为规范则不具备国家意志性。

2. 法的国家强制性

法是以国家强制力为后盾，并由国家强制力保障实施的。对于违法行为，法是通过各种制裁方式，使行为人承担相应的民事、刑事、行政等法律责任来保证实施。虽然其他行为规范如舆论、纪律制裁等也有一定的强制力，但国家并不以强制力保障其实施。

3. 法的普遍性

在国家权力管辖和法所规范的界限内，一切国家机关、社会组织、自然人以及法人都必须遵守法律规范。

4. 法的客观性

法作为上层建筑的一部分，其发展受一定经济关系的影响，是由一定的社会经济基础所决定的。

（二）教育法的特点

教育法作为调整教育活动中各种社会关系的法律规范的总和，由于其特定的调整对象和范围，除了具有上述法的一般的特点外，还有其自身的特殊性。具体表现如下。

1. 主体的多元性

教育活动是由一系列活动构成的一个复杂系统，包括兴办教育、管理教育、实施教育、接受教育、参与和支持帮助教育等诸多方面。国家机关、政府及其教育行政机关、学校以及其他办学组织、教师、学生、学生家长的教育行为及由此所引起的各种教育关系都是教育法调整和规范的对象。上述参与教育活动的诸多主体构成了教育法调整和规范主体的多元性。

2. 适用范围的广泛性

教育活动主体的多元性决定了教育法调整范围的广泛性。根据我国的教育体制，国家发展教育事业采取“两条腿走路”、多种形式办学的方式。不仅国家可以举办学校，而且企事业单位、社会团体以及公民个人都可以办学。办学者要分别与管理机关、教育对象以及有关办学的机关、组织发生法律关系，这些法律关系需要教育法加以规范。特别是由于教育在现代社会中的作用越来越重要，国家以法的形式干预教育的功能将逐步扩大。这就使教育法适用的范围几乎涉及现代社会的各个方面。

3. 法律关系的多样性

教育法调整和规范的法律关系具有多样性。现行教育法中相当一部分是以国家或教育行政机关为一方来调整教育活动中的行政关系。这些关系属于行政法律关系。同时，这些法律关系也涉及教师聘任、学校联合办学等平等主体间的民事法律关系。国家和学校之间、学校与学校之间等也存在某些经济法律关系。教育者与受教育者之间又存在一种特殊的法律关系。在教育活动中，教育者处于主导地位。他们的活动是按照国家的要求培养人，不仅具有专业性的特点，而且具有一定的公务性质。这种特殊的法律关系与双方权利义务一致平等的民事法律关系有很大区别。另外，尽管教师在教育活动中处于主导地位，但不等于说教师与学生的关系是上、下级之间的隶属关系。教育活动中产生的教师与学生的传道授业、教学相长、尊师爱生的关系，是一种有别于民事法律关系和行政法律关系的一种特殊的师生关系。上述情形造成教育法律关系呈现多样性。并且教育法律关系往往相互交叉，变得更加复杂。

4. 法律后果的独特性

教育法的法律后果的独特性主要表现在对违反教育法行为的处理方式上。

第一，注重保护受教育者，尤其是保护未成年学生的合法权益。教育法的核心是保障公民的受教育权，尤其是保护尚无行为能力和限制行为能力的儿童、少年。对学生错误行为的处理主要是采取批评教育的方式。比如，对不按时入学的适龄儿童主要进行说服教育。只要他们入学或返校就读即可，对他们本人并不进行处罚，而是要适当对其家长或者其他监护人进行处罚。

第二，注重保护教师的特殊职业权利。在教育活动中，教师与学生的关系对教师来说是由其职业活动引起的。因而只要教师依法执教，而学生由自身原因造成财产损失或人身伤害的，教师不承担法律责任。当然，如果教师有过错，如体罚或变相体罚学生、侮辱学生或侵犯学生隐私权导致学生财产损失或人身伤害，则教师应承担相应的法律责任。

第三，注重维护学校的合法权益。教育是国家的公共事业，学校是专门培养人的场所，国家应对其给予特别的保护。根据《教育法》的规定，任何组织或者个人不得侵占、克扣、挪用教育经费，不得扰乱教学秩序，不得侵占、破坏学校的场地、房屋和设备。对违反者要根据不同情况分别给予行政处分、行政处罚；造成损失的，责令赔偿损失；情节严重构成犯罪的，依法追究刑事责任。

三、教育法体系

法律体系是指一个国家所有现行法律按一定的标准和原则划分的同类规范性法律文件所组成的一个有机联系的整体。

教育法体系是指教育法作为一个专门的法律部门，按照一定的原则组成的一个相互联系、相互协调、完整统一的整体。我国的教育法体系可分为纵向结构和横向结构：纵向结构以教育法的效力等级为主，表现为教育法的形式结构；横向结构以教育法的具体内容为主，表现为教育法的内容结构。

（一）教育法的纵向结构

教育法的纵向结构是指对具有相同调整内容的教育法，按效力等级划分的法律体系。由于各种表现形式的教育法是由不同性质、不同地位的国家机关制定的，制定机关的性质和法律地位的不同会使教育法具有不同的效力。具有不同效力的教育法居于不同的层级。由于纵向结构中教育法的效力不同，其效力依据层级的位阶也依次递减。

我国现行教育法的纵向结构包括以下内容：宪法中关于教育的条款、教育基本法律、教育单行法律、教育行政法规、地方性教育法规、部门教育规章、地方政府教育规章。根据教育法的效力，上述纵向结构中以宪法中关于教育的条款的效力为最高，其他法的效力依次递减。我国相关教育法规的层级、表现形式、制定机关与效力范围具体如表 2-1 所示。

表 2-1　我国相关教育法规的层级、表现形式、制定机关与效力范围

层级	表现形式	制定机关	效力范围
最高层级	宪法中关于教育的条款	全国人民代表大会	全国
第一层级	教育基本法律	全国人民代表大会	全国
第二层级	教育单行法律	全国人大常委会	全国
第三层级	教育行政法规	国务院	全国
第四层级	地方性教育法规	省、自治区、直辖市人民代表大会或人大常委会 省会市、自治区府市、计划单列市人民代表大会或人大常委会	本行政区域
第五层级	部门教育规章	教育部及国务院有关部委	全国
	地方政府教育规章	省、自治区、直辖市人民政府 省会市、自治区府市、计划单列市人民政府	本行政区域

以调整义务教育活动的义务教育法为例，义务教育法的纵向结构具体表现如图 2-1 所示。①

① 黄崴：《教育法学》，51～52 页，广州，广东高等教育出版社，2002。

图 2-1　义务教育法的纵向结构

在法律实践中，下位法不能与上位法相抵触，上位法为下位法的制定提供依据和指导。下位法从属于上位法。与上位法有关条文相抵触的下位法条文是无效的，必须以上位法条文为准。

（二）教育法的横向结构

教育法的横向结构是以调整对象的不同为依据，由各部门教育法构成的部门法体系。目前，我国教育法的横向结构包括教育基本法、基础教育法、职业教育法、高等教育法、民办教育法、教师法、教育经费投入法等。

教育基本法即 1995 年 3 月 18 日第八届全国人民代表大会第三次会议通过，2021 年 4 月 29 日第十三届全国人民代表大会常务委员会第二十八次会议第三次修正的《教育法》，是教育法律体系的母法，是制定其他教育法的依据。它是以宪法为依据制定的，规定了我国教育的基本性质、地位、任务、基本原则和基本制度等。

基础教育法是对基础教育中的法律关系进行调整的教育法，包括学前教育、初等教育、中等教育、义务教育及未成年人教育等方面的教育法。其中，《义务教育法》于 1986 年 4 月 12 日由第六届全国人民代表大会第四次会议审议通过。后经过修正，《义务教育法》又于 2006 年 6 月 29 日由第十届全国人民代表大会常务委员会第二十二次会议审议通过。2018 年 12 月 29 日由第十三届全国人民代表大会常务委员会第七次会议第二次修正的《义务教育法》，是目前我国基础教育法律中的一部重要法律。

职业教育法是指调整各种职业教育涉及的法律关系的教育法。它包括各级各类职业学校教育和各种形式的职业培训。目前我国调整职业教育法律关系的法律是1996年5月15日由第八届全国人民代表大会常务委员会第十九次会议审议通过，2022年4月20日由第十三届全国人民代表大会常务委员会第三十四次会议修订的《职业教育法》。

高等教育法是指对高等教育中的法律关系进行调整的教育法，通常包括专科教育、本科教育和研究生教育方面的教育法。目前，我国调整高等教育法律关系的法律主要有：1998年8月29日第九届人民代表大会常务委员会颁布，2018年12月29日第十三届全国人民代表大会常务委员会第七次会议第二次修正的《高等教育法》；1980年2月12日第五届全国人民代表大会常务委员会第十三次会议审议通过，2004年8月28日第十届全国人民代表大会常务委员会第十一次会议修正的《学位条例》。其中，《学位条例》是新中国成立以来由国家最高权力机关制定的第一部教育法律，是调整高等教育机构在本科教育和研究生教育有关学位授予工作中产生的法律关系。《高等教育法》针对高等教育的职责和管理，高等教育基本制度，高校的举办、设立、组织和活动，高校的教师、学生和其他工作者的地位，高等教育投入和条件等做了较为全面的规定。

民办教育促进法是指对国家机构以外的社会组织或者个人，利用非国家财政性经费，面向社会举办学校及其他教育机构中的法律关系进行调整的教育法。目前，我国调整民办教育法律关系的法律是2002年12月28日第九届全国人民代表大会常务委员会第三十一次会议审议通过，2018年12月29日第十三届全国人民代表大会常务委员会第七次会议第三次修正的《民办教育促进法》。

教师法是指调整教育教学活动中教师的权利、义务、责任等法律关系的教育法。目前，我国调整教师的教育法律关系的法律是1993年10月31日第八届全国人民代表大会常务委员会第四次会议审议通过，2009年8月27日第十一届全国人民代表大会常务委员会第十次会议修正的《教师法》。

教育经费投入法是指调整教育经费的投入、分配和使用关系的教育法。教育经费投入法是保证教育正常运转的有力手段。目前我国的教育经费投入法还处于缺位状态。我国需要明确各法律关系主体在教育发展中的权利、义务与责任，以规范教育成本，约束教育收费，构建健全的教育法律财政体系。①

迄今为止，我国已经初步形成了以宪法确立的基本原则为基础，以《教育法》为核心，以教育单行法和行政法规为骨干，以教育规章和地方性法规、规章为主体的中国特色社会主义的教育法律体系。②

第二节　教育法律规范

一、教育法律规范的含义及相关概念

（一）教育法律规范的含义

法是规范人们行为的规则，法对主体行为的规范是通过法律规范来完成的。法律规范是构成法律的细胞，一个国家的现行法律就是该国全部法律规范的总和。法律规范是由国家制定或认可，并以国家强制力保证实施的一种特殊的行为规则。法律的主要内容是法律规范，法律规范与法律的关系是部分和整体的关系。

教育法律规范是教育法的主要构成要素，是由国家制定或认可，体现国家在教育方面的意志，通过一定的教育法律条文表现出来，规定了教育主体的权利义务及法律后果，并具有内在逻辑结构的教育行为规则。

每部具体的教育法都是由若干行为规则组成的有机整体。

---

① 杨颖秀：《教育法学》第二版，26～27 页，北京，中央广播电视大学出版社，2007。

② 劳凯声：《变革社会中的教育权与受教育权：教育法学基本问题研究》，58 页，北京，教育科学出版社，2003。

（二）几个相关的概念

1. 教育法律条文

教育法律规范需要通过教育法律条文表现出来，但是教育法律规范不等于教育法律条文。教育法律规范与教育法律条文的关系表现为：教育法律条文是教育法律规范的外部表现形式，是教育法律规范的载体；教育法律规范要用教育法条文来表现。但是教育法律条文不一定包括教育法律规范。有的教育法律条文包括教育法律规范，有的教育法律条文不包括教育法律规范。一些只表达立法依据、立法目的、法律概念、法律原则、法律技术性规定等内容的教育法律条文，不具有教育法律规范的基本要素，不是教育法律规范。另外，有时一条教育法律条文可能包含多种教育法律规范。所以教育法律条文与教育法律规范并不是一一对应的关系。

2. 教育法律文件

教育法律规范是教育法律文件的主体和核心内容，但不是教育法律文件的全部。教育法律文件包括规范性文件(如法律规范、立法目的、立法原则、立法方针、适用范围、生效时间、解释权等)与非规范性文件(判决书、处罚决定书等)；非规范性文件不是教育法律规范。各个教育法律文件除了包括教育法律规范外，还有关于立法依据、立法目的和法律概念等方面的说明性内容。它们是非规范性的内容，不属于教育法律规范。

3. 教育法

教育法律规范是教育法的文字表述，但教育法律规范不等同于教育法。从逻辑看，教育法与教育法律规范是从属关系，是包含与被包含的关系；教育法是种概念，教育法律规范是属概念。教育法包括立法目的、立法原则、立法方针、适用范围、生效时间、解释权、修正等事项的规定及法律规范。从表现形式看，教育法律规范是教育法的内容，教育法的各种规范性文件或法律条文是教育法律规范的载体，两者之间是内容与形式的关系。教育法律规范是一种特定的行为规范。在一般的意义上，教育法的执行实际上是教育法律规范的执行。教育法律规范是国家制定或认可，并以国家强制力保证实施的教育活动中全部行为规则的总称。

二、教育法律规范的结构

教育法律规范的结构是指构成教育法律规范内容的各个组成部分及其相应关系。从逻辑结构上看，教育法律规范通常由法定条件、行为准则和法律后果三个要素构成。

（一）法定条件

法定条件又称“假定”，是指教育法律规范适用的条件和范围。它表明在什么条件下这一规则生效，表现为“在……情况下”。例如，《义务教育法》第四条规定：“凡具有中华人民共和国国籍的适龄儿童、少年，不分性别、民族、种族、家庭财产状况、宗教信仰等，依法享有平等接受义务教育的权利，并履行接受义务教育的义务。”这里的“凡具有中华人民共和国国籍”就是教育法律规范的假定部分。《义务教育法》第十一条规定：“凡年满六周岁的儿童，其父母或者其他法定监护人应当送其入学接受并完成义务教育；条件不具备的地区的儿童，可以推迟到七周岁。”上述的“凡年满六周岁”和“条件不具备”也是教育法律规范的假定部分。

（二）行为准则

行为准则又称“处理”，是指教育法律规范中明确规定的对于某类行为的基本要求，是教育法律规范的核心部分和主要内容。它表明当教育法律规范中规定的某种条件和情况出现时人们应该做什么、可以做什么、禁止做什么。例如，《义务教育法》第五条规定：“各级人民政府及其有关部门应当履行本法规定的各项职责，保障适龄儿童、少年接受义务教育的权利。适龄儿童、少年的父母或者其他法定监护人应当依法保证其按时入学接受并完成义务教育。依法实施义务教育的学校应当按照规定标准完成教育教学任务，保证教育教学质量。社会组织和个人应当为适龄儿童、少年接受义务教育创造良好的环境。”这是表明应该做什么。又如，《义务教育法》第十四条规定：“禁止用人单位招用应当接受义务教育的适龄儿童、少年。”《义务教育法》第二十九条规定：“教师应当尊重学生的人格，不得歧视学生，不得对学生实施体罚、变相体罚或者其他侮辱人格尊严的行为，不得侵犯学生合法权益。”这是表明禁止或不应该做什么。再如，《教师法》第三十九条规定："教师对学校或者其他教育机构侵犯其合法权益的，或者对学校或者其他教育机构作出的处理不服的，可以向教育行政部门提出申诉，教育行政部门应当在接到申诉的三十日内，作出处理。教师认为当地人民政府有关行政部门侵犯其根据本法规定享有的权利的，可以向同级人民政府或者上一级人民政府有关部门提出申诉，同级人民政府或者上一级人民政府有关部门应当作出处理。"《高等教育法》第十七条规定："高等学校根据实际需要，可以对本学校的修业年限作出调整。"《高等教育法》第二十二条规定："国家实行学位制度。学位分为学士、硕士和博士。公民通过接受高等教育或者自学，其学业水平达到国家规定的学位标准，可以向学位授予单位申请授予相应的学位。"这是表明可以或者允许做什么。

（三）法律后果

法律后果又称"奖惩"，是指在某种条件或情况出现后，人们按照规定做出行为或没有按照规定做出行为时应当承担的法律责任，包括遵守教育法律规范的肯定性奖励和违反教育法律规范的否定性制裁。例如，《教师法》第三十三条规定："教师在教育教学、培养人才、科学研究、教学改革、学校建设、社会服务、勤工俭学等方面成绩优异的，由所在学校予以表彰、奖励。"这是肯定性的法律后果。又如，《教师法》第三十五条规定："侮辱、殴打教师的，根据不同情况，分别给予行政处分或者行政处罚；造成损害的，责令赔偿损失；情节严重，构成犯罪的，依法追究刑事责任。"这是否定性的法律后果。

三、教育法律规范的类型

按照不同的分类标准，教育法律规范可以有不同的表现形式。较常见的分类有按照行为的性质划分和按照法律后果划分。

（一）按照行为的性质划分

按照行为的性质，教育法律规范可分为义务性规范、禁止性规范和授权性规范。

义务性规范即在某种条件或情况出现时，人们必须做出某种行为的教育法律规范。义务性规范在文字表述上通常采用“必须”“应当”“义务”等字样。例如，《教育法》第五条规定：“教育必须为社会主义现代化建设服务、为人民服务，必须与生产劳动和社会实践相结合，培养德智体美劳全面发展的社会主义建设者和接班人。”《教育法》第十九条规定：“适龄儿童、少年的父母或者其他监护人以及有关社会组织和个人有义务使适龄儿童、少年接受并完成规定年限的义务教育。”《教育法》第五十五条规定：“国家财政性教育经费支出占国民生产总值的比例应当随着国民经济的发展和财政收入的增长逐步提高。具体比例和实施步骤由国务院规定。全国各级财政支出总额中教育经费所占比例应当随着国民经济的发展逐步提高。”

禁止性规范是直接规定人们不准做出某种行为的教育法律规范。禁止性规范在文字表述上一般有“禁止”“不准”“不得”等字样。例如，《义务教育法》第十四条规定：“禁止用人单位招用应当接受义务教育的适龄儿童、少年。”《教育法》第八条规定：“教育活动必须符合国家和社会公共利益。国家实行教育与宗教相分离。任何组织和个人不得利用宗教进行妨碍国家教育制度的活动。”《教育法》第六十一条规定：“国家财政性教育经费、社会组织和个人对教育的捐赠，必须用于教育，不得挪用、克扣。”《高等教育法》第九条规定：“高等学校必须招收符合国家规定的录取标准的残疾学生入学，不得因其残疾而拒绝招收。”禁止性规范的特点表现在：一是对行为规则本身有明确的规定；二是对违法者给予应有的制裁。

授权性规范是指某种条件或情况出现时，人们有权做出或不做出某种行为的教育法律规范。其授权于公民的权利可以放弃但不能非法剥夺，即公民依法享受权利是其自主的选择。授权性规范在文字表述上通常采用“可以”“有权”“不受干涉”“有的自由”等字样。例如，《教育法》第十二条规定：“民族自治地方以少数民族学生为主的学校及其他教育机构，从实际出发，使用国家通用语言文字和本民族或者当地民族通用的语言文字实施双语教育。”这里给了民族自治地方以少数民族学生为主的学校和其他教育机构一定的权限。也就是说它们可以使用本民族或当地民族通用的语言文字进行教学，也可以不用，使用和不使用都不承担任何法律责任。又如，《职业教育法》第二十二条规定："县级人民政府可以根据县域经济社会发展的需要，设立职业教育中心学校，开展多种形式的职业教育，实施实用技术培训。"这也是授权性规范。再如，《高等教育法》第五十四条规定："高等学校的学生应当按照国家规定缴纳学费。家庭经济困难的学生，可以申请补助或者减免学费。"这是说家庭经济困难的高校学生有申请补助的自由，其申请补助不受干涉，或者根据条件可以减免学费。

（二）按照法律后果划分

按照法律后果，教育法律规范可分为制裁性规范和奖励性规范。

制裁性规范是指对人们做出违反行为准则的有过错行为进行制裁的规范，在事前起预警作用，并在事后起惩戒作用。例如，《教师法》第三十五条规定："侮辱、殴打教师的，根据不同情况，分别给予行政处分或者行政处罚；造成损害的，责令赔偿损失；情节严重，构成犯罪的，依法追究刑事责任。"《义务教育法》第五十八条规定："适龄儿童、少年的父母或者其他法定监护人无正当理由未依照本法规定送适龄儿童、少年入学接受义务教育的，由当地乡镇人民政府或者县级人民政府教育行政部门给予批评教育，责令限期改正。"

奖励性规范是指对人们做出有益于社会的行为时给予奖励的规范。例如，《教师法》第三十三条规定："教师在教育教学、培养人才、科学研究、教学改革、学校建设、社会服务、勤工俭学等方面成绩优异的，由所在学校予以表彰、奖励。"

第三节　教育法律关系

一、教育法律关系概述

（一）法律关系

在社会生活与交往中，人们形成了各种各样的社会关系。这些社会关系中有些不受法律调整，有些受到法律的调整。不受法律调整的社会关系就不能被评价为法律关系，而成为法外空间，如常见的友谊关系、政党的内部关系等。受法律调整的社会关系就成为法律关系，如常见的婚姻关系、劳动关系等。

法律关系具有以下几个方面的特征。第一，法律关系是受法律规范确认和调整的社会关系。没有法律规范作为前提，就不能形成与之相应的法律关系。通过法律规范的规定，人们的某些社会关系成为法律关系。第二，法律关系是以现实的权利与义务为内容的社会关系。法律规范规定的权利与义务指向的是抽象的人、事或行为；法律关系中人们之间的权利与义务是具体的，指向的是特定的人、事或行为。第三，法律关系是以国家强制力保障实施的社会关系。法律关系中的权利、义务与责任都是国家意志的体现。违背了法律的相关规定就意味着国家会以强制性的手段加以制裁。

（二）教育法律关系

人们在教育活动中也会形成各种各样的教育关系。当受到法律的规范、约束、调整时，教育关系就成为教育法律关系。教育法律关系是由教育法律规范确认和调整的、以主体之间权利与义务关系的形式表现出来的特殊的社会关系。常见的教育关系，如教育行政机关与学校、学校与教师、学校与学生、教师与学生、学校与一些组织和个人之间的关系，若对应教育法律规范的明确规定，都属于教育法律关系。

人们在教育活动中形成的教育法律关系复杂多样，依据认识角度和划分标准的不同，教育法律关系就会有多种类型。根据其性质的不同，教育法律关系可以分为两类：一类是纵向的具有隶属关系的教育行政法律关系；另一类是横向的具有平权关系的教育民事法律关系。教育行政法律关系反映的是国家行政机关在履行行政管理职权中产生的关系，其中一方当事人必然是国家行政机关。国家行政机关与其行政管理相对人之间是领导与被领导、管理与被管理的关系。教育民事法律关系不同于教育行政法律关系。教育民事法律关系中双方当事人的地位平等，两者的关系基于双方当事人的意愿自愿产生，并在一定程度上体现等价有偿的权利与义务的关系。

教育法律关系的基本特征表现如下：第一，教育法律关系是依教育法形成的社会关系，是教育法律规范在教育活动中的体现；第二，教育法律关系是由国家强制力保证执行的社会关系；第三，某种教育法律关系的存在或产生总是以现行的教育法律规范存在为前提的，教育法律关系的产生、变更或消灭由教育法律规范所决定。

二、教育法律关系的构成要素

教育法律关系由教育法律关系主体、客体和内容三个要素构成。

（一）教育法律关系主体

1. 教育法律关系主体的概念

教育法律关系主体是指教育法律关系的参加者，即在教育法律关系中权利的享有者和义务的承担者。享受权利者称为权利主体，承担义务者称为义务主体。

教育法律关系主体具有多样性。国家、教育行政机关、学校及其他教育机构、教育者、学生及其他受教育者、企事业单位、公民个人等，若与教育活动有关都可能成为教育法律关系主体。教育法律关系主体的种类繁多，概括起来主要有三种：一是公民(自然人)；二是机构和组织(法人)；三是国家。

公民包含两类：一类是我国公民；另一类是居住在我国境内或在境内活动的外国公民或者无国籍人。

机构和组织(法人)也主要包含两类：一类是国家机关；另一类是社会组织，包括政党、企事业单位和社会团体等。法人是指具有民事权利能力和民事行为能力，依法独立享有民事权利和承担民事义务的组织。法人的民事权利能力和民事行为能力从法人成立时产生，到法人终止时消灭。

国家也是教育法律关系主体。从国际方面讲，国家主体主要以国际法主体的名义参与国际教育活动、签署国际教育协议等。从国内方面讲，国家主体主要通过各级权力机关、各级司法机关、各级政府以及教育行政机关等来行使国家教育立法权力、教育司法权力和教育行政权力，从而成为具体教育法律关系的主体。

案例

2004年3月，某市某饮料厂生产了一种新的乳酸饮料。为了扩大影响，厂家决定举行一次新产品展销会，与某电视台商定对展销会进行现场录像，并制作成广告。厂家付给电视台广告设计费和播放费共计1万元。为使展销会更为壮观和广告效果更好，厂家和本市第一小学约定：厂家支付3000元，学校组织40名学生在展销会上吹小号以奏乐捧场。厂家还告知学校，届时有电视台在现场摄像，并根据摄像制作广告。4月8日，饮料厂的展销会如期举行。电视台和学校各自履行与厂家的约定：学校以参加校队活动为由召集、组织了40名学生来到会场表演；电视台将其摄进镜头，并融入新产品的广告。饮料厂的新产品广告在电视台正式播放。在广告播放的第一天，几名家长发现自己子女出现在广告中。当得知自己子女对录制广告不知情时，家长要求停止播放广告，但电视台以未侵权为由未予采纳。不几日，又有5名家长向电视台提出抗议，但电视台仍未予理睬。几名家长协商后，由家长肖某作为代表向法院提起诉讼，状告学校、饮料厂和电视台侵犯了40名学生的肖像权，请求法院依法制止三方被告对40名学生肖像权的不法侵害，并赔偿损失。

讨论：结合案例指明上述案例中的教育法律关系主体。

分析：这个案例涉及多个教育法律关系主体，具体包括决定举行新产品展销会，并要求电视台播放包含学生肖像内容广告的饮料厂厂家；直接对展销会进行现场录像，制作包括学生肖像内容在内的广告，并播放广告的电视台；以参加校队活动为由召集、组织40名学生来到会场表演的学校；出现在电视广告中的学生及其家长等。

2. 成为教育法律关系主体的条件

要成为教育法律关系主体需要具备享有权利和承担义务的资格，即要具备权利能力和行为能力。

(1)权利能力

权利能力是指法律关系主体依法享有权利与承担义务的资格，是法律关系主体实际取得权利和承担义务的前提条件。

自然人的权利能力分为一般权利能力与特殊权利能力两种。自然人的一般权利能力与生俱来，始于出生，终于死亡。《中华人民共和国民法典》(简称《民法典》)第十三条规定："自然人从出生时起到死亡时止，具有民事权利能力，依法享有民事权利，承担民事义务。"自然人的特殊权利是自然人在特殊条件下具有的法律资格。只有达到法定的年龄，自然人才有参加选举与被选举的政治权利。

法人的权利能力一般而言在其成立时产生，解体时消灭。《民法典》第五十九条规定："法人的民事权利能力和民事行为能力，从法人成立时产生，到法人终止时消灭。"法人的权利能力的内容与范围与法人成立的目的直接相关，也因法人的性质不同而不同。不同法人的不同权利能力由相关的法律与法人组织的章程加以规定。

(2)行为能力

行为能力是指法律关系主体依法能够以自己的行为行使权利和承担义务的能力。在法律上，行为能力必须以权利能力为前提，无权利能力就谈不上行为能力。

对自然人来讲，有权利能力不一定有行为能力。《民法典》将公民的民事行为能力分为完全民事行为能力、限制民事行为能力和无民事行为能力三种。与此相对应，自然人的责任能力也分为完全责任能力、限制责任能力和无责任能力三种。衡量自然人的行为能力和责任能力的标准有两个：年龄和智力状况。自然人的行为能力的具体规定体现在《民法典》第十八条至第二十四条中，其责任能力的具体规定体现在《中华人民共和国刑法》(简称《刑法》)第十七条至第十九条中。

法人或其他组织的行为能力分为完全民事行为能力和无民事行为能力两种。与此相对应，法人或其他组织的责任能力也分为完全责任能力和无责任能力两种。

(二)教育法律关系客体

教育法律关系客体是指教育法律关系主体的权利和义务所指向的对象。教育法律关系客体是将教育法律关系主体之间的权利与义务联系在一起的中介。如果没有教育法律关系客体，教育法律关系主体的权利和义务就失去存在的基础，也就不存在教育法律关系。教育法律关系客体的数量很多，概括来看一般包括物、行为以及精神财富等几类。

1. 物

法律意义上的物包括一切可以成为财产权利对象的自然之物和人造之物。物既可以表现为自然物，如森林、土地、自然资源等，也可以表现为人的劳动创造物，如建筑、机器、各种产品等。以是否因为移动而改变用途和降低价值为标准，物又可分为动产与不动产两类：不动产包括土地、房屋和其他建筑设施，如学校的场地、办公、教学、实验用房及其必要的附属建筑物；动产包括资金和教学仪器设备等。教育资金包括国家教育财政拨款、社会捐资等，其表现形式为货币以及其他各种有价证券，如支票、汇票、存折、债券等。教育法律意义上的物既可以表现为国家和集体的财产，也可以表现为公民个人的财产。

2. 行为

在教育法律关系客体的意义上，行为指的是教育法律关系主体为实现自己的权利与义务所进行的实际活动，包括作为与不作为。具体包括教育行政机关制定教育管理法规及行政执法等的行政行为；学校和其他教育机构制定内部管理规范和教学计划，具体组织实施教学科研活动、奖励或处分学生等的管理行为；教育者与受教育者之间的教育教学活动行为等。

3. 精神财富

精神财富包括教育法律关系主体创作活动的产品和其他与人身相联系的非物质财富。前者也被称作智力成果，在教育领域中主要包括各种教材、著作、教案、教学方法、教具及创造发明等。其他与人身相联系的非物质财富主要指人格利益和身份利益，是人格权和身份权的客体。它主要包括公民(如教师、学生和其他主体)或组织(如教育行政机关、学校和其他组织)的姓名或名称，以及公民的生命健康、身体、肖像、名誉、身份、隐私等。

案例

某市某校教师高某20多年里遵守校规，向校方交了40多本教案。当高某临近退休时，她要求学校返还那些教案，学校却因“早已处理掉了”而拒绝返还高某的教案。高某以学校未经她的许可擅自处理她的教案为由，要求学校进行赔偿。但是学校以“教案是学校财产”为由拒绝了高某的赔偿要求。

讨论：教师的教案能否成为教育法律关系客体？为什么？

分析：教师的教案应该是教育法律关系客体。教育法律关系客体是教育法律关系主体的权利和义务所指向的对象。在本案例中，高某的教案在一定程度上是高某在教育教学中智力活动的成果，属于高某的精神财富。

（三）教育法律关系内容

教育法律关系内容是指教育法律关系主体依据法律规定所享有的权利和承担的义务，即教育法律关系主体在依法成立的法律关系中享有的某种权利和必须承担的某种责任。权利和义务是法律的核心问题，也是制定法律的依据。在教育法律关系中，教育法律关系主体的权利和义务是相互对应、相互影响、相互制约的。

1. 权利与义务

权利是指以法律形式规定并加以保障的，权利人应当或者可以享有的利益。权利对于权利人来说具有可选择性，权利人可以根据自己的意愿选择享有或者放弃。义务指的是以法律形式规定，义务人应当或者必须履行的法定责任。义务对于义务人而言必须履行，不得放弃。

权利与义务是密不可分的。没有无义务的权利，也没有无权利的义务。权利与义务是一种相互依存的关系。从权利与义务的主体之间的关系看，存在一个人的权利与他人的义务、一个人的权利与他自己的义务这样的双重关系。第一，在任何一种法律关系中，权利人享有的权利依赖于义务人义务的承担。如果没有义务人对义务的承担，权利人就不可能享有权利。权利与义务表现的是同一行为，对一方当事人来说是权利，对另一方来说则是义务。第二，权利与义务主体双方之间不存在一方只享有权利而不承担任何义务，另一方只承担义务而不享有任何权利的情况。权利人在行使权利时必须承担一定的义务，义务人在履行义务时也享有一定的权利。

2. 教育法律权利与义务

教育法律权利是指教育法律关系主体依法享有的某种利益。它通常表现为行为权、要求权和请求权这几种形式。

行为权是指教育法律关系主体为或不为一定行为的权利。教育法律关系主体的行为权是自己以做出或不做出某种行为的方式来满足其利益要求的权利。要求权是指教育法律关系主体要求义务人做出或者不做出某种行为的权利。请求权是指教育法律关系主体在法律权利受到侵害时申请国家提供保护的权利，这种权利直接体现国家的强制力。这种权利主要体现在诉讼教育法律关系之中，表现为对受侵害权利的一种法律救济，可以通过申诉、控告等不同途径来实现。

教育法律义务是指教育法律关系主体依法所应承担的某种责任。它通常有以下与教育法律权利相对应的形式：不作为、积极作为和接受国家强制。

不作为指行为人负有实施某种积极行为的特定的法律义务，并且能够实行而不实行的行为。在这个意义上，义务人的不作为是权利人权利实现的前提条件。义务人若做了法律所禁止的行为，权利人的权利就没有办法得到实现。积极作为即义务人应该按照法律的规定或权利人的要求，做出积极的行为以满足权利人的利益要求。在这里，义务人的任何不作为都会使权利人要求的权利得不到满足，义务人的义务与权利人的权利一一对应。接受国家强制即义务人不履行义务时，必须接受国家强制。这一义务与权利人的请求权相对应，权利人请求权的行使将会引起国家强制力的行使。

案例

被告某中学从初中学生中优选包括原告彭某某在内的 34 名学生，让他们参加当地某电视台“快乐假期”综艺节目，并向他们每人收取 25 元，共计人民币

850 元。被告与电视艺术中心签订一份广告发布业务合同。合同签订后，被告按合同规定向该中心交纳了 2000 元（含原告彭某某等 34 名学生交的 850 元）。被告宣布：无论是领导、教师，还是学生，凡中了奖，奖品统一由学校处理。在预定的时间里，被告带领原告等 34 名学生和 7 名教师参加“快乐假期”综艺节目。原告彭某某摸出了一张价值 6800 元的豪华家具的兑奖券。被告将兑奖券拿走，后兑取了奖品。事后，原告针对该奖品向被告主张权利，但是被告已经将该奖品捐赠给当地社会福利院。原告认为被告侵犯了其合法权益，遂向当地市人民法院提起诉讼。

讨论：本案例中被告有无侵犯原告的合法权益？为什么？

分析：本案例中被告侵犯了原告的合法权益。这是因为法律关系主体的权利与义务是密不可分的，不存在无义务的权利，也不存在无权利的义务。

本案例中原告出资 25 元，由被告组织参加电视台“快乐假期”综艺节目。原告理应享有观赏节目、幸运摸奖、获取奖品等权利。被告在参加节目之前宣布不论是谁中奖，奖品都归校方所有，违背了权利义务一致的原则。由于侵犯了原告合法取得财产的权益，被告宣布中奖奖品归校方所有的民事行为是无效的民事行为。被告领取奖品并捐赠他人；因奖品数额较大，被告并未征得原告法定监护人的同意。所以被告捐赠奖品的行为侵犯了原告合法取得财产的权利，应当予以返还或赔偿相应损失。

三、教育法律关系产生、变更和消灭

（一）教育法律关系产生、变更和消灭的条件

虽然教育法律关系具有相对的稳定性，但是教育活动的运行会使教育法律关系发生变化，使教育法律关系主体之间的权利和义务得以产生、变更和消灭。教育法律关系产生指的是一定的教育法律事实出现而导致教育法律关系主体间形成一定权利义务关系的过程。教育法律关系变更指的是教育法律关系构成要素的变更，即教

育法律关系主体、客体、内容的变更，而引起教育法律关系主体的权利义务发生变化。教育法律关系消灭指的是一定的教育法律事实出现而导致教育法律关系主体间权利义务关系归于消灭。

教育法律关系产生、变更和消灭的条件包括两个方面。一是抽象的条件，即教育法律规范。这是教育法律关系产生、变更和消灭的前提与依据。二是具体的条件，即教育法律事实的存在。它是教育法律规范中假定部分所规定的各种情况。一旦这些条件出现，教育法律规范中有关权利与义务的规定以及有关法律后果的规定就发挥作用，从而使一定的教育法律关系产生、变更和消灭。

（二）教育法律事实的类型

教育法律事实是指由教育法律规定，能够引起教育法律关系产生、变更和消灭的各种客观事实的总称。教育法律事实根据标准的不同可以有多种分类。较常见的是把教育法律事实分为教育法律事件和教育法律行为。

教育法律事件是指在教育活动中导致了一定的教育法律后果，但又不能够以人的意志为转移的事件。教育法律行为是指在教育活动中发生的具有教育法律效力的人们的意志行为，包括合法行为和违法行为。

第四节　教育法律责任

一、法律责任与教育法律责任

（一）法律责任的含义

法律责任包括广义与狭义两种不同的解释。广义的法律责任既包括法律规范所规定的不必强制履行的各种应尽的义务，此时与法律义务同义，指任何组织和公民都有遵守法律的义务；也包括因违法行为所应承担的法律后果。狭义的法律责任仅指法律关系主体因实施了违法行为而必须承担的否定性的法律后果。人们通常所讲的法律责任是指狭义的法律责任。

（二）教育法律责任的含义

在一般意义上，教育法律责任指的是狭义的法律责任，是教育法律关系主体因实施了违反教育法的行为，依照有关教育法的规定应当承担的否定性的法律后果。这一概念主要包含以下几层含义。

第一，教育法律责任有明确的法律规定。违反教育法的行为是承担教育法律责任的前提，教育法律责任是针对违反教育法的行为而设定的。只有在违反教育法的情况下才会承担法律后果，遵纪守法的行为是不会产生这种法律后果的。

第二，教育法律责任由国家强制力保证履行，具有国家强制性。公民个人、社会团体、国家机关、学校等任何教育法律关系主体必须遵守教育法律法规。任何违反教育法的行为都必然受到法律的制裁。

法律制裁是特定国家机关对违法者依法追究法律责任而采取的惩罚措施。教育法律责任作为一种否定性的法律后果，体现在国家对违反教育法行为的制裁方面。法律制裁主要表现为刑事制裁、民事制裁和行政制裁，三者之间既有联系也有区别。从法律制裁的目的看，刑事制裁旨在预防犯罪；民事制裁旨在补救受害人的损失；行政制裁一定意义上以补救受损权益为目的。从法律制裁的程序看，刑事制裁一般以国家的名义提起公诉；民事制裁一般要由受害人主动向法院起诉，遵循不告不理的原则；行政制裁一般由有关国家机关做出决定。其中行政处分由受处分者所在的国家机关或其上级机关做出决定；行政处罚由行政机关或行政执法人员做出决定。只有在公民或法人等组织提起行政诉讼时，才由法院做出判决。从法律制裁的形式看，刑事制裁主要是剥夺或限制犯罪嫌疑人的自由，甚至剥夺其生命；民事制裁主要是对受害人的经济赔偿；行政制裁是介于民事制裁与刑事制裁之间的责任形式。总之，法律制裁基于违法行为的存在而产生，是追究法律责任的直接后果。

第三，教育法律责任的追究由国家司法机关或者国家授权的行政机关来执行，即教育法律责任的专权追究性。任何个人和其他组织都无权行使这一职权。

第四，教育法律责任由违法的教育法律关系主体所承担，即归责的特定性。当事人必须是教育法律关系中义务的履行者，因未履行相关的义务而必须承担教育法律责任；否则，就不会导致承担教育法律责任。

二、教育法律责任的类型

教育法律责任可以按不同的标准进行分类，较常见的分类是按违法的性质和危害程度做出的划分。之所以以此为标准进行划分，是因为在引起法律责任的条件中，违法行为是主要的条件。依此标准，教育法律责任可分为教育行政法律责任、教育民事法律责任、教育刑事法律责任和违宪法律责任。

（一）教育行政法律责任

行政法律责任是指行为人由于违反了行政法律法规而承担的否定性法律后果。教育行政法律责任指教育法律关系主体违反了教育行政法律法规而承担的否定性法律后果。我国现行教育法的相当一部分是以政府及其教育行政部门为一方来调整教育活动中的行政关系，具有行政法的属性。这样一来，违反教育法的行为就带有行政违法性。教育行政法律责任是违反教育法的较主要的一种法律责任。根据有关教育法律法规的规定，教育行政法律责任的承担方式主要有行政处分和行政处罚两类。

1. 行政处分

行政处分是根据法律法规或国家机关、企事业单位的规章制度的规定，由国家机关或企事业单位给予犯有违法失职行为或违犯内部纪律的所属人员的一种行政制裁。它有时也称“纪律处分”，包括警告、记过、记大过、降级、降职、撤职、开除留用察看和开除8种形式。行政处分是教育法律责任中较为常见的一种。比如，根据《教师法》第三十七条的规定，教师体罚学生经教育不改的和品行不良、侮辱学生、影响恶劣的，由所在学校、其他教育机构或者教育行政部门给予行政处分或者解聘。《教育法》对不按照预算核拨教育经费，挪用、克扣教育经费，向学校及其他教育机构乱收费和摊派费用，乱办学、乱招生以及在招生工作中徇私舞弊，向受教育者乱收费，非法举办国家教育考试等一系列违法行为，都做了对直接责任人员依法给予行政处分的相关规定。

2. 行政处罚

行政处罚是由特定的国家行政机关或法定授权的其他组织，对违反特定的行政法律法规但尚未构成犯罪的当事人给予的一种惩戒、制裁措施。行政处罚的种类有很多。根据1998年国家教育委员会发布的《教育行政处罚暂行实施办法》，教育行政处罚主要有10种形式：①警告；②罚款；③没收违法所得，没收违法颁发、印制的学历证书、学位证书及其他学业证书；④撤销违法举办的学校和其他教育机构；⑤取消颁发学历、学位和其他学业证书的资格；⑥撤销教师资格；⑦停考，停止申请认定资格；⑧责令停止招生；⑨吊销办学许可证；⑩法律、法规规定的其他教育行政处罚。根据《教育法》第八十二条的规定，学校或者其他教育机构违反本法规定，颁发学位证书、学历证书或者其他学业证书的，由教育行政部门或者其他有关行政部门宣布证书无效，责令收回或者予以没收；有违法所得的，没收违法所得；情节严重的，责令停止相关招生资格一年以上三年以下，直至撤销招生资格、颁发证书资格。《教育法》的上述规定就是教育法律责任中的行政处罚。

行政处罚包括以下几方面的内涵。第一，行政处罚是一种职权。只有法律法规规定享有处罚权的行政机关才能进行行政处罚，即行政处罚虽由行政机关做出，但并不是任何机关都有行政处罚权。第二，行政处罚是对行政管理相对人的处罚。第三，行政处罚只在行政管理相对人实施了违反行政法律法规的行为时才适用。第四，行政处罚所采取的只能是行政制裁。行政处罚只能针对那些情节轻微的尚未构成犯罪的违法行为。一旦超出行政的范围、构成刑事犯罪，则应给予刑事制裁。

行政处分和行政处罚虽然都是行政制裁措施，但两者有较大的区别。行政处分是内部行政行为，属于行政单位内部的管理行为；其处分对象只能是作为公民的个体。行政处罚是外部行政行为，是国家特定的具有行政处罚权的行政机关依照法定权限和程序执行做出的行为，属于外部行政管理职能；其处罚对象既可以是个人，也可以是组织。

案例

某学校规定，学生迟到一次罚款1元，旷课一次罚款2元，不上课间操一次罚款1元，不交作业一次罚款1元，打架骂人罚款5元，吸烟罚款10元，损坏桌椅罚款10～150元，损坏玻璃罚款5～20元，损害门窗罚款50～1000元，迟还图书罚款5元，乱放自行车罚款1元。教师迟到一次罚款10元，教师旷工一次罚款20元。

讨论：某学校制定的上述规章制度合法吗？为什么？

分析：某学校制定的上述规章制度不合法。其理由如下。第一，从学校与学生、教师的法律关系看，学校在实施对学生与教师的管理时，其身份并非行政机关，即学校不是以行政主体的身份管理教师、学生的行政机关。第二，学校在法律法规授权下对教师、学生的管理属于内部管理，不是对社会公共事务的外部管理，即学校拥有行政处分权，但无行政处罚权。另《中华人民共和国义务教育法实施细则》(简称《义务教育法实施细则》)第十七条规定："其他行政机关和学校不得违反国家有关规定，自行制定收费的项目及标准；不得向学生乱收费用。"

（二）教育民事法律责任

民事法律责任是指行为人由于违反了民事法律法规所应承担的法律后果。《民法典》第一百八十五条规定："侵害英雄烈士等的姓名、肖像、名誉、荣誉，损害社会公共利益的，应当承担民事责任。"《民法典》第一百八十六条规定："因当事人一方的违约行为，损害对方人身权益、财产权益的，受损害方有权选择请求其承担违约责任或者侵权责任。"民事法律责任的承担主体是公民和法人，其典型表现是违约行为和侵权行为。其中，违约行为直接违反了当事人协议中所规定的义务，而侵权行为直接违反了法律所设定的义务。民事法律责任主要表现为一种财产责任。违反民事义务往往与财产损害有关，因为即使是因人身关系而导致的纠纷，如侵犯姓名权、名誉权等，其承担责任的方式也可以是财产责任。

教育民事法律责任是指教育法律关系主体违反教育法律法规，破坏了平等主体之间正常的财产关系或人身关系，依照法律法规的规定应承担的民事法律责任，是一种以财产为主要内容的责任。我国的教育法律法规中关于追究教育民事法律责任方面有直接做出决定的，也有援用民法典有关规定的。比如，《未成年人保护法》第一百二十九条规定："违反本法规定，侵犯未成年人合法权益，造成人身、财产或者其他损害的，依法承担民事责任。"这里的"依法承担民事责任"就是对违反法律的民事责任做的直接规定。又如，《教育法》第八十三条规定："违反本法规定，侵犯教师、受教育者、学校或者其他教育机构的合法权益，造成损失、损害的，应当依法承担民事责任。"这是对违反法律的民事责任做的原则性规定。再如，《民法典》第一百七十九条规定，承担民事责任的主要方式包括停止侵害，排除妨碍，消除危险，返还财产，恢复原状，修理、重作、更换，继续履行，赔偿损失，支付违约金，消除影响、恢复名誉，赔礼道歉。以上各种方式可以分别适用，也可以合并适用。

案例

2000 年 12 月，某市某小学某班班主任李某认为，其班上 9 名挤进学校会议室观看演讲比赛的学生给班级造成了不良影响，于是对这些学生进行体罚。事发后，学校对李某做出了停职检查的决定。2001 年 8 月，其中 6 名学生及家长向该市中级人民法院提起诉讼。2001 年 12 月，该市中级人民法院做出判决：被告李某及某小学向 6 名原告公开赔礼道歉；某小学赔偿 6 名原告精神抚慰金各 3000 元。

讨论： 结合案例分析上述教育法律关系主体的法律责任。

分析： 这是一起典型的侵犯学生民事权利的案件，侵权主体应当承担教育民事法律责任。在本案例中，班主任李某的行为伤害了学生的生命健康权，是一种侵犯学生民事权利的行为。班主任李某应当为其侵权行为承担相应的教育民事法律责任。法院判决班主任李某及某小学向学生公开赔礼道歉及赔偿精神抚慰金，属于教育民事法律责任的范畴。

（三）教育刑事法律责任

刑事法律责任是指行为人违反刑事法律法规所应承担的法律后果。刑事法律责任是一种惩罚最为严厉的法律责任。在《刑法》中，刑罚分为主刑和附加刑。主刑包括管制、拘役、有期徒刑、无期徒刑和死刑五种。附加刑包括罚金、剥夺政治权利和没收财产三种。附加刑也可以独立使用。人民法院在审理案件时，以事实为依据，以法律为准绳，对犯罪嫌疑人依法给予相应的刑事制裁。

教育刑事法律责任是指教育法律关系主体实施了违反教育法的行为，同时又触犯了刑法，达到犯罪程度时必须承担的法律后果。追究教育刑事法律责任是国家对违反教育法的行为人采取的最为严厉的法律制裁。我国的教育法对教育刑事法律责任有明确的规定。比如，根据《教育法》的规定，对挪用克扣教育经费，扰乱学校教育教学秩序，破坏校舍、场地及其他财产，明知校舍或教育教学设施有危险不采取措施而造成人员伤亡或重大财产损失，在招生工作中徇私舞弊等，且构成犯罪的，依法追究直接责任人员的刑事责任。《义务教育法》第六十条规定："违反本法规定，构成犯罪的，依法追究刑事责任。"根据《教师法》的规定，承担刑事责任主要有以下几种情形：①侮辱、殴打教师，情节严重构成犯罪；②国家工作人员对教师打击报复，构成犯罪；③体罚学生，情节严重构成犯罪；④品行不良、侮辱学生，影响恶劣，构成犯罪；⑤挪用国家财政用于教育的经费，严重妨碍教育教学工作，拖欠教师工资，情节严重，构成犯罪。

案例

由于某学校的房舍年久失修、损坏严重，上级主管部门专门拨出经费2万元，让其完善整修校舍。而该校校长却私自挪用了这些钱。在一个阴雨天，校舍倒塌，造成师生伤亡。案发后，上级有关部门高度重视，展开立案调查。地方人民法院从重判处该校校长有期徒刑20年，没收一切非法所得。

讨论：说说该校校长承担教育法律责任的法理依据。

分析：教育法律责任是指教育法律关系主体因实施了违反教育法的行为，依照有关教育法律法规应当承担的否定性的法律后果。本案例中该校校长的行为已经违反了相关教育法律法规，且法律后果严重，达到了违法犯罪的程度。其承担教育法律责任的法理依据如下。

《教育法》第七十三条规定："明知校舍或者教育教学设施有危险，而不采取措施，造成人员伤亡或者重大财产损失的，对直接负责的主管人员和其他直接责任人员，依法追究刑事责任。"《义务教育法实施细则》第三十九条规定："有下列情形之一的，由地方人民政府或者有关部门依照管理权限对有关责任人员给予行政处分；情节严重，构成犯罪的，依法追究刑事责任：(一)侵占、克扣、挪用义务教育款项的；(二)玩忽职守致使校舍倒塌，造成师生伤亡事故的。"

本案例中该校校长的行为兼有侵占义务教育款项与玩忽职守的性质，且情节严重，已构成贪污罪与玩忽职守罪两项罪名。

(四)违宪法律责任

违宪法律责任是指因违反宪法而应当承担的法律后果。教育领域的违宪法律责任主要有两种情况：一是有关国家机关制定的与教育活动有关的法律法规或规章和宪法关于教育的规定相抵触；二是国家机关、社会组织或公民的某种教育活动与宪法关于教育的规定相抵触。由于宪法具有最高的法律地位与约束力，因此任何与宪法相违背的法律法规、规章和活动都自行无效。

三、教育法律责任的构成要素

法律责任的构成要素就是指构成法律责任所必备的客观要素和主观要素的总和。根据违法行为的一般特点，教育法律责任的构成要素可以概括为责任主体、违法行为、主观过错、损害事实和因果关系五个方面。

（一）责任主体

责任主体是指因违反法律法规而承担法律责任的，具有法定责任能力的自然人、法人或其他社会组织。但并不是只要实施了违法行为就必须承担法律责任，也就是说违法主体和责任主体也不总是一致的。判断违法主体是否承担法律责任，需要依据其行为能力与责任能力来判断。

（二）违法行为

违法行为是指责任主体实施了违反法律法规的行为。只有实施了具体的违法行为才会有法律责任，纯粹的思想不会导致法律责任。行为包括作为和不作为：作为是指做了法律禁止做的事，侵害了其他主体的法定权利；不作为就是不做法律要求其做的事，不履行法定的义务。违法行为与法律责任的关系存在两种情况。一是违法行为是法律责任产生的前提，没有违法行为就没有法律责任。这是两者关系的一般情形或多数情形。二是法律责任的承担不以违法的构成为条件，而以法律规定为条件。这是两者关系的特殊情形。

（三）主观过错

主观过错是指责任主体实施违法行为时的主观故意或主观过失。故意是指明知道自己行为的不良后果，却希望或放任其发生的心理。过失是应当预见到自己的行为可能发生的不良后果而没有预见，或者已经预见而轻信不会发生或自信可以避免的心理。在不同的法律责任中，主观过错作为法律责任的构成要素所起的作用是不一样的。在刑事法律责任中，主观过错是犯罪的必要条件，对于区分是否犯罪以及罪刑的轻重都有重要的作用。而在民事法律责任中，主观过错有时不是前提条件。比如，《民法典》第一百八十条规定："因不可抗力不能履行民事义务的，不承担民事责任。法律另有规定的，依照其规定。"

（四）损害事实

损害事实是指责任主体的违法行为对受害方的合法权益造成客观存在的确定的损害后果。损害事实存在是构成法律责任的必要前提，任何臆想的、虚构的、尚未发生的现象都不是承担法律责任的必然。只有客观存在的真实的损害发生，才是法律责任承担的要件。

（五）因果关系

因果关系是指违法行为与损害事实两者之间存在必然的联系。损害事实是由责任主体的行为直接引起的，两者存在直接的关系，即违法行为是导致损害事实发生的原因，损害事实是违法行为造成的必然结果。有直接因果联系的，责任主体要承担责任；有间接因果联系的，只有在法律有规定的情况下责任主体才承担法律责任。

案例

11 岁的张某参加了由所在学校组织的军营一日活动。下午在训练活动中，张某突然感觉肚子疼，向老师提出要上厕所。经老师同意后，张某按老师所指的方向穿越训练场地匆匆跑向厕所，途中被垒球砸中头部。

讨论：结合案例分析教育法律责任的构成要素。

分析：教育法律责任的构成要素包括责任主体、违法行为、主观过错、损害事实和因果关系五个方面。在本案例中，学生张某在穿越训练场地匆匆跑向厕所的途中被垒球砸中头部的事实是分析教育法律责任构成要素的依据。第一，学生张某是经老师同意，按照老师所指的方向穿越训练场地的，具备了责任主体的条件。第二，老师不做法律要求做的事，不履行法定义务，属于不作为的情况。第三，在主观过错方面，基本可以排除老师对学生张某实施主观故意的行为，只能是老师的主观过失造成的。即老师应当预见到自己的行为可能发生不良后果而没有预见，或者已经预见而轻信不会发生或自信可以避免的心理，造成了这起事故的发生。第四，学生张某人身受到损伤的事实，具备了损害事实的条件。第五，在因果关系方面，老师的行为与学生张某被硬物砸中的事实之间存在间接因果联系。对上述问题的回答是该学校及其教师承担法律责任的理论依据。

四、教育法律责任的归责原则

法律责任的归责原则是指确认和承担法律责任时必须依照的准则。归责原则是法律责任制度的核心问题，虽然法理学和民法学对归责原则的界定并不完全相同。一般来说，教育领域较为常用的归责原则主要有以下几种形式。

（一）过错责任原则

过错责任原则是指行为人由于过错侵害了他人的权利而应承担的法律责任。是否有过错是行为人承担法律责任的依据。在过错责任中，行为人责任的范围、责任的大小都要依据过错来确认，无过错就无责任。《民法典》第一千一百六十五条规定："行为人因过错侵害他人民事权益造成损害的，应当承担侵权责任。"

（二）过错推定原则

过错推定原则是指如果受害人能证明其所受的损害是由他人所致，而他人不能证明自己没有过错，则应推定他人有过错并应承担民事法律责任。《民法典》第一千一百六十五条规定："依照法律规定推定行为人有过错，其不能证明自己没有过错的，应当承担侵权责任。"这就是过错推定原则对民事法律责任的规定。

（三）无过错原则

无过错原则是指当损害发生后，行为人无过错也要承担法律责任。其目的在于补偿受害人所受到的损失。《民法典》第一千一百六十六条规定："行为人造成他人民事权益损害，不论行为人有无过错，法律规定应当承担侵权责任的，依照其规定。"这一规定体现了无过错原则。

（四）免责原则

免责原则指的是侵权事件发生后对免除责任条件的基本要求。在实践中，当损害发生后，在某些特殊的情形下，行为人存在不承担法律责任的事实。《民法典》第一千一百七十四条规定："损害是因受害人故意造成的，行为人不承担责任。"《民法典》第一千一百七十六条规定："自愿参加具有一定风险的文体活动，因其他参加者的行为受到损害的，受害人不得请求其他参加者承担侵权责任；但是，其他参加者对损害的发生有故意或者重大过失的除外。”以上是民事法律责任中免责原则的重要法律依据。

复习思考题

1. 界定下列概念：教育法，教育法律规范，教育法律关系，教育法律责任，教育法律关系主体、客体和内容，教育法律权利与义务。

2. 简述我国现行的教育法体系。

3. 教育法律规范的构成要素有哪些？

4. 教育法律关系有哪些类型？

5. 如何理解行政处分与行政处罚的异同？

6. 教育法律责任有哪些？

7. 简述教育法律责任的归责原则。

8. 教育法律责任的构成要素有哪些？

9. 简述不同教育法律关系主体承担教育法律责任的主要形式。

案例分析题 1

某中学在 1997 年公布初中升高中的录取分数线时对男女学生划定了不同的分数线，且女生的录取分数线要比男生高。某中学还规定，所有女生中达到男生的录取分数线，未达到女生的录取分数线的，若想进入该校高中部学习，需要另交 1 万元的费用，并属于自费生。许多家长，特别是女生的家长表示无法理解，认为学校的行为是对宪法规定的男女平等原则的公然践踏，并向多方反映。县政府及教育行政部门了解到这一情况，立即采取措施，责令该校立即停止违法行为，要求该校对男女学生统一划线；同时，对直接责任人员进行了严肃批评，并责令该校公开检讨这一错误做法。

问题：结合案例分析教育法律关系的构成要素。

案例分析题 2

某中学的周老师任高三（5）班班主任已3年了。该班是他从高一就开始带的，班风、班纪非常好，年年被学校评为“先进班集体”，还被县团委评为“先进团支部”。该班的学业成绩优异，这与周老师的辛勤工作是分不开的。7月7日—9日，高三（5）班的学生参加了高考。不久，绝大多数学生都拿到了满意的成绩单。然而沈某、王某、孙某三位同学没有拿到成绩单。三人找周老师一打听，原来他们的成绩单被县招生办扣留（省招生办通知的），且被处罚停考一年。沈某跑到县招生办一看，他考了高分，数学考得也不错；王某、孙某获得与他同样的数学分数。沈某随即找招生办主任反映有关情况，要求撤销对他的处理。县招生办迅速派出调查组驻该校调查。调查结果是，沈某反映的情况属实。周老师为使本班成绩更出色，唆使沈某在高考数学考试中帮助王某、孙某两位同学作弊。

问题：(1)周老师应不应该承担法律责任？为什么？

(2)如果周老师应当承担法律责任，应当承担什么形式的法律责任？

案例分析题 3

某省首例因考试作弊引发的受教育权诉讼案于某日开庭审理。某人民法院一审判决：撤销被告某大学对原告大学生董某做出的勒令退学的处分。

原告董某现年23岁，原是某大学2001级的一名学生。2003年3月2日，读大二的董某在某门课程补考时让同学张某代考，后被监考老师发现。

3月6日，董某向学校呈交检查，并多次向老师做出检讨，希望学校给其一个改过自新的机会。但某大学仍然以严肃校纪为由，于2003年4月4日对董某和替考者做出勒令退学处分。

董某认为，某大学做出的勒令退学处分侵犯了他的受教育权；受教育者对学校给予的处分不服，有提出申诉或诉讼的权利，但学校没有给予自己申辩的机会。

2003 年 12 月 3 日，董某把学校告上法庭，请求依法撤销或变更学校做出的处分决定。

校方认为，对董某做出的处分是适当的。根据《高等教育法》的规定，高等学校有权对学生进行学籍管理并实施奖励或处分。被告对原告做出的处分是一种内部行政行为，不属于外部行政行为，故不属于行政诉讼的受案范围；且被告做出处分之后，已将结果告之原告本人，已履行了法定的告知义务，故原告诉称被告未给予其书面材料的说法不能成立。

审理此案的某人民法院认为，原告在校期间与被告存在管理与被管理的特殊行政关系，且被告对原告的处分已侵犯到原告的受教育权，故该行政行为不是内部管理行为，而是准行政行为；原告、被告之间因勒令退学引发的争议属于法院行政诉讼的受案范围。在本案例中，学校做出处分决定后未将决定送达学生，也没有告诉学生申辩、申诉，更没有将处分送报有关部门备案，属行政程序违法。另外，学校制定的校规不符合《普通高等学校学生管理规定》的有关规定，学校据此做出的处分明显过重且显失公正。据此，某人民法院做出了上述判决。

问题：结合案例讨论教育法律关系主体的权利能力和行为能力。

第三章　教育法的历史发展

学习目的和要求

1. 了解第二次世界大战后德国教育立法的情形。
2. 了解美国 1970 年至今教育立法的具体内容。
3. 了解日本国家主义教育制度形成的背景。
4. 掌握日本现代教育法制建设的内容。
5. 了解清末的教育立法。
6. 知道民国时期教育立法的内容。
7. 掌握新中国成立以来教育立法的进程与内容。

具体教学内容

1. 德国教育立法的历史沿革
2. 美国教育立法的历史沿革
3. 日本教育立法的历史沿革
4. 我国教育立法的历史发展

第一节　国外教育法的历史发展

一、德国教育立法的历史沿革

德国在西方国家中素有重视教育的优良传统，是最早以国家教育立法的形式实施强迫义务教育的国家。魏玛共和国时期首先通过了有关法律草案，规定了义务性的职业教育，要求所有14～18岁没有进入中学的青少年须接受免费的职业继续教育。这是现代双元制职业教育模式的雏形。第二次世界大战后，德国通过制定一系列的职业教育法律法规，确立了它在世界职业教育中的典范地位。在高等教育方面，洪堡的教育改革为世界创建了第一所现代性的大学——柏林大学，并确立了"科研自由""大学自治"的现代大学精神。同时《魏玛宪法》对大学的科研和教学自由给予了宪法保护。进入21世纪，德国积极探求建设新型的大学，准备开启新的教育改革。我国作为大陆法系国家，对德国在教育立法技术、内容、形式、程序等层面应该适时、适宜地予以借鉴，以促进我国教育法制化的建设和教育事业的全面发展。

（一）德国统一前后的教育立法（16世纪中期至20世纪初）

1. 义务教育层面的教育立法

义务教育层面的教育立法源于马丁·路德在宗教改革中要求加强国家对教育的控制。它是政府为促使学校教育摆脱教会的控制，实现初等教育世俗化与国家化的重要举措。16世纪末17世纪初，德国统一前的一些封建邦国就开始把初等教育的学校管理权收回，实施强迫教育。16世纪后半期，维登堡、萨克森、魏玛等邦相继颁布强迫教育法令。其中，大邦普鲁士的有关法令影响最大。1716年和1717年，弗里德里希·威廉一世连续颁布强迫教育的法令，成为普鲁士"第一个实行强迫教育的人"。①

1763年，弗里德里希二世又颁布普通学校规章，宣布对5～14岁的少年儿童实

---

① ［德］弗·鲍尔生：《德国教育史》，滕大春、滕大生译，94页，北京，人民教育出版社，1986。

行强迫教育。学校教育第一次归于国家的统一管理之下。1794 年，弗里德里希二世颁布国家法令，宣布公立学校与教育机关任何时候应接受国家的监督。该法令还规定，对教师的委任权属于国家，不能强迫儿童接受与其信仰不同的宗教教育。① 通过一系列教育法令的颁布，德国最终完成了对教育的控制，打破了教会教育的垄断地位。普法战争失败后，普鲁士政府进一步强化了对教育的控制，于 1810 年在内务部成立了教育局，1817 年将其分离为教育部，作为正式的国家教育行政机关。之后，普鲁士政府加强了义务教育，巩固了双轨制学校教育，将教育权全部从教会收回，彻底结束了封建教会掌控教育的局面。洪堡就任公共教育部部长后实施了洪堡教育改革。1825 年，普鲁士政府颁布法令，实行强迫义务教育制度。受教育被视为公民的基本义务，7～14 岁的少年儿童必须入校学习。1816 年，学龄儿童的入学率为 43％，到 19 世纪 60 年代已达到 97.5％。文化更为发达的萨克森公国学龄儿童的入学率达到 100％。

1870 年，普法战争以普鲁士大获全胜，德国完成统一。紧接着在 1872 年，德国公布普通学校法。这一法令是为了巩固新生的地主资产阶级政权，培养有知识的劳动者和效忠国家的士兵，规定 6～14 岁为义务教育阶段。截至 19 世纪末，德国基本实施了 6～14 岁少年儿童的普及义务教育，其文盲大大减少。以普鲁士为例，各省文盲的比例如表 3-1 所示。②

表 3-1　普鲁士各省文盲的比例

省　份	1841 年(％)	1864—1865 年(％)	1881 年(％)	1894—1895 年(％)
东普鲁士	15.33	16.5	7.05	0.99
西普鲁士	—	—	8.79	1.23
波米拉尼亚	1.23	1.47	0.43	0.12
西里西亚	9.22	3.78	2.33	0.43
萨克森	1.19	0.49	0.28	0.09

① 戴本博：《外国教育史(中)》，474 页，北京，人民教育出版社，1990。

② 李楠：《德国义务教育法制变迁历程探究》，载《安康学院学报》，2012(2)。

续表

省　份	1841年(%)	1864—1865年(%)	1881年(%)	1894—1895年(%)
波森	41.00	16.90	9.97	0.98
西伐利亚	2.14	1.03	0.60	0.02
莱茵普鲁士	7.06	1.13	0.23	0.05
豪海劳伦	0.00	0.00	0.00	0.00
全邦	9.30	5.52	2.38	0.33

2. 中等教育层面的教育立法

洪堡根据爱国主义和人文主义的精神对中等教育进行了重大变革。一是改革教师聘用制度。1810年出台的相关法令规定，凡要担任中学教师者都得通过国家考试，合格的给以中学教师称号。这项考试由国家委托大学开展，从而打破了教会对中等学校教育的控制。二是改革毕业考试制度。1812年，普鲁士政府修订了1788年公布的《中学毕业考试制度》，注重对学生实际能力的测试，打破了文法中学的控制地位。

德国统一后，中等教育得到了较快的发展，经费开支有了较大的增加。另外，当时还确立了三种中学类型：文科中学、文实中学和高等实科中学。由于资本主义经济迅速发展对自然科学人才的需求增加，实科中学得到迅猛发展。

3. 职业教育层面的教育立法

1815年以后，普鲁士政府开始注重发展科技教育和职业教育。柏林因此发展为德国技术教育和科学研究最先进的城市。各种建筑师和技术工人的培训学校从1816年开始相继建立。

1872年，俾斯麦政府颁发《学校基本法》。该法规定，德国正在向工业国转变，需要学校训练工人，应鼓励开办职业学校和成人业余补习学校。同时，联邦宪法还规定工厂所在地要建立补习学校，厂主必须让工人入学等。① 为了进一步适应工业的发展，对青年进行职业技术教育，培养中等技术和各类专业人才，德国设置了不

① 蔡颖：《试析德国现代化进程中的教育改革》，载《湖州师范学院学报》，2007(3)。

同类型的职业学校。一类是各类工艺和专业学校（工艺学校、中等技术学校、建筑学校和纺织学校等）。另一类是专门为就业青年创办的职业教育学校，学习年限为4年，每周进行两个半天的文化和职业教育。

4. 高等教育层面的教育立法

高等教育层面的教育改革主要还是洪堡的教育改革。1810年，洪堡根据费希特的建议创办了柏林大学。柏林大学改变了旧大学的培养目标，把原来大学主要为国家培养官吏和神职人员转变成向学生传授科学知识、进行科学研究、提高国家的学术水平，采用新的教学方法，实行师生间自由讨论和学术自由政策。以柏林大学为榜样，1811—1826年，德国又相继创办了布来斯劳大学、波恩大学和慕尼黑大学。

德国统一后，实行中央集权的行政管理体制。大学作为一种国家机构，逐步趋向统一化和国有化。这一时期的高等教育在继续遵循洪堡大学精神的背景下取得了更大的进步。一是高校学生人数不断增加，促进了高等教育的普及。接受大学教育不再是贵族子弟的专有权利，中产阶级子弟也跻身大学生行列。德国高校学生从1872年的17954人增加到1902年的52538人。19世纪60年代以后，中产阶级子弟在柏林大学、波恩大学、阿根廷大学、莱比锡大学和蒂宾根大学学生中所占比例已经达到了1/3。二是组织形式、教学方法等的变革与更新。大学开设科学实验室，教学和研究范围扩大；开设各种研讨班和研究所，丰富了教学组织形式；采用讲座和报告、讨论和练习以及调查和实验等教学方法。

（二）魏玛共和国时期德国的教育立法（1918—1933年）

魏玛共和国是德国历史上的第一个共和国。以《魏玛宪法》的颁布与实施为标志，德国开启了民主法制化建设的新时期，也开启了教育法制化建设时期。《魏玛宪法》规范了教育与学校的各项事务，并对教育和学校立法权本身进行调整，赋予共和国在立法中提出有关学校和教育事业基本原则的权利，以及在此框架下行使对各邦教育立法进行国家监督的权利。该法还针对公立普通义务教育、私立教育、宗教教育以及中央、各邦以及乡镇在发展和促进教育中的权责等重大问题做出了明确规定。

1. 义务教育层面的教育立法

《魏玛宪法》规定，设立公立教育机构实施对青少年的教育，公立机构由中央、各邦和乡镇共同负责。《魏玛宪法》还规定，国家实行普通义务教育；义务教育的实施机构原则上为至少8年制的国民学校；以及与之相连的直至满18岁教育的进修学校；国民学校和进修学校免学费和书本费。另外，1920年，魏玛共和国又颁布了《有关基础学校和废止学前学校的法案》。其主要内容是具体落实《魏玛宪法》中有关废止私立学前学校的规定，并在此基础上做出了设立四年制基础学校的相关法律规定。颁布实施《儿童宗教教育法》的突出意义在于从法律上承认家长对子女的教育权。魏玛共和国在义务教育层面的法制建设对普及八年制义务教育具有重要的现实意义。另外，废除入学特权，建立统一的四年制基础学校，保证劳动人民子弟学业成绩优异者可进入四年制的高等国民学校继续学习，完成义务教育，在一定程度上体现了教育机会均等的原则。

2. 职业教育层面的教育立法

魏玛共和国时期继续推行双元制的职业教育制度，规定所有14～18岁没有进入中学的青少年须接受免费的职业继续教育。学校委员会专门就此问题进行了讨论，提出教学应由每周最多6小时扩充到每周2个半天8小时，并要进行相应的体育训练。由此，魏玛共和国首先通过有关法律草案，规定了职业教育义务，强调了继续教育学校的地位和作用。到魏玛共和国晚期，大约有2/3应该接受义务职业教育的青年均受到了相应的教育。魏玛共和国时期的教育政策使双元制职业培训制度向制度化方向迈进了一步，而且初步形成了现代双元制的雏形。

3. 高等教育层面的教育立法

《魏玛宪法》规定，科研和教学是自由的并受到法律的保护。这是德国历史上第一次从宪法的高度对这项自由原则给予确认。同时，该法又规定大学是国家的机构，进而继续保留了几个世纪以来德国大学国家化的传统。另外，魏玛共和国并没有行使自己对高等教育的权限，而是在遵守文化主权原则的前提下将其交给了联邦各州。①

4. 教师层面的教育立法

《魏玛宪法》赋予所有的教师与公务员同等的权利和义务，把教师的地位提升到国家公务员的标准，大大提高了教师工作的积极性，也有助于创造全社会崇尚学问、尊师重教的风气。为了培养高质量的师资，魏玛共和国建立了一批师范学院，规定招收高级中学毕业生入学。这相比当时师范学校只招收 8 年制的国民学校毕业生，提高了入学条件。师范教育的改革提升了德国学校的师资水平，提高了教育质量。②

（三）第二次世界大战后德国的教育立法（1949 年至今）

德国是联邦制国家。根据《德意志联邦共和国基本法》的规定，德国的教育立法权归各州。即各州享有文化主权，而州与联邦政府就教育事业通过国家协议达成一致意见。德国各州享有广泛的民主自治权，实行地方分权的教育管理体制。联邦宪法规定，整个教育事业置于国家监督之下，教育、科学的立法管理主要由各联邦州负责。联邦政府行使竞争性立法权，即联邦政府在某教育领域如果不立法，各州就可自行立法；如果联邦已立法，各州应以联邦立法为依据，制定有关规定。行使框架立法权，主要是确定高等教育的基本原则，由联邦政府与各州共同承担高等学校的新建、扩建，参与具有跨地区意义的教育规划和科研事务。③

1949 年，《教育基本法》的制定与各州学校法规的先后颁布标志着德国教育上的重建工作基本完成，德国形成了较为完整的教育体系(见图 3-1)。德国的教育行政管理是地方分权制。联邦政府只负责制定教育政策和法规，对各州的教育实行监督和调节。各州宪法规定本州教育的基本原则和目的。学校内部实行校长负责制，同时会召开教师协商会议。

---

① 胡劲松：《20 世纪上半叶的德国教育现代化进程》，载《华南师范大学学报(社会科学版)》，2005(3)。

② 秦雅勤：《透视魏玛共和时期教育改革》，载《学理论》，2012(20)。

③ 赖秀龙：《德国教育政策的制定及启示》，载《现代教育管理》，2009(11)。

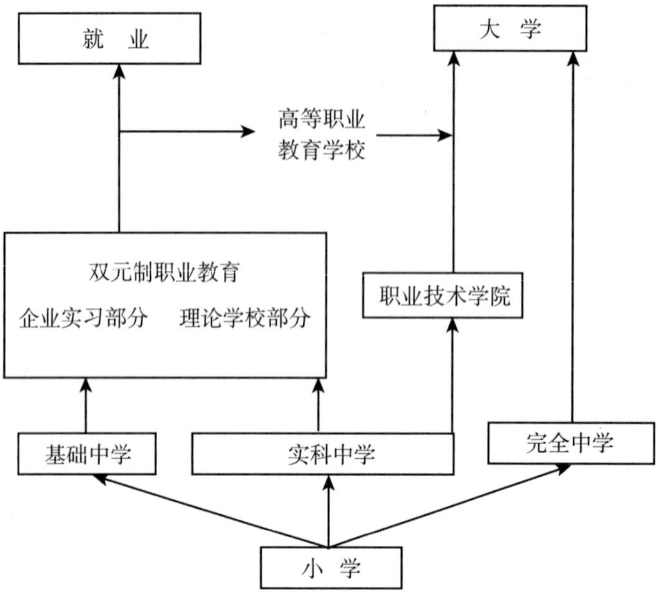

图 3-1 德国教育体系框架图①

1. 义务教育层面的教育立法

1959年，德国公布了《改组和统一公立普通学校教育的总纲计划》，提出所有儿童均应接受四年制的基础学校教育，然后再接受两年促进阶段的教育，给学生提供充分发展能力和特长的机会，以便通过考试遴选进入不同类型的中学教育机构学习。

1964年，为适应欧洲一体化和工业化的发展需求，德国各州州长在汉堡签订了《关于统一学校教育事业的修正协定》(简称《汉堡协定》)。《汉堡协定》的主要内容涉及把四年的国民学校高级班改为五年制中学，称为"主要学校"，增加1年义务教育，将全日制义务教育的年限延伸至9年。接受9年义务教育的青少年如不进入实科中学或文科中学学习，则须接受3年职业学校的义务教育。由此，德国的义务教育变为12年。2004年，德国颁布了修改后的《义务教育法》。该法主要从三个方面发生了转变：一是给予适龄青少年受教育的机会，实现机会均等；二是提高义务教育质量；

① 甄瑞：《德国教育体系概况》，载《时代教育(教育教学版)》，2010(1)。

三是通过义务教育促进一体化。①

2. 中等教育层面的教育立法

根据 1971 年由联邦和各州政府共同委任的德国教育审议会提出的《教育结构计划》以及 1973 年由联邦与州教育计划委员会提出的《教育总计划》，德国实施了一系列的中等教育改革，设置中等教育第一阶段和中等教育第二阶段，取消实科学校、主要学校、完全中学之间以职业教育为目标或者以学术教育为方向的区别。建立三类学校联合制度，使它们之间有很大的渗透性，易于转学。中等教育第二阶段分设职业学校、职业补习学校、职业专科学校、专科学校、高级专科学校、专科高中和完全中学高级阶段，并加强这些机构的垂直和横向两方面的联合。另外，这一时期还出现了综合实验中学。②

3. 职业教育层面的教育立法

德国各州所有的中小学、职业学校和高等学校均属于州一级的国家设施。故各级各类学校教育的立法权在州这一级。但是，作为一个特例，由于德国职业教育的双元制属性，德国职业教育的立法权在联邦一级。所谓德国的双元制是指国家办的职业学校与私人办的企业合作开展职业教育的模式，即职业学校这“一元”遵循《州学校法》，由州教育部管理。而“企业”(并非每个企业都有资格开展职业教育，只有经过资质认定的企业才能开展职业教育)这“一元”则遵循《联邦职业教育法》，由联邦教育部管理。由于企业自身的法人特性，即作为营利性组织，因此需要通过《联邦职业教育法》规范其教育行为，保证双元制职业教育模式的顺利推行。双元制作为一个由联邦与州两级立法与管理的正规职业教育模式，在本质上是一种将企业的功利性与学校的公益性加以跨界整合，用学校教育的公益性调整企业培训功利性的一种极富

---

① 李楠：《德国义务教育法制变迁历程探究》，载《安康学院学报》，2012(2)。

② 韩智芳：《外国学校管理史话(十一)——现代英、日、德学校教育改革及其管理体制》，《教育史研究》创刊二十周年暨中国教育史研究六十年学术研讨会论文，北京，2009。

哲学思辨色彩的“教育调节的企业中心模式”。①

职业教育立法主要包括联邦和各州两个层面。联邦对职业教育的立法主要集中在各行业的企业、青少年劳动的权利义务和职业教育组织机构方面。联邦在职业教育层面的立法主要包括《联邦职业教育法》《手工业条例》《企业基本法》《青少年劳动保护法》和《联邦职业教育促进法》等。各州在职业教育层面的教育立法主要由州教育法、州职业教育法以及其他涉及职业教育的教育法律法规构成，体现各州的地方特色和发展要求。以下着重对联邦的职业教育立法进行分析。

1969年颁布的《联邦职业教育法》赋予企业进行职业培训的权利，鼓励企业自己组织并承担责任。但前提是企业遵守相关法律的要求。它是企业进行职业培训重要的法律依据，内容主要涉及职业培训关系的确定、内容、解除、终止和职业培训的组织。具体包括招收受培训人的前提条件、培训职业的认可、培训时间、培训合同、培训津贴的支付、考试、主管机构、残疾人职业培训以及各经济行业培训的特殊规定。2005年，德国颁布并实施新的《联邦职业教育法》。该法是将1969年颁布的《联邦职业教育法》与1981年颁布的《联邦职业教育促进法》合并修订而成的，这是德国职业教育领域内重要的法律依据。该法对德国的职业继续教育做出了较全面和原则性的规定。其规定，本法所指的职业教育包括职业准备教育、职业教育、职业进修教育以及职业改行教育。职业进修教育应提供保持、适应或扩展职业行动能力及职业升迁的可能性。职业改行教育应传授从事另一职业的能力。

由于手工业的职业培训未在《联邦职业教育法》中进行规定，因此联邦政府制定了《手工业条例》。该条例分别就手工业的经营、职业培训、师傅考试、师傅职称及手工业的组织及有关违法行为的处治等方面做了详细规定和说明。1972年制定的《企业基本法》就关涉企业的职业教育。其明确了企业管理委员会在企业职业教育中应有的权利和义务；指出企业有义务与企业委员会一道商量企业职业培训制度的建立和

① 姜大源：《德国联邦职业教育法译者序》，载《中国职业技术教育》，2012(10)。

完善以及参与外界培训项目等问题。《青少年劳动保护法》除了对正在接受培训的青工做了特殊的保护规定，如工作时间、休息、休假等，还规定企业保证青年履行上职业学校这一法律义务所需要的时间，且不得因上职业学校而克扣青年的报酬等。《联邦职业教育促进法》主要涉及职业教育计划、统计及报告，还涉及联邦职业教育研究所的法律地位、组织、任务、预算、章程和人员要求等内容。①

4. 高等教育层面的教育立法

第二次世界大战后，德国的高等教育发展大致经历了以下三个时期：1945 年至 20 世纪 50 年代为重建时期；20 世纪 60 年代至 70 年代为改革时期；20 世纪 80 年代至今为调整时期。②

1969 年，联邦议会进行大规模修宪，赋予国家在教育领域更多的权限，包括竞争性立法权、框架性立法权以及与各州一起分担科研和教育领域的共同任务，形成了对高校立法、财政、人事以及科研等多方面的干预权力。比如，《联邦教育促进法》要求联邦政府向大学生提供教育资助，并携手各州出资促进高校基建、科研和对外合作。

1976 年，第一部全国性的《高校总纲法》问世。其具体内容涵盖了高校的任务、高校的入学、高校的成员、高校的组织和行政管理、高校的国家认可、州教育法的配套问题以及联邦有关法律的修改和附则等。它促使传统的文化联邦制开始被合作性联邦制取代。

进入 21 世纪，为了优化高等教育，重建高等教育强国，德国政府制定了一系列的举措。这包括还高校立法权于地方、高校收费、倡导高校间的竞争与效率等。2006 年，德国通过了联邦制改革方案，对《基本法》中有关联邦政府与州政府的权限问题重新进行了规范。其核心内容包括教育事业、州议会的立法权、管理权和财政分配权，以及欧盟事务、国家安全等。该改革方案终结了《高校总纲法》的使命，取

---

① 费爱伦、谭移民：《联邦德国职业教育法规体系》，载《外国教育资料》，1997(4)。

② 周丽华：《“与洪堡告别?”——战后联邦德国高等教育政策述评》，载《比较教育研究》，2006(4)。

消了联邦政府今后对扩建和新建高等院校及其附属医院的财政资助；将《基本法》中的教育规划限制为参与教育评估；新增有关2013年联邦政府对各个联邦州的教育财政补贴的规定，从而确定资助新型的大学建设的合法性；把高校教师工资和待遇专项权下放给州政府，以便推行教授工资与业绩挂钩的制度。① 这与2006年联邦与州达成的《2020年高校协定》是统一的。这就使联邦与州就高等教育领域内的权利关系从原来追求统一性和一致性的合作性伙伴转变为战略性伙伴关系。

二、美国教育立法的历史沿革

作为联邦制国家的美国，其宪法规定，本宪法未授予合众国、也未禁止各州行使的权力，保留给各州行使，或保留给人民行使。这成为教育权隶属各州的宪法学依据。各州制定本州的宪法，各州教育的基本政策和教育制度在各州宪法中都有反映，各州的宪法成为各州制定教育法规的直接依据。在联邦与州共有立法权的范围内，联邦没有立法的，州可先行立法；联邦已立法的，州立法不得与之相抵触。可见，联邦教育法在层次上仍处于核心地位。② 美国的教育行政制度基本上采用地方分权的原则。联邦政府对各地教育运作不直接进行干预，但是联邦政府可以通过联邦法案对全国的教育产生渗透性的影响。以下就是美国联邦政府对教育施加的影响。

（一）独立战争至南北战争时期美国的教育立法

1. 美国宪法确立了教育世俗化原则

美国宪法规定，国会不得制定关于确立国教或禁止信教自由的法律。它确定了美国政教分离的原则。这就要求美国的各公立学校不能由各个教派控制，学校内禁止进行宗教教育、举行宗教仪式。另外，联邦各州的税收不能资助教会学校。这就使教育摆脱了教会的控制而由公众管理，为公立学校的发展奠定了基础。

---

① 俞可：《在生存与发展的夹缝之间——德国高等教育改革全面展开》，载《上海教育》，2007(5)。

② 卢祖元：《中、美、日三国现代教育立法之比较》，载《江苏高教》，2002(5)。

2.《西北区法案》和《莫雷尔法》等以赠地形式干预公立教育发展

基于宪法的要求，美国的教育权利隶属各州。但联邦政府也没有放弃对教育的关注，实质上形成了教育管理的“双重联邦体系”。1787 年，美国国会通过《西北区法案》，要求每镇提供土地，供公立学校建校使用。这是联邦政府干预教育的开端，对于促进美国教育的发展产生了重大的意义。1862 年，美国国会又通过了《莫雷尔法》，给各州提供土地，并规定这些土地必须用于至少一所大学或学院的农业与机械等系所的建立。因此而设置的大学被称为“赠地学院”。它促进了公立大学的发展，有利于更多的平民阶层接受高等教育。

（二）两次世界大战期间美国的教育立法

1.《史密斯-休斯法》以职业教育推进国力发展

第一次世界大战期间，联邦政府希望通过加强职业教育、培养高素质的农工以增强国力，遂于 1917 年通过《史密斯-休斯法》。该法强调联邦政府对当前国家的职业发展概况进行调查，并帮助州开办职业学校和职业班，提供农业、手工艺业、工业、家政四个方面的训练。该法案要求每州成立州职业教育委员会，州接受联邦援助要提供一美元对一美元的对等经费。这些经费用于支付教师薪金等事项。《史密斯-休斯法》奠定了美国职业教育的基础。随后美国国会又在 1929 年、1937 年分别通过了《乔治-里德法》和《乔治-迪姆法》，在公立学校中推行职业教育。

2.《国防训练计划》和《国防职业教育法》旨在加强国防教育

第二次世界大战期间，联邦政府相继颁布了《国防训练计划》《国防职业教育法》。《国防训练计划》规定，由联邦拨款、军队主持，在全国 300 多所大学内管理大学教师及设施，进行一项特殊的训练计划。这一计划使许多由于缺乏生源的教育机构免于关闭。《国防职业教育法》规定，由政府拨出专款举办军事工业方面的职业技术教育。这两项法案的实施为 300 万工人开设了战时需要的课程。①

---

① 王嫣：《美国教育立法与美国教育发展》，载《外国教育研究》，1994(3)。

（三）第二次世界大战以后至1970年美国的教育立法

第二次世界大战以后，联邦政府及其立法当局通过大量立法资助地方教育事业的发展。其标志之一就是1944年《退伍军人法》的施行。随后美国国会相继颁布了一系列相关法律，对退伍士兵进行战后的妥善安排，包括由政府贷款，使退伍军人能安家立业，得到在职训练，帮助他们顺利地转入平民生活。另外，政府还资助退伍军人进入自己喜欢的大学修习课程，并补贴他们的生活费用。除此之外，《国防教育法》《职业教育法》《民权法》《初等与中等教育法》《高等教育法》相继颁布，出现了这一时期美国教育立法的高潮。

1.《国防教育法》

《国防教育法》是基于特殊的历史事件提出的。即1957年苏联人造卫星发射成功，造成美国国会质疑国民教育成效。它要求着力发展学校数理和科学教学，提升国防实力。《国防教育法》规定，从1959年至1962年拨款8亿多美元资助美国教育事业。当然拨款是有条件的，主要以专项拨款的形式资助理科教育。由此美国开创了理科教育的“黄金时代”。

2.《职业教育法》

《职业教育法》要求进一步扩大职业教育受惠者群体的范围，包括高中生、辍学者、已有职位却需提升技术者与需要工作的残疾人。《职业教育法》基本上继承了《史密斯-休斯法》的精神，规定各州制订详细计划接受联邦补助，并施惠到各州需要帮助的社会群体。

3.《民权法》

《民权法》要求消灭种族歧视，使人民在就业、生活与学校中受到平等待遇。《民权法》对黑白分读（黑人、白人）学校存在的合法性进行了质疑。其第四款授权联邦教育处应尽力促成黑白混读学校的创办。

4.《初等与中等教育法》

《初等与中等教育法》的颁布反映了联邦政府对义务教育的首次介入。其主要涉及为低收入家庭儿童提供及改善教育设施等内容，在促进教育机会均等和教育改革方面所起的作用赢得了美国教育界的赞成和支持。联邦政府不仅帮助了低收入家庭儿童接受义务教育，也在一定程度上弥补了各州在义务教育领域的财政空缺。随后联邦政府对中小学的拨款逐年增多。1975 年，联邦政府的拨款已由 1964 年的 6.6 亿美元增至 50 亿美元，1980 年达 70 亿美元。

5.《高等教育法》

《高等教育法》及其修正案在美国历史上第一次明确规定了联邦政府向全国公立和私立院校提供长期资助的计划，改变了美国教育界对联邦政府干预的消极甚至反对态度。《高等教育法》颁布后，联邦政府对高等教育的资助大幅度增加。20 世纪 60 年代中期，联邦政府的拨款在大学财政收入中所占的比例已达 22.4%。1987 年，高校从联邦政府研究和发展基金中获得 65.6 亿美元，占联邦全部研究和发展资金的 11.1%。

（四）1970 年至今美国的教育立法

1. 1970—1990 年：美国教育立法的调整

1950—1970 年这 20 年是联邦政府积极主动介入教育事务，期望推动全美教育发展的时期。然而联邦政府在教育领域扮演的角色却受到来自不同层面的质疑。一是南方各州对联邦政府侵犯其教育职权的反抗。其突出表现就是对联邦政府 1964 年颁布的《民权法》要求禁止实行种族界线和各州应尽力促成黑白混读学校的创办等的坚决反对。二是部分学者质疑联邦政府干预地方教育事务的效果，因为调查研究的数据显示受其资助的教育机构的学生发展并不理想。

因此，20 世纪 80 年代上任的美国总统里根认为不能过分迷信“教育是解决社会问题的灵丹妙药”，应该重新落实“还政给地方政府”的信念。为此，里根总统提出了“教育六点”。有学者将这一时期的调整称为“里根主义的摇摆”。①

---

① 秦梦群：《美国教育法与判例》，12 页，北京，北京大学出版社，2006。

①将补助地方中小学与大学教育的款项，每年削减 20％～25％。

②反对校车运送政策，并希望司法部减少对黑白混读学校的补助。

③将所有联邦补助分为两类，给予州政府支用的权力。

④对残疾学生的补助应做到合理的减少，降低各地学校对特殊教育所必备的条件标准。

⑤对就读私立学校学生所需负担的昂贵学费予以课税的宽减。

⑥废除联邦教育部。

2. 1990 年至今：美国教育立法的发展

20 世纪 80 年代中后期，基于学校办学成绩的不断下降，联邦政府及其各州政府、民间都开始思考教育改革的问题。政府层面的改革将重点放在提高高中毕业的学科标准、实施或调整评鉴计划以及提升未来教师任用的标准等上。而民间这种自下而上的教育改革则将焦点放在学校的重组与教师专业化的提升以及改革学校的教学内容和教学方式上。

(1)1993—2001 年美国的教育立法

1994 年，美国颁布《2000 年目标：美国教育法》。这是联邦政府首次制定的全国性教育标准。其涉及确立国家教育目标、成立国家教育目标小组、成立国家教育标准暨改革委员会、成立国家技能标准委员会、补助州及地方教育改革、赋予教育部长广泛的权力、加强教育研究、维护校园安全、发展教育科技、成立父母协助中心、推行少数民族教育以及拓展国际教育 12 项改革内容，成为继美国《国家处在危机中：教育改革势在必行》后又一重要的教育法律。

根据《初等与中等教育法》的基本框架，美国又颁布了《改革美国学校法案》。该法案规定将给地方学区及学校提供约 110 亿美元的经费改善其教学质量，而受益的对象是低收入家庭子女。该法案的重点是为学生设定较高的学业标准、使校园免于暴力及毒品的威胁、为教师的专业发展提供资源、允许设立特许学校、为教育改革创造诱因、废止联邦政府烦琐的规定及调整联邦政府计划以促进州与地方学校的改革等。①

为了改善儿童教育，基于《改革美国学校法案》和《2000 年目标：美国教育法》的实践成果，克林顿总统于 1999 年再度修订《初等与中等教育法》并最终提出了《全体儿童教育卓越法》。该法案勾勒了联邦政府未来五年(1999—2004 年)推动中小学教育改革的四项方针，即为学生设定较高的学业标准；提升教师与校长的素质；加强学校级学生表现的绩效责任；确保安全、健康及有纪律的学习环境。

(2)2001—2009 年美国的教育立法

美国总统布什于 2001 年上任后同样表示出解决教育问题的决心，并于 2002 年签署了《不让一个孩掉队法》。该法案涉及条款颇多，核心内容主要包括三个方面。一是强化州政府的教育责任。州政府应该负起更强的绩效责任，实施更严苛的学校教学质量评估标准。学校连续两年不达标的，需整改；连续五年不达标的，需重组。二是给家长和学生更多的教育选择权利。地方教育当局必须给面临学校整改、重组的学生提供更好的公立学校；地方教育当局必须给不达标学校的学生提供教育服务。三是强化地方各州和学校的教育权力，还政于地方。比如，各州和学校对联邦政府下拨的资金有充分的支配权。该法案的最大贡献是促使人们开始关注亚学生群体间的学业差异，要求全国所有三年级到八年级学生每年必须接受各州政府的阅读和数学统考，促使学校领导开始关注因家庭经济、语言文化背景、种族等导致学业较落后的学生。②

纵观美国教育的历史发展概况，联邦政府从未脱离对教育的管理，但这种管理未直接干预地方各州的教育权限。随着一系列全国性教育法案的出台，尤其是《2000 年目标：美国教育法》的颁布，联邦政府尝试确立全国性的教育目标和标准。这使联邦政府与各州政府之间的权力博弈日益凸显。这种权力博弈既涉及联邦政府与各州政

---

① 刘庆仁：《美国教育改革概况：1994—2000 年》，载《世界教育信息》，2001(10)。

② 李雪峰、何晓东：《〈不让一个孩子落后〉法案对中国教育的启示》，载《宜宾学院学报》，2011(10)。

府之间的资源与利益之争，又最大限度地将国家的教育问题展现出来，促进了教育的改革与发展。表 3-2 是美国联邦政府 1862—2002 年通过的重要教育法律及其影响。

表 3-2 美国联邦政府 1862—2002 年通过的重要教育法律及其影响①

教育法律	内容与影响
《莫雷尔法》	由联邦政府拨出土地建立赠地学院，课程内容以农工科系为主
《哈奇法》	准许在学校设立实验室，促成后来自然科学研究的兴起
《史密斯-休斯法》	由联邦政府补助各州的职业教育，并同时培训教师
《兰哈姆法》	补助因参展而受到影响的各州教育，提供专款帮助各校的建设
《退伍军人法》	提供帮助退伍军人还乡的职业训练，让退伍军人进入大学接受进一步的教育
《傅尔布莱特法》	联邦政府授权将第二次世界大战结束后的剩余物质出售，并将所得款项作为外国学者奖学金，以促进与各国的文化交流
《国防教育法》	提供款项改进各校数理与外国语课程，并建立大学贷款制度
《高等教育设备法》	更新高等教育设备与兴建校舍
《职业教育法》	成立两年制职业导向的社区学院，给失业者提供职业训练与课程
《民权法》	提供创办黑白混读学校的经费，并补助少数民族学生
《初等与中等教育法》	补助低收入家庭的学生，更新义务教育设备，建立社区教育中心以研究初等、中等教育课程
《高等教育法》	加强大学教育功能，更进一步实施学生补助计划
《国际教育法》	提供经费加强国际教育计划的实施，设立研究各风土文化的科系与课程
《残疾人教育法》	首次为身心障碍者的教育制定独立法案，认定其为具有特殊需求的个体；州必须为其安排适当的教育；所有使用联邦政府经费兴建的教育设施必须适应身心障碍者的需求
《1972 年教育修正法》	补充《民权法》，规定任何教育活动都不可有性别歧视
《康复法》	不能只因残疾人的障碍事实而不让其参与联邦政府所补助的计划或活动，也不得因无经费而否定残疾人的权利
《全体残疾儿童教育法》	规定州与地方学区应为所有儿童提供免费而适合的公共教育；在教育安置上，残疾学生及其父母享有的权利应受到保障

① 秦梦群：《美国教育法与判例》，20～21 页，北京，北京大学出版社，2006。

续表

教育法律	内容与影响
《联邦教育部组织法》	建立独立的联邦教育部，以处理联邦政府补助及与各州之间的协调合作事宜
《残疾儿童保护法》	父母经由正当程序的听证会或法院诉讼获得胜诉，有权利要求政府负担相关诉讼费用
《全体残疾儿童教育法修正案》	残疾儿童的教育由 3 岁开始，同时也为出生至 2 岁残疾及身心发展较慢的儿童提供教育方案
《身心障碍者教育法》	身心障碍儿童的父母或监护人对特殊教育服务拥有特定的权利；这些权利与记录、独立评估、注意、同意、听证、评估程序与安置于最低障碍空间等有关
《美国身心障碍者法》	学校必须改善所有的设施，以保证所有学生和员工都能行动自如
《改革美国学校法》	给经济发展水平低的学区提供经费，允许特许学校的兴办，并使校园免于毒品与暴力的威胁
《2000 年目标：美国教育法》	确立国家目标，加强教育研究，发展教育科技等
《身心障碍者教育修正法》	对于特殊儿童具有暴力攻击且影响他人者，学校可视情形将其从班级中调离
《全体儿童教育卓越法》	加强学校与学生表现的绩效责任，提高学业标准与提升学校人员的素质
《不让一个孩子掉队法》	要求各州定期检测学生的阅读与数理能力，赋予各学区运用 50%补助款的弹性权利，提供更多特许学校的就学机会等

三、日本教育立法的历史沿革

日本的教育立法经历了三次教育改革时期：明治维新时期相继制定《学制》《教育令》《学校令》《教育敕语》，第二次世界大战后制定《教育基本法》，20 世纪 90 年代制定《终身学习振兴法》。这三次教育改革促进了日本经济的发展，也促进了日本社会民主化和法制化的进程。日本与我国相邻，一衣带水，有着人口众多、资源贫乏等许多共同特征。而且近代日本与我国的法制化进程同样经历了对西方文化的继受和自我内生相结合的过程。因此，全面了解日本的教育立法历史有利于解构日本文化的形成，更重要的是可以借鉴其健全的教育法制体系，促进符合我国国情的教育立法的现代化。

（一）明治维新时期的教育立法（1868—1880年）：日本近代教育法制建设的开端

法国思想家涂尔干指出："教育的转型始终是社会转型的结果与征候，要从社会转型的角度入手来说明教育的转型。"①日本近代教育的转型正是在社会转型这一大的时代背景下进行的：一是1853年由闭关锁国到开放港口；二是1868年自上而下的明治维新运动。明治维新时期提出的"富国强兵""殖产兴业""文明开化"以及"求知识于世界"的口号，引导了日本近代的教育改革思潮。这是因为人的现代化是社会现代化的关键因素，而教育又是促进人发展的手段与方式。为此，明治维新时期先后出台了一系列具有近代社会精神的教育法令以促进社会的发展。其中较为重要的就是《学制》与《教育令》。

1.《学制》的颁布：日本近代教育法制建设的起点

《学制》作为近代日本的三大教育宣言之一（另外两个是《教育敕语》和《教育基本法》），是1872年以太政官布告的形式颁布的。它是日本近现代教育史上的第一部教育法规。这主要在于：一是《学制》实现了日本在教育立法上零的突破；二是《学制》所确立的"国民皆学""实学主义""立身出世主义"等近代教育思想，对日后日本的教育法制建设产生了极为重要的影响。《学制》主要由学区、学校、教员、学生和考试、海外留学生规则和学费等内容组成；1873年又增加了神宫僧侣学校、专门学校等的内容。可见，《学制》涉及各级各类学校的设置与管理，是较为完善的体现近代思想精神的教育法律。

《学制》的颁布是日本近现代史上的重大事件。《学制》废除了江户时代以武士为对象的藩校和以庶民为对象的寺子屋两个系统的学校教育，首次将一切学校教育统一纳入国家的管理，使日本教育开始步入大教育的轨道，为国家主义教育法制的确

---

① ［法］爱弥尔·涂尔干：《教育思想的演进》，李康译，231页，上海，上海人民出版社，2003。

立奠定了基础。① 这主要体现在以下三个方面。第一，《学制》为明治维新时期的日本教育提供了一个较为完整的学制系统。《学制》明文规定，由文部省统辖，全国设 8 大学区。学区是地方教育行政单位，各大学区下设 32 个中学区，中学区下设 210 个小学区；预定全国设 8 所大学、256 所中学、5376 所小学。第二，《学制》的部分内容体现了“教育机会均等”的目标，对普及教育产生了重要的作用。比如，《学制》的序言指出，全民皆学……今后不分男女老幼，邑无不学之户，家无不学之人。第三，《学制》的颁布开启了日本近现代史上教育立法的先河。虽然《学制》在很大程度上存在对西方教育立法的简单移植，有很多教育条令不符合本国的社会经济发展与文化传统，最后被《教育令》取代，但不可否认的是它极大地推动了日本教育体制的改革。

2.《教育令》：探索符合日本国情的教育法制建设

《学制》的颁布开启了日本近代教育法制建设的进程。但是，《学制》由于本身的超前性，并不符合日本的社会经济发展和文化传统。这主要表现在三个方面。一是照搬西方教育法制体系，造成了教育立法的简单堆砌，使地方缺乏教育自主权。日本和法国一样，每个学校在同一天都用同样的教科书，上同样的课；每个学校每天早晨都在同一时间，在同样的广播伴奏下，做着同样的早操。市、町、村共同体对学校、警察和法院，不能行使自治权。② 二是与当时日本的国民经济发展程度不符。公立学校经费的 54％～60％由国民直接负担，致使一些地区发生了捣毁学校等事件，使就学名额达不到预期目标。三是教育内容过于西方化，遭到保守势力的强烈抵制。因此，明治政府于 1879 年宣布废止《学制》，改推行《教育令》。

《教育令》又称《自由教育令》，是由文部次官（大辅）田中不二麻吕制定的，具有亲美色彩。《教育令》赋予地方行政组织较多的教育管理权，强调地方分权自治、尊重多样性办学以及个人自由接受教育等，主张在日本实施非强制性的教育自主发展

① 冯志军：《日本教育法规研究》，硕士学位论文，苏州大学，2004。

② ［美］鲁思·本尼迪克特：《菊与刀》，吕万和、熊达云、王智新译，59 页，北京，商务印书馆，1990。

权。《教育令》明确规定学校的种类为小学校、中学校、大学校、师范学校和专门学校。另外，《教育令》修正了《学制》的很多内容。比如，废除学区制、放宽学龄期的学校教育要求、承认非正规学校普通教育的合法性、缩短公立小学校的学习年限、对私立学校的设立持自由态度、大力精简教学内容、取消学区监督、只设公选的学务委员等。《教育令》修正了《学制》中不切实际的高度集权的中央教育行政管理体制，强化了地方的教育权利，充分利用了地方政权组织形式在教育发展方面的功用。但是，《教育令》存在根本的缺陷，即过分承认地方教育自治权利，忽视了中央政府在推动教育近代化方面的主导作用，造成教育管理的放任自流。具体表现在：《教育令》将教育权完全下放给地方，由其实施自主办学。但很多私立小学仅进行十分单调的教育，地方政府甚至因经费不足而随意废校，且学龄儿童就学时限大大缩短。这样就造成了日本近代教育发展的停滞甚至后退。

（二）明治维新后期至第二次世界大战结束（1881—1945年）：日本国家主义教育制度的形成

1.《修正教育令》：国家主义教育制度的开启

明治维新时期制定的《学制》《教育令》是对欧美等国家教育法律制度的简单移植，忽视并脱离了本国的基本国情，特别对自身的社会经济发展程度和文化教育传统考虑不足。对于儒家文化盛行的日本来说，其教育宗旨及目标与本国文化冲突明显。因此，《学制》和《教育令》实施不久后均被修改和废止。为了应对教育发展的新危机，明治政府适时回应日本国内和国际形势的需要，把西方教育法和本国法律进行了富有成效的融合，颁布了《修正教育令》，又称《强制教育令》。它的基本思想是国家强制办教育，保证教育质量的提高：一方面重新加强了国家对教育的管理和领导，牢牢地控制着国家教育的发展方向；另一方面又在一定程度上保留了先前赋予地方基层组织的教育管理权，实行有限的教育地方自治。

《修正教育令》规定，强化中央对各地教育的监督权力，强制推行国民义务教育；

凡不就学者须经郡长批准，并将义务教育年限从16个月延长为3年；公立、私立学校的创设、停办、就学资格等一律由中央决定；小学校的学期、授课天数、时数等由文部省统一决定；小学课程的设置一律按文部省颁发的教学大纲执行，并将修身课列为首位，加强忠君爱国教育。①

2.《学校令》：国家主义教育制度的完善与定型

1885年，文部大臣森有礼在吸取德国国家主义教育思想的基础上，主张从日本的国情出发，在国内建立以国家主义为中心的教育体制，依据国家办教育的原理，拟订了一整套国民教育计划，即《学校令》。《学校令》是指1886年以后日本政府陆续颁布的《帝国大学令》《小学校令》《中学校令》《师范学校令》的统称。它们的共同之处在于主张一切个人的要求与道德均从属国家及国家权力，教育的宗旨是培养受教育者的国家观念和忠君爱国思想，从而基本确定了日本的国家主义教育制度。

3.《教育敕语》：军国主义教育制度的形成

《教育敕语》是日本国内改革派和保守派妥协的产物。《教育敕语》把适用于军人的武士道扩大至全体国民，要求全国人民忠于天皇，为国效忠献身，进而又将国民的武士道推及全国城乡，有鲜明的军国主义色彩。它妖魔化了国家主义教育的性质，其教育目标逐渐转变为培养“忠孝”的臣民，背离了民主的教育宗旨，成为日本对外发动侵略战争的思想渊源之一。

（三）第二次世界大战后至今：日本现代教育法制建设的完善与成熟

第二次世界大战以后，日本高度重视教育法制建设，颁布了众多教育法律，而且针对非常具体的教育问题制定了相应的法律法规并严格施行。

第二次世界大战前后，日本的教育立法有着鲜明的差异，主要体现在教育法律的渊源上。日本在第二次世界大战以前实行的是教育的敕令主义，以教育敕令为最高的法律规范。这主要是基于日本的明治宪法。明治宪法授予天皇绝对的权力，承

---

① 皮进：《明治时期日本教育法制变革的历史考察》，硕士学位论文，西南政法大学，2005。

认天皇享有范围广泛的君权，其权力可以不经法律、只经敕令来实施。而日本的教育法规以天皇的名义作为天皇圣令颁布，就使日本的国家教育全部置于天皇的特权之下，形成了教育的敕令主义。第二次世界大战以后，日本于 1946 年公布了以和平主义和民主主义为原则的新宪法。新宪法要求教育的重大问题由国会通过法律确定。因此，教育立法由敕令主义改为法律主义。比如，新宪法第二十六条把受教育权规定为国民的基本人权之一，强调其受法律保护，同时明确规定国民受教育的权利和义务。《教育基本法》也是根据新宪法的精神颁布的，是通过国会制定的。这为以后所有重要的教育法规都要通过国会制定开了一个重要的先例。①

1.《教育基本法》：日本近现代教育立法进入教育民主化时期

为了废止《教育敕语》所架构的军国主义教育体制，1947 年，《教育基本法》在日本国会获得通过。《教育基本法》以简洁的语言对日本教育事业的基本原则和宗旨做出了明确规定。

作为日本教育领域的教育宪法，《教育基本法》对日本的教育法制建设具有重要的现实意义。首先，它完全参照了新宪法的民主精神，强调教育民主、教育主权在民，用民主主义取代了军国主义和天皇专制主义，用法律主义取代了敕令主义。其次，作为教育法律的基本法，《教育基本法》对战后日本教育的民主改革起了关键性的作用。其主要表现就是参照《教育基本法》第十一条的相关规定，日本在教育领域制定了一系列的教育法规。比如，《学校教育法》是战后学制改革的法律依据，是一部仅次于《教育基本法》的重要教育法律。除此之外，日本又分门别类制定出一系列的教育法令，包括终身学习法律、学校教育法律、社会教育法律、教育职员法律、教育行政法律、教育财政法律等(见图 3-2)，健全了日本的教育法律体系，促进了日本的教育法制建设。

① 李素敏：《日本教育法制的特点》，载《日本问题研究》，1996(1)。

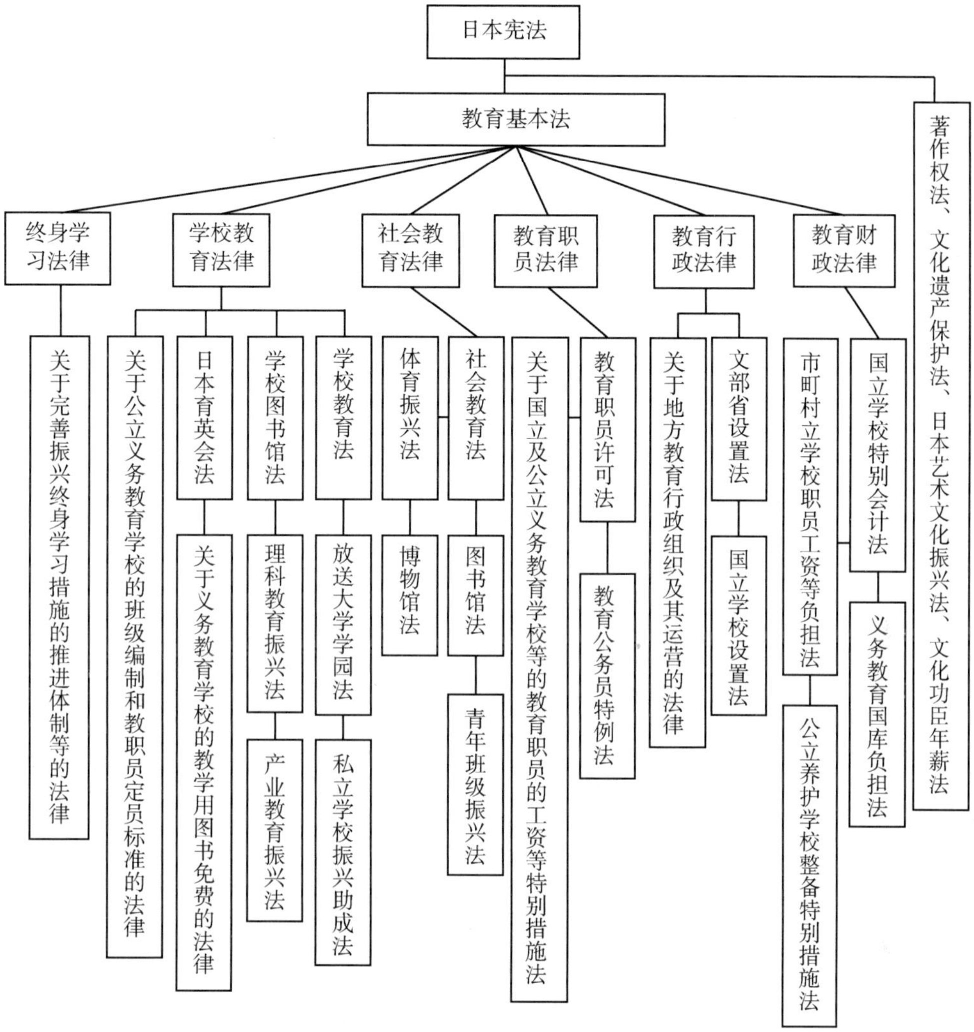

图 3-2 日本教育与文化法律体系①

2.《终身学习振兴法》：日本教育的第三次改革

第二次世界大战以后，日本在教育领域采取的是“拿来主义”的教育体制。但是，随着日本经济实体的不断壮大，该体制越来越不适应日本的现实发展需求。尤其是美国依靠雄厚的创新能力，在信息、生物、材料等高新技术产业方面率先建立了知

① 刘毓：《二战以来日本教育法制特点浅议》，载《外国中小学教育》，1997(6)。

识经济的战略平台，提升了经济战略层次。[①] 美国的发展促使日本政府选择了科技立国战略。另外，兴起于20世纪60年代末的终身教育思潮对日本的教育体制也提出了新的要求。这些都促进了日本的新教育改革。1971年，日本教育审议会会长森户辰男在《关于综合扩充、整顿今后学校教育的基本措施》的咨询报告中宣称，现在要进行的改革是继明治维新时的第一次教育改革、第二次世界大战后的第二次教育改革之后的，维系着国家和社会未来的第三次教育改革。[②] 随后，经过一系列法律的出台和实施，1990年通过了作为第三次教育改革的重要成果的《终生学习振兴法》。

《终生学习振兴法》又称《终生学习整备法》，是日本有关终生学习的第一部法律。它是在综合学校教育、社会教育、体育、文化等各个方面的基础上建立一种终生学习体系，借以改变当前过于偏重学校教育的僵化的、划一的、封闭的教育体系。该法主要有三个重要的规定：一是整备为振兴终生学习的都道府县教育委员会体制，即由都道府县教育委员会去统筹本地区的终生学习；二是各都道府县都要根据各自的地区实际，提出切实可行的振兴本地区终生学习的基本设想，强化地方行政对终生学习的介入；三是为振兴学校教育、社会教育和地区文化，使其更好地向着终生学习体系转变，建立针对有关振兴终生学习的重要事项等进行调查审议的都道府县终生学习审议会，要求市町村建立与其相应的协作机构和团体。[③]

3.《教育基本法》的修订：日本教育改革的新动向

2006年，日本颁布施行了新的《教育基本法》。这是对1947年制定的《教育基本法》的全面修订。从颁布《教育基本法》到修订《教育基本法》，日本的教育民主化历程经历了近60年。但是，随着国际形势的变化以及日本自身谋求国家利益的需要，对教育法律的修订成为日本谋求变革的突破口。《教育基本法》的修订面临如下两个明

① 李仕明、吴坚强、唐小我：《知识经济 高新技术产业 人才——美日经济的发展启示》，载《研究与发展管理》，2000(2)。

② 顾明远、梁忠义：《日本教育》，621页，长春，吉林教育出版社，2000。

③ 李永连：《日本教育立法发展述要》，载《外国教育研究》，1994(1)。

显的历史背景。一是日本国家发展战略转移与发展目标变化的需要。日本政治家希望将教育问题和政治问题纠结在一起，妄图通过教育的变革改变国民的公民理念，推动日本由经济大国向政治大国的迈进。这种教育变革隐藏着强烈的国家主义色彩。二是教育体制内部改革的必然要求。20 世纪 90 年代后，日本教育质量明显下降，出现了多面的“教育病理”问题，如校园暴力、以强凌弱、拒绝上学、孩子的道德及学习欲望下降、家庭对孩子的教育及地区教育的水准下降等。一方面，这是日本教育管理体制和教学方法的问题。另一方面，日本的保守主义者认为《教育基本法》过于强调个人权利及尊重个性，使公共精神、纪律与道德力量遭到了削弱。① 这些因素都促成了《教育基本法》的修订。

《教育基本法》的修订内容主要体现在两个层面。第一个层面是教育基本理念的转变。与旧的《教育基本法》倡导以自由、民主、平等、和平为核心的民主主义教育理念相比，新的《教育基本法》虽然保留了尊重个人的尊严、完善人格等理念，但更明确地提出了尊重公共精神、培育热爱传统文化的新理念。这是以公共、传统、热爱国家为核心的国家主义教育理念。第二个层面是从内容和形式上看，进行形式调整和部分内容的增加。从形式上看，旧的《教育基本法》是由前言和 11 条内容组成的；本次修订后，新的《教育基本法》是由前言和 18 条内容构成的。新的《教育基本法》采用章的形式，可以保证与其他教育法律在形式上的统一，也可以为其增加部分法律条款提供条件。新旧《教育基本法》的内容构成对比参照表 3-3。

表 3-3　新旧《教育基本法》的内容构成对比②

新的《教育基本法》	旧的《教育基本法》
前言（三段构成）	前言（三段构成）
第 1 条　教育目的	第 1 条　教育目的

① 罗朝猛：《日本〈教育基本法〉修订的历程、动因、内容及其争论》，载《比较教育研究》，2007(8)。

② 牛志奎、[日]若井弥一：《日本教育法制建设的新动向——〈教育基本法〉及相关教育法律的修订》，见劳凯声：《中国教育法制评论》第 6 辑，北京，教育科学出版社，2009。

续表

新的《教育基本法》	旧的《教育基本法》
第 2 条　教育目标	第 2 条　教育方针
第 3 条　生涯学习的理念	
第 4 条　教育机会均等	第 3 条　教育机会均等
第 5 条　义务教育	第 4 条　义务教育
第 6 条　学校教育	第 6 条第 1 项　学校教育
第 7 条　大学	
第 8 条　私立学校	
第 9 条　教员	第 6 条第 1 项　教员
第 10 条　家庭教育	
第 11 条　幼儿教育	
第 12 条　社会教育	第 7 条　社会教育
第 13 条　家校合作(学校、家庭以及地区居民的相互协作配合)	
第 14 条　政治教育	第 8 条　政治教育
第 15 条　宗教教育	第 9 条　宗教教育
第 16 条　教育行政	第 10 条　教育行政
第 17 条　教育振兴基本计划	
第 18 条　附则	第 11 条　附则

纵观日本教育立法发展的三个时期，日本教育的法制化进程经历了从敕令主义到法律主义的转变，并在此期间形成了完备的教育法律体系，促进了日本教育的民主化进程，推动和保障了整个国家教育事业的发展。但是，随着 20 世纪 90 年代后期国际形势的变化，日本在教育立法上凸显出的所谓“国家主义”和“爱国主义”传统，为日本教育的民主化进程蒙上了一层阴影，也为爱好和平的国家所警惕。

第二节 我国教育法的历史发展

随着19世纪末20世纪初西方列强的入侵，没落的清王朝为应对危机，效仿日本，开始实践大规模的社会变革。从固着“中学为体”到学习西方政体、兴新学，到最后废除科举、制定各种学堂章程，这种由外而内的制度性变革为我国大规模的教育立法提供了契机。

一、清末教育立法

清末教育立法深植于当时的时代背景。一是清政府的政治危机。19世纪后半期，清政府沦陷为半殖民半封建社会，“国将不存”。二是国外文化的入侵。这包括一系列教堂、教会学校的建立和西方宗教的传播，对中华文化的维系产生了重大的破坏作用，“根将不存”。因此，面临民族存亡危机，不管是统治阶级上层，还是新兴资产阶级、知识分子，都期望通过“兴民智”以挽救国家。这样“政治危机”开始转为“教育危机”。这就成为清末教育立法的时代背景。而清末制定和颁布的系列教育法规也成为我国教育法制近代化的开端。清末的教育立法主要划分为两个时期，分别以《钦定学堂章程》和《奏定学堂章程》为标志。①

（一）清末教育立法的开端（1902—1903年）

这一时期的教育立法以《钦定学堂章程》的制定为标志。1902年，清政府开始酝酿系统的学校立法，并于同年颁布了由管学大臣张百熙借鉴西方学校模式制定的我国近代史上第一部具有教育行政立法性质的完整学制——《钦定学堂章程》，即壬寅学制，但未正式实施。这一时期的教育立法可从学校教育立法、教育行政立法和留

① 张玉堂：《清末教育立法及其特点》，载《四川师范大学学报(社会科学版)》，1993(4)。

学教育立法等层面进行阐述。比如，在学校教育立法方面，制定壬寅学制。在教育行政立法方面，规定中央集权制的教育行政管理模式，初步建立从中央到地方的教育行政机构。1901 年，清政府实行“新政”。张百熙被任命为管学大臣，主管各学堂事务。在留学教育立法方面，清政府针对留学教育中存在的问题，颁布了相关的留学教育单行法规，如《派遣出洋游学办法章程》《奖励游学毕业生章程》《西洋游学简明章程》。这是清政府颁布的第一个比较完整的教育法规系统，也是我国近代教育开始走向依法治教的开端。

（二）清末教育立法的完善（1903—1908 年）

这一时期的教育立法以《奏定学堂章程》的颁布和施行为标志。1904 年，由张之洞、张百熙、荣庆等人奏准，清政府颁布了《奏定学堂章程》，即癸卯学制。该章程包括《奏定学务纲要》《奏定各学堂管理通则》《奏定各学堂考试章程》《奏定各学堂奖励章程》《奏定译学馆章程》《奏定进士馆章程》《奏定任用教员章程》以及奏定各级各类学校章程等。除《奏定学堂章程》外，清政府还在学校教育、教育行政以及留学教育等方面制定了相关法律。首先是学校教育立法。除癸卯学制外，1906 年，清政府颁布《强迫教育章程》，开创了我国义务教育立法的先河。1907 年，清政府又颁布了《奏定女学章程》，包括《女子小学堂章程》和《女子师范学堂章程》。至此，清末学校教育立法体系初步形成。其次是教育行政立法。清政府进一步强化中央集权制的教育行政管理模式。

1905 年，科举制废除后，清政府正式成立专门的中央教育行政管理机构——学部，并颁布了一系列法规，包括《奏酌拟学部官制并归并国子监事宜改定额缺折》《学部官制清单》《各省学务详细官制及办事权限规章清单》《各省学务官制》等。学部设立教育会并将其作为教育行政管理的附属机构，使教育会具有了半官半民的性质。1906 年，学部颁行《教育会章程》，规定在省、府、县设立教育会。其宗旨是辅助各级教育行政工作，普及教育。另外，学部制定了教育督导立法，规定实行分区教育视导制度，以检查、监督、指导教育行政机关和学校的工作。1909 年，学部颁行《视学官章程》，将全国划分为 12 个视学区。每学区涵盖 1～3 个省，按年给每学区派视学官 1～2 人，每年视察 3～4 个学区，3 年内必视察 1 次。此后，各省都制定了视学章程，建立了视学制度。这样从中央到地方形成了较为完备的教育督导立法体系，并建立了多级视学制度。最后是留学教育立法。继续加强留学教育，鼓励学子留学，但是也制定了相关的监督、考核办法以规范留学教育的实施，如《考验游学毕业生章程》《贵胄学堂游学章程》《游学毕业生廷试录用章程》《派遣赴美游学生办法》以及《管理欧洲游学生监督处章程》等。总体来说，这一时期的教育立法基于前期的经验和教训，内容上更加丰富，形式上更加规范，体系上更加完备。

清末教育立法是我国近代社会转型与教育改革发展的历史产物，是清政府为应对政治和社会危机，妄图在不改变政治体制的前提下维持其统治地位的举措。清末教育立法作为我国近代教育法制化的开端，对我国近代教育乃至现代教育的发展都产生了十分深远的影响。从积极影响上看，清末教育立法确立了“新学”的合法地位，为各级各类学校的建立提供了法律依据，在形式上结束了我国封建教育，奠定了我国近代教育体制的基础，总体上体现了近代救国图存的主流意识和近代教育的基本精神，顺应了世界教育发展的趋势和教育法制近代化的潮流。但是，这一时期的教育立法亦存在明显的局限性。清末教育立法未能以宪法的形式和教育基本法的形式规定国家的教育方针、教育目的、公民的受教育权利与义务等教育法制的原则问题，同时在教育宗旨、教育内容中仍充斥着封建教育的成分等。

二、民国时期的教育立法

1912—1949 年，相关部门制定了 1500 多项教育法律法规，其中仅 1927—1949 年公布的教育法律法规就多达 1200 余项。① 在废除清末封建教育法制的同时，我国建立了较为完备的教育法律法规体系，在很大程度上促进和规范了现代教育。民国

① 劳凯声：《变革社会中的教育权与受教育权：教育法学基本问题研究》，49 页，北京，教育科学出版社，2003。

时期的教育立法可分为三个时期，即民国前期的教育立法(1912—1926 年)、国民政府前期的教育立法(1927—1936 年)和全面抗日战争时期的教育立法(1937—1945 年)。

（一）民国前期的教育立法（1912—1926 年）

民国前期的教育立法以民国的建立和新文化运动为契机，具有鲜明的时代特征。一是临时政府成立后，在教育方面提出了振兴民族教育的基本纲领。孙中山更是将教育作为立国之本看待，强化了教育立法的重要性。二是 1915 年陈独秀、李大钊等发动和倡导的新文化运动为进一步的教育革新创造了积极的社会文化条件。新文化运动提倡民主，反对专制；提倡科学，反对迷信；提倡新道德，反对旧道德；提倡新文学，反对文言文。一方面，这是对封建复辟的有力回击；另一方面，这是倡导教育平权，从而为近代教育立法奠定了民主基础。这一时期的教育立法形成了以教育宗旨立法为指引，以教育行政立法为保证，以学校教育立法为核心，以社会教育立法、留学教育立法以及私立学校立法等为重要补充的近代教育法律体系的基本架构，颁布了 340 余项重要的教育法律法规。立法内容主要包括如下方面。①教育宗旨立法。涉及的教育法律法规有《教育宗旨令》《注重德育整饬学风令》《教育部整理教育方案草案》《特定教育纲要》以及《颁定教育要旨》。②学校教育制度立法。涉及的教育法律法规有《普通教育暂行办法》《普通教育暂行课程标准》《小学校令》《中学校令》《师范教育令》《专门学校令》《大学令》《大学规程》《学校系统改革案》(壬戌学制)等。③教育组织立法。涉及的教育法律法规有《教育部官制》《划一现行各省地方行政官厅组织令》《教育厅暂行条例》等。④义务教育立法。涉及的教育法律法规有《强迫教育办法》《义务教育规程细则》《教育部订定分期筹办义务教育年限》等。⑤教师管理立法。民国前期对教师管理的立法比清末更严格，更具有实质性意义。其中，单独立法达 16 项，如《直辖专门以上学校职员任用暂行规程》《小学教员褒奖规程》《小学教员俸给规程》《国立大学职员任用及薪俸规程》《给予教员许可状规程》《小学教职员给予退隐金规程》等。这些立法主要就教师的资格、薪金及生活保障三方面做出了法律规定，构成了一套完整的教师管理制度。

民国前期的教育立法与清末教育立法相比，在立法的性质、内容及立法的规模上都有长足的进步，体现了反封建的精神以及国民教育和实用主义教育的精神，在一定程度上顺应了历史潮流。

（二）国民政府前期的教育立法（1927—1936 年）

1927—1936 年是国民政府教育法制建设的高峰时期。一是确立了具备现代教育立法精神的基本原则，即“三民主义”教育、教育世俗化、教育公共化、教育平等、普及免费义务教育等原则。二是确立了国家对教育的控制权，包括对教会学校和外资办学实行等级注册制度，确立国家的管辖权；制定社会办学的法律法规；建立国家教育行政管理机制；确立教育立法的基本原则；规范学校机构的设置等。通过一系列的教育立法，这一时期逐步形成了形式规范、层次清晰、内容完整、具有较强适用性和可操作性的教育法规体系。具体表现为以下几个特征。①

1. 内容详细具体

国民政府成立后，制定了详细的教育法律法规。这些法规涉及许多具体的规定，如学生姓名的更改、教师资格的确定、学校课程的设置、课时与学分的分配、体育器材、卫生药品的名称和数量等。

2. 法律体系完整

从法律的横向结构分析，教育法分为组织、通则、高等教育、中等教育、国民教育、社会教育、边疆教育、侨民教育八大类；从法律的纵向结构分析，按照法律效力的不同，教育法分为宪法、法律、规程、规则四个层次。其中，《中华民国宪法》居于最高地位，下面没有设教育基本法，而是直接设教育部门法，如《教育部组织法》《大学法》《专科学校法》《学位授予法》《中学法》《国民教育法》《国民体育法》《教育会法》《师范学校法》《职业学校法》等。教育部门法之下是规程、条例，如《私立学

---

① 杨挺：《教育法学》，9 页，重庆，西南师范大学出版社，2011。

校规程》《中学规程》《专科学校规程》《师范学校规程》《职业学校规程》《捐资兴学褒奖条例》等。规程、条例之下是各种规则、细则、办法。所以，这一时期已经基本形成了结构较为完整的教育法律体系。

（三）全面抗日战争时期的教育立法（1937—1945 年）

全面抗日战争时期的教育立法基于特殊的时代背景：一方面是为了挽救民族存亡，保证中华民族民族性的长存；另一方面是为了避免中华民族文化根基的断裂，以及为了抗日战争胜利后国家的长远发展。国民政府和根据地政府颁布了一系列的战时教育立法。

1. 全面抗日战争时期国民政府的教育立法

为了应对抗战大局，同时协调教育发展，国民政府确立了“战时应作平时看”教育指导方针。1938 年，国民党在武昌召开的临时全国代表大会通过《战时各级教育实施方案纲要》，明确规定了战时教育的 9 个方针和 17 项要求。9 个方针和 17 项要求是对“战时应作平时看”教育指导方针的具体化，成为指导战时教育发展的基本原则。

1937—1945 年，国民政府共制定了教育法律法规 560 多项。这些教育法律法规的制定主要从战时教育需要和战后社会发展需要两个层面着手，包括应急性的教育立法和调整性的教育立法。①

一是制定一系列适应战时需要的应急性的教育法律法规。教育立法以配合战时军事、政治、经济需要为重点运作，如《战区内学校处置办法》《高中以上学校学生战时后方服务组织与训练办法大纲》《青年训练大纲》《大学理工学院与经济交通及军备工厂合作办法》以及《创设县市初级实用职业学校实施办法》等。这些教育法律文件涉及战时的军事教育、政治教育、职业教育等，是围绕全面抗日战争这一前提实施的教育立法。

---

① 李露：《论抗战时期的教育立法》，载《集美大学学报》，2002(2)。

二是制定一系列调整性的教育法律法规。从教育发展的自身需要出发，结合当下的时代背景，以国家和社会的长远发展为目标制定教育法律法规。这包括教育制度立法、社会教育立法、高等教育立法、留学教育立法以及边疆教育立法等，如《国民学校法》《强迫入学条例》《补习学校法》《师范学院规程》《文理法三学院各系课程整理办法草案》以及《教育部派遣国外留学公费生管理办法》等。

2. 全面抗日战争时期根据地政府的教育立法

在全面抗日战争的时代背景下，中国共产党领导下的根据地政府实施了战时教育政策。这一时期的教育立法活动具有某些新特点，即关于全国性的教育方针和政策不是由国家政权发布，而是由中共中央及其有关部门直接发出，通过党内文件下达或通过党的机关报向全国人民宣传。①

这一时期相关的重要文件有《中国共产党抗日救国十大纲领》《中央关于积极参加国民党区的小学教育与社会教育的指示》《中共中央关于在职干部教育的决定》《中央关于开展抗日民主地区的国民教育的指示》等。

三、新中国成立以来的教育立法

新中国的法制建设是在废除旧法的前提下开展起来的，是在总结我国革命根据地法制建设经验的基础上发展起来的。这一时期的教育立法是在一种新的制度设计下进行的，没有完整的经验参考；是在一种借鉴与内化、探索与创新的过程中发展起来的。因此，这一时期的教育立法具有明显的阶段性特征，大致经历了如下三个发展时期。②

（一）教育法制建设的开启时期（1949—1956年）

新中国成立后，教育法制建设的主要任务是收回国家教育主权和解决工农子女

① 郝维谦、李连宁：《各国教育法制的比较研究》，288页，北京，人民教育出版社，1997。

② 劳凯声：《变革社会中的教育权与受教育权：教育法学基本问题研究》，54～57页，北京，教育科学出版社，2003。

的受教育权问题。一是收回教育主权，接管全国各级各类学校，取消国民党对学校的统治，建立社会主义教育制度。这一时期的教育立法以教育部召开的第一次全国教育工作会议要求为基本依据。该会议认为我国教育应以老解放区的教育经验为基础，吸收旧中国教育的有用经验，学习苏联教育的先进经验，以确定新中国教育发展的基本方向。二是保障干部、工农子女优先接受教育的权利，贯彻向工农开放的方针。这一时期的教育法律法规有《关于处理接收美国津贴的文化教育救济机关及宗教团体的方针决定》《政务院关于改革学制的决定》《关于接办私立中、小学的指示》。另外，这一时期还陆续颁布了幼儿园、小学、中学、中等专业学校和高等院校等暂行规程。从总体上讲，新中国成立初期主要以行政立法为主，较为缺乏通过法制管理全国教育事业的整体规划。这些行政立法在百废待兴之际，为我国教育的重整、振兴奠定了基础。

（二）教育法制建设的低谷时期（1957—1976 年）

新中国成立后，基于初期的教育法制建设，国家教育事业得到了初步的恢复。但是，随着社会主义改造的完成和中苏关系的冷淡、破裂，围绕如何继续发展社会主义教育的问题，社会上出现了分歧。而后“左”倾主义逐步成为左右国家发展的指导思想，为国家教育事业发展埋下了隐患。在“文化大革命”时期，我国教育法制建设遭到破坏。

1. 教育法制建设的探索与调整期（1957—1965 年）

1956 年，社会主义改造完成，客观上要求新中国进一步加强立法建设，规范社会主义制度，保卫社会主义建设成果。但是，如何继续发展社会主义教育的问题上出现了“左”的倾向。

从 1961 年起，国家开始纠正教育方针中“左”的错误，遵循“调整、巩固、充实、提高”的方针，对教育事业进行重新调整与规划。1961—1963 年，中共中央先后批准了《教育部直属高等学校暂行工作条例(草案)》《全日制中学暂行工作条例(草案)》和《全日制小学暂行工作条例(草案)》，全面系统地总结了新中国成立以来我国学校教育工作正、反两方面的经验，确立了社会主义教育事业的重要原则，制定了各级学校思想政治工作的规范，为各级学校工作规定了明确的工作方针。这三个条例在我国的教育工作中占有重要地位，其中的许多内容至今仍具指导意义。此外，有关部门还先后出台了《中共中央　国务院关于试验改革学制的决定》《国务院关于全日制学校的教学、劳动和生活安排的规定》《国务院关于高等学校教师职务名称及其确定与提升办法的暂行规定》等一批关于学校管理方面的教育法规，形成了一套比较适合我国国情的社会主义教育方针、政策、制度与各类教育的具体规章和管理办法，使各项教育工作逐渐走上正轨，一度出现教育事业繁荣的局面。①

2. 教育法制建设的破坏期（1966—1976 年）

1966—1976 年，学校原有的规章制度被废止，教育法制建设遭到破坏，国家的立法工作也完全停顿。20 世纪 50 年代以来制定的一批教育法律法规丧失了权威性，教育司法工作也失去了其应有的独立性。教育法律不仅没有可能向社会生活各个领域进行渗透，还受到各种非法律手段的侵蚀和支配。

（三）教育法制建设的健康发展时期（1977 年至今）

在这一时期，国家重新架构了完善的教育体系和学制结构，颁布了大、中、小学的工作条例，使学校教学秩序得以恢复。由于这一时期的教育立法是承接我国改革开放的时代背景实施的，因此我们称其为“春风”下的教育立法实践，并将其分为四个时期进行描述。②

1. 教育立法的奠定期（1977—1984 年）

改革开放为我国法制建设准备了必要的条件。1982 年的《宪法》特别突出了民主与法治的精神。它有多条内容规定了教育法制的基本原则，为我国教育事业的发展指明了方向。在教育立法方面，1980 年制定并通过的《学位条例》是新中国成立以来由国家最高立法机关颁布的第一部教育法律。随后，1981 年通过了《中华人民共和国

① 郭泽霞：《中国当代教育立法研究(1949—1985)》，硕士学位论文，曲阜师范大学，2011。

② 袁兆春等：《教育改革与发展：我国教育法体系的完善》，2～4 页，济南，山东人民出版社，2009。

学位条例暂行实施办法》)。它们与《教育部、国家劳动总局关于中等教育结构改革的报告》《全国中小学勤工俭学暂行工作条例》等共同构成了改革开放后我国教育立法的初步成果。

2. 教育立法的启动期(1985—1992年)

1985年，在召开新时期第一次全国教育工作会议的基础上，国家公布了《中共中央关于教育体制改革的决定》(简称《决定》)。《决定》明确指出在简政放权的同时，必须加强教育立法工作。《决定》还具体提到需要制定义务教育法，经全国人民代表大会审议通过后颁行。1986年，第六届全国人民代表大会第四次会议最终通过了《义务教育法》。这是我国第一部以“法”为名称的教育法律，并被许多人视为新时期教育立法的真正启动。在这一时期，第六届全国人民代表大会常务委员会第九次会议通过了《全国人民代表大会常务委员会关于教师节的决定》；国务院发布了《征收教育费附加的暂行规定》《普通高等学校设置暂行条例》《高等教育自学考试暂行条例》《扫除文盲工作条例》《禁止使用童工规定》《义务教育法实施细则》等教育行政法规。再加上大量教育行政规章的出台，这些教育法律法规为后来教育立法的快速发展做了比较充分的准备。此外，地方教育立法也开始受到关注。各个地方的人民代表大会和政府制定了一系列地方性教育法规、规章，设计基础教育、职业教育、成人教育、高等教育等措施。再加上大量地方性教育行政规章，教育立法工作有了切实进展。

3. 教育立法的活跃期(1993—1998年)

1993年，中共中央、国务院印发的《中国教育改革和发展纲要》指出，加快教育法制建设，建立和完善执法监督系统，逐步走上依法治教的轨道；争取到本世纪末，初步建立起教育法律法规体系的框架；地方要从各自的实际出发，加快制定地方性的教育法规。1994年的全国教育工作会议继续明确要求加强教育法制建设，加快教育立法步伐。受此推动，教育立法获得快速发展，取得了十分丰硕的成果。在这一时期，我国颁行了《教师法》《教育法》《职业教育法》《高等教育法》等，制定了《教学成果奖励条例》《残疾人教育条例》《教师资格条例》《社会力量办学条例》等多部教育行政法规，还出台了大量的教育行政规章，再加上地方教育立法的进一步发展，掀起了教育立法的高潮。这一时期可谓教育立法史上的黄金时代。[①] 这一时期以《教育法》的颁布为标志，标志着我国的教育法制建设全面步入正轨。

4. 教育立法的平缓期（1999 年至今）

1999 年，国务院批转教育部《面向 21 世纪教育振兴行动计划》。它是在贯彻落实《教育法》及《中国教育改革和发展纲要》的基础上提出的跨世纪教育改革和发展的蓝图，明确提出 2010 年我国教育发展的目标。《面向 21 世纪教育振兴行动计划》做出判断，教育法规体系基本框架已初步形成。因此，《面向 21 世纪教育振兴行动计划》中少有立法意图，多是依法、贯彻落实有关法律法规的表述。就此，教育立法的势头明显放缓。《民办教育促进法》《中华人民共和国中外合作办学条例》《民办教育促进法实施条例》是这一时期难得的教育行政法规。修正后的《义务教育法》已于 2018 年 12 月 29 日起施行，可以算是这段时期最为重要的事件了。近年来，随着《国家中长期教育改革和发展规划纲要（2010—2020 年）》的颁行，优先促进学前教育建设，促进义务教育均衡发展，强化教育督导等成为新的立法重点。人民也普遍期望教育立法机关在这些方面应有所作为。教育法制建设重新被提上日程，成为教育改革的重点事项之一。

改革开放后，随着我国工作重心的转移和社会民主与法制建设的落实，我国教育立法逐渐步入正轨，并形成了具有中国特色的教育法律体系。其主要标志有两个：一是 1982 年《宪法》有关教育条款的规定为教育法的制定和教育法律体系的完善提供了基本的依据；二是 1995 年《教育法》的实施为我国以后的教育立法提供了更为具体化和准则化的依据。

复习思考题

1. 近代我国教育立法与日本教育立法的相同点与不同点有哪些？

2. 不同历史时期德国职业教育立法的主要内容有哪些？

---

① 高金玲：《关于中国教育法制建设的思考》，载《广西师范大学学报》，2004(3)。

3. 简述我国教育立法不同时期的主要内容。

4. 现代德国、美国、日本教育立法的主要趋向是什么?

案例分析题 1

1862 年，美国国会通过《莫雷尔法》。该法案由议员莫雷尔提议，由美国总统林肯批准。该法案规定，按各州在国会中参议院和众议院人数的多少，拨给每人 3 万英亩的国有土地；各州应当将这类土地的出售或投资所得收入，用于在 5 年内至少建立一所讲授与农业和机械工业有关的知识的学院。

《莫雷尔法》出台后，联邦政府相继推出一系列补充法案。很快美国就有 28 个州相继建立了 68 所赠地学院。这些赠地学院主要是提供农业与工艺机械教育，此外还提供军事训练和家政教育等。赠地学院后来发展成州立大学。其中，康奈尔大学、威斯康星大学等就是在这一法案的影响下创办或壮大起来的。

《莫雷尔法》及其相关补充法案以法律的形式确定了联邦政府通过资金资助职业教育的做法，对美国以后职业教育的稳步发展起到了重要的作用。《莫雷尔法》是美国高等教育史上较早也是较重要的法案之一，对美国甚至世界高等教育的发展产生了深远的影响。

问题：结合上述素材试着分析在现代教育发展的进程中教育法发展的趋势和应发挥的功能。

案例分析题 2

20 世纪 70 年代，美国哥伦比亚特区 7 位身心障碍儿童的家长状告哥伦比亚特区教育委员会，诉求当地教育行政部门应当履行保护特殊儿童教育权利的职责。

原告的控告原因包括：①被告没有为各类身心障碍儿童提供公立教育与训练；②没有依据联邦宪法所规定的法律正当程序，即任意对身心障碍儿童做出停学、开除等行为。

法院经调查发现，哥伦比亚特区在 1970 年有 22000 名身心障碍儿童，包括智能不足、情绪困扰、视力障碍、听力障碍、学习障碍及其他障碍，但只有 4000 名接受了特殊教育。在 1971 年学校开学以后，原告的身心障碍子女仍然被拒入学，因此他们提起诉讼。由于原告所提的证据确凿，且被告在法院中也都承认，联邦地区法院遂在 1972 年做出判决。其内容如下。

①哥伦比亚特区教育委员会必须依照哥伦比亚特区法律规定，为所有身心障碍儿童提供特殊教育，否则就违反联邦宪法的法律平等保护与法律正当程序原则。

②哥伦比亚特区教育委员会、教育行政机关与学校要将各类身心障碍儿童短期或长期停学，均须具备法律正当程序，并以听证会的裁决结果为依据。

③哥伦比亚特区教育委员会不可以教育经费不足为理由而拒绝办特殊教育。经费不足不可作为不尽义务的借口，联邦宪法所赋予人民的宪政权利是优先于对经费是否足够的考虑。

④如果教育经费不足，则哥伦比亚特区教育委员会应视情况，公平地加以分配运用，不可将大部分经费与人力资源投入普通教育部门，而使特殊教育发展受到不利的影响。

⑤学校教育委员会及所属机关学校不可让身心障碍儿童长期停学，除非提供下列替代性教育服务措施。

一是提供适当的特殊教育。

二是提供学费补助而将身心障碍儿童安置在私立学校。

三是儿童的家长与学校当局对于安置地点有分歧而无法确定时，应举行合乎法律正当程序的听证会来裁决。

四是教育行政机关应定期检讨个别身心障碍儿童的安置状况是否合适。

五是提供其他适当的替代性安置措施。

问题：(1)列举美国和我国在保障特殊儿童受教育权利方面的主要立法。

(2)分析特殊儿童享有受教育权的法理依据。

第四章　教育行政机关

学习目的和要求

1. 了解教育行政机关的含义及设置。
2. 掌握教育行政法律关系的内涵。
3. 理解教育行政机关的职权。
4. 掌握教育行政责任的构成要素与种类。
5. 了解教育公务员的权利与义务。

具体教学内容

1. 教育行政机关的法律地位
2. 教育行政机关的职权
3. 教育行政机关的责任
4. 教育公务员的权利与义务

第一节　教育行政机关概述

一、教育行政机关的含义

（一）行政机关

行政机关是国家机关的一个组成部分，是为了实现行政目的而依法设置，承担行政事务并能独立进行行政管理的基本组织体。当今国家机关一般分为立法机关、司法机关和行政机关。国家立法机关主要行使立法权，我国的立法机关是全国人民代表大会及其常务委员会和地方各级人民代表大会及其常务委员会。国家司法机关行使司法权，我国的司法机关包括人民法院系统和人民检察院系统。人民法院系统包括最高人民法院、地方人民法院和军事法院；人民检察院系统包括最高人民检察院、地方人民检察院和军事检察院。国家行政机关行使行政权，我国的行政机关分为中央行政机关和地方行政机关。中央行政机关即国务院或中央人民政府，地方行政机关即地方各级人民政府。

（二）教育行政机关

教育行政机关是依宪法、组织法的规定而设置的，代表国家从事教育行政管理，行使国家教育行政职权的国家机关。《教育法》第十五条规定：“国务院教育行政部门主管全国教育工作，统筹规划、协调管理全国的教育事业。县级以上地方各级人民政府教育行政部门主管本行政区域内的教育工作。县级以上各级人民政府其他有关部门在各自的职责范围内，负责有关的教育工作。”我国的教育行政机关分为中央教育行政机关和地方教育行政机关，并由中央教育机构，省、自治区、直辖市教育委员会机构，地区行政公署、自治州人民政府、省辖市以及直辖市区县教育行政机构，县、县级市教育委员会机构，以及乡镇教育委员会机构等构成。

教育行政机关的具体含义可以从以下几个方面来理解。

第一，教育行政机关是国家机关，是由国家设置，代表国家行使教育行政职能的国家机关。教育行政机关有别于政党、社会团体与组织。政党，特别是执政党，虽然对国家的政治、经济、文化、教育发挥着重要的甚至是决定性的作用，但是它们不是国家机关。社会团体与组织虽然在某些情况下可以通过法律法规的授权，来行使相应的国家行政职权，但它们不是由国家设置的专门行使国家职能的机构，因而它们并不属于国家机关。根据《宪法》的规定，国务院是最高国家行政机关，国务院行使领导和管理教育、科学、文化、卫生、体育和计划生育工作的职权；地方各级人民政府是地方各级国家行政机关，县级以上地方各级人民政府管理本行政区域内的教育、科学、文化、卫生、体育事业等行政工作；民族自治地方的自治机关自主管理本地方的教育、科学、文化、卫生、体育事业，保护和整理民族的文化遗产，发展和繁荣民族文化。

第二，教育行政机关依法成立，具有独立的法律人格，能以自己的名义独立实施一定的行为，并承担相应的法律后果。教育行政机关在成立时就取得了行政主体资格，并能以自己的名义实施教育行政管理活动。比如，教育行政机关能以自己的名义对外行文、发布命令、做出行政处理决定、参加各种诉讼活动，能对自己的管理活动产生的后果独立承担法律责任。需要注意的是，如果教育行政机关授权其他机构行使职能，后果仍由教育行政机关承担，而不由受托机构承担。

第三，教育行政机关的职能就是实施教育行政管理。教育立法机关、教育司法机关与教育行政机关同是国家机关，但它们的职能不同。教育立法机关是行使国家赋予的教育立法职能，教育司法机关行使国家的教育司法职能，教育行政机关行使的是教育行政管理职能。

二、教育行政机关的法律地位

（一）教育行政机关法律地位的含义

教育行政机关的法律地位是教育行政机关在国家教育行政管理中的职权和职责

的综合体现，是教育行政机关在国家行政机关系统中所处地位的体现。教育行政机关的法律地位主要体现在以下几个方面。

第一，各级教育行政机关都是同级人民政府的组成部门。它们对同级人民政府负责，受同级人民政府的领导和监督，所行使的教育行政权不能违背教育法律法规和同级人民政府的决定、指示、命令，否则将被撤销。

第二，各级教育行政机关都是相对独立的行政主体。它们在遵守宪法、法律和法规的前提下，在各自的职权范围内独立享有相应的行政权。教育行政机关上、下级之间虽然存在业务指导与监督的关系，但下级教育行政机关也有权独立出来，管理自己职权范围内的行政事务。

第三，各级教育行政机关在依法享有行政权的同时必须承担相应的义务。即它们在行使权力的同时必须履行自己的职责、依法行政，做到不失职、不越权、不滥用职权，遵守法定程序，避免行为失当等。

第四，各级教育行政机关的法律地位在不同的法律关系中表现不同。当教育行政机关以管理者的身份同相对人形成权利与义务的关系时，教育行政机关是教育行政主体，代表国家行使教育行政管理权，并接受教育行政管理相对人的监督，法律地位表现为教育行政法律关系。当教育行政机关以民事身份同其他主体形成权利与义务的关系时，教育行政机关是民事主体，是机关法人，与其他主体的地位是平等的，法律地位表现为教育民事法律关系。

（二）行政法律关系中的教育行政机关

行政法律关系指的是在实现国家行政职能的过程中为行政法律规范所调整的行政主体与其相对人之间形成的权利和义务关系。行政法律关系包括以下几层含义：第一，它是在行政机关行使行政职能过程中产生的；第二，它是行政法律规范调整的法律关系主体之间的关系。

教育行政法律关系是教育行政机关在行使教育行政职能过程中与其他国家机关、

行政机关、自然人及社会其他组织形成的各种各样的行政法律关系。教育行政法律关系具有以下几个特征。

1. 教育行政法律关系具有不对等性

教育行政机关与教育行政管理相对人之间是管理与被管理的关系，而不是对等的关系。教育行政法律关系的不对等性具体体现在行政行为的强制性上。由于教育行政机关是以国家的名义实施行政行为，并以国家强制力来保障的，因此当教育行政机关的行政行为实施在遇到阻碍时，教育行政机关可以采用一切行政权力和手段，或依法借助其他国家机关的强制手段，保证其行政行为的实施。

2. 教育行政法律关系具有单方意志性

教育行政机关颁布命令，教育行政相对人实施命令。教育行政机关在其法定授权范围内可自行决定和直接实施行政行为，而无须与行政相对方协商或征得相对方的同意。行政行为的单方意志性表现在教育行政机关可依职权实施相应的行政行为。比如，教育行政机关对违反国家有关规定举办学校的，有权予以撤销，没收违法所得等。同时行政行为的单方意志性也体现在教育行政机关应该针对教育行政相对人的申请而实施一定的行为，如颁发办学许可证等。虽然这些行为是以相对方提出申请而做出的，但相对方的申请是否能得到准许，都由教育行政机关依法自行决定，而无须与相对方协商或讨价还价。

3. 教育行政法律关系具有效力先定性

凡与教育行政法律关系有关的行政行为都具有效力先定性。效力先定性是指行政行为一经做出，就推定其符合法律规定，在未被宣布无效之前对教育行政机关本身和相对方以及其他国家机关都具有拘束力，要求任何个人或团体有义务遵守和服从。这种效力先定性源于行政行为是为了维护公共秩序、公共利益，需要通过这种特权来保障公共秩序和公共利益的实现。教育行政法律关系主体具有效力先定性，体现为教育行政法律关系主体不能任意选择对方。一方必定是行使教育行政职权的国家教育行政机关及其工作人员或受其委托的其他机关、团体或个人，另一方是教育行政管理相对人。比如，《教育法》第十五条规定："县级以上地方各级人民政府教育行政部门主管本行政区域内的教育工作。"

（三）民事法律关系中的教育行政机关

民事法律关系指的是由民事法律规范所调整的社会关系，也就是由民事法律规范所确认和保护的以民事权利和民事义务为基本内容的社会关系。民法调整的是平等的自然人之间、法人之间、自然人与法人之间的人身权和财产权的关系。受民法调整的民事法律关系具有以下特点。①

1. 民事法律关系是以民事权利和民事义务为基本内容的社会关系

民法调整一定的财产关系和人身关系，赋予当事人一定的民事权利并要求其承担相应的义务。在民事法律关系产生以后，民事法律规范所确定的抽象的民事权利和民事义务便落实为约束当事人行为的具体民事权利和民事义务。民事法律关系与其他法律关系的重要区别是，民事法律关系调整的内容是平等主体之间的民事权利和民事义务。

2. 民事法律关系调整的是平等主体之间的关系

在民事法律关系中，法律关系主体相互独立、地位平等。法律关系主体的权利与义务原则上相互对等，任何一方在享有权利的同时也相应地承担一定的义务。

3. 民事法律关系主要是财产关系和人身关系

根据《民法典》的规定，民法调整平等主体的自然人、法人或非法人组织之间的人身关系和财产关系。民事主体的人身权利、财产权利以及其他合法权益受法律保护，任何组织或者个人不得侵犯。例如，基于教育合同而形成的关系要求教育合同必须贯彻民法的自愿公平和诚实信用原则；合同一方既享有权利，又须履行义务；因一方违约造成另一方损失的，应承担相应责任。

---

① 陈鹏、祁占勇：《教育法学的理论与实践》，257～258页，北京，中国社会科学出版社，2006。

4. 民事法律关系是以财产补偿为主要形式的法律关系

民事责任可大致分为财产性与非财产性民事责任，前者的运用范围比较广泛。在教育实践中，除财产性损害外，人身权受损、精神损害赔偿等非财产性民事责任的运用日渐增多。尤其是在财产价值较小，受侵害主体并不追求财产价值的恢复或赔偿时，赔礼道歉等可能成为较适当的救济方式。

在教育民事法律关系中，教育行政机关与其他法人的关系受民法调整。不同于行政机关与相对人之间的管理与被管理的隶属关系，在教育民事法律关系中，教育行政机关作为机关法人与其他法人的地位是平等的，其法律关系具有上述民事法律关系的特点。在教育实践中，教育行政机关基于教育合同与其他法律关系主体形成的法律关系就是一种平等的教育民事法律关系。

（四）教育行政机关与学校及其他教育机构的法律关系

自从国家教育权产生之后，教育权在国家与学校之间不断发生着各种变化。教育就是在这两条不断变化的轨道中运行与发展的。教育发展的历史已经证明，一方面，教育的繁荣与发展是与一个国家掌握的教育管理权相适应的。国家掌握教育管理权以后，为了发展教育，不断寻求提高人才培养质量的措施与手段。首先，必须确定国家对教育事务在哪些方面进行干预与控制，即要确定国家教育管理权与学校教育管理权之间的关系。其次，在权力隶属关系确定之后，必须确定国家利用什么样的形式对教育事务进行干预与控制。随着人类社会的发展，国家对教育事务进行干预与控制的形式的法制规定性越来越强，并逐渐走向专业立法的道路。具体表现为国家通过教育法律、规章制度等对中央与地方政府教育管理权限的划分、教育经费的保障、教育发展的规模以及教育内容的确定等方面进行干预与控制。另一方面，国家对教育进行过多的干预与管理反而会妨碍教育的发展，因此必须逐步下放管理权，加大学校的办学自主权以及对教育教学的管理权。国家对此也制定了相应的法律法规用以保证与规范学校及其他教育机构内部所享有的权利。因此，教育行政部门与学校及其他教育机构之间既有纵向的行政法律关系，又有横向的民事法律关系，即平行独立的属性与纵向的服从属性相统一，是一种复合的关系。

1. 隶属关系

根据《教育法》第八十二条的规定，学校或者其他教育机构违反本法规定，颁发学位证书、学历证书或者其他学业证书的，由教育行政部门或者其他有关行政部门宣布证书无效，责令收回或者予以没收；有违法所得的，没收违法所得；情节严重的，责令停止相关招生资格一年以上三年以下，直至撤销招生资格、颁发证书资格。

2. 相对独立

根据《教育法》第二十九条的规定，学校及其他教育机构行使下列权利：①按照章程自主管理；②组织实施教育教学活动；③招收学生或其他受教育者；④对受教育者进行学籍管理，实施奖励或者处分；⑤对受教育者颁发相应的毕业证书；⑥聘任教师及其他职工，实施奖励或者处分；⑦管理、使用本单位的设施和经费；⑧拒绝任何组织和个人对教育教学活动的非法干涉；⑨法律法规规定的其他权利。国家保护学校及其他教育机构的合法权益不受侵犯。由此可知，我国学校和其他教育机构内部领导体制应按照民主管理和监督的原则建立。学校及其他教育机构都应当按照国家法律法规及规章、政策的规定，建立以教师为主体的教职工代表大会和其他审议、咨询、监督机构，保障教职工参与民主管理和对领导机构的管理活动进行监督的权利。

教育行政机关是在同级人民政府的领导下独立行使国家行政职能的行政法律关系主体。这种独立体现在以下方面：①教育行政机关是同级人民政府的组成部分，对同级人民政府负责。其行政权力不得违反教育法和同级人民政府决定、指示、命令，否则该行为无效，将被撤销。同时，各级教育行政机关非经授权不得代行本级人民政府的权力。②教育行政机关在遵守宪法和教育法律法规的前提下，根据需要，有权独立行使主管事项的决定权，不必请示人民政府。③教育行政机关专门行使教育行政权，不受其他机关的非法干涉。④各级教育行政机关都是相对独立的行政法律关系主体。教育行政机关上级虽然与下级有执法监督、业务指导关系，但下级教育行政机关也有权以自己的名义独立处理自己职权范围内的教育行政事务，并承担相应的法律责任。

作为一种公务主体，上、下级教育行政机关之间存在一种公务关系。一是上、下级教育行政机关之间不存在从属关系，它们都是独立的行政法人；二是上、下级教育行政机关之间存在执法监督关系，即上级教育行政机关通过行政复议等途径可以撤销下级教育行政机关违法或不当的决定，达到监督的目的；三是上级教育行政机关在公务职责范围内可以对下级教育行政机关进行指导，主要是指导其贯彻党的教育方针、政策，同时也对专门业务进行指导。

把握教育行政机关的法律地位是很重要的。在现实工作中，有的教育行政机关认为自身不是执法机关，因而疏于履行教育行政执法职责；有的教育行政机关在未很好履行教育行政职责的同时，又在法定权限外为下级教育行政机关乃至政府设定义务。因此，出现了该管的事没有管，无权管的事又越权管的现象，这是应该克服与避免的。

案例

权力清单制度是以习近平同志为核心的党中央为建成职能科学、权责法定、执法严明、公开公正、廉洁高效、守法诚信的法治政府，基于法无授权不可为和有权必受监督的理念做出的一项重要行政制度安排。中共中央办公厅、国务院办公厅在 2015 年印发的《关于推行地方各级政府工作部门权力清单制度的指导意见》是政府权力清单制度建设的重要组成部分。教育行政权力清单制度对于限制和规范教育行政部门权力、监督其合法合理用权、保障教育行政相对人合法权益同样具有重要价值。评价教育行政部门权力清单制度建设是否到位，省级教育行政部门是最好的观测点，如表 4-1 所示。

表 4-1　省级教育行政部门权力清单法律法规规章依据数目统计①

地区	行政许可	行政处罚	行政确认	行政奖励	其他类别	行政强制	行政给付	行政征收	行政检查	行政裁决	公共服务
北京	10		2	6＋1	37＋2		1		3＋1		
天津	6＋2	11＋1	3	8	12＋1		1		11＋2		
河北	16＋2		8＋6		9＋1						
山西	13＋2	19＋3	10＋3	14＋4	11＋1						
内蒙古	3	5			1						
辽宁	7	6＋1	10＋7	16＋3							5＋1
吉林											
黑龙江	21＋1										
上海	10	11＋2	6＋2		2	1	4＋1				
江苏	20＋3	17＋2	4＋4	19＋3	29＋29		4＋2				
浙江	6＋1	10	4＋8	5＋2	4＋4						
安徽		1	＋2		7＋6						
福建	7	11＋1	6	6＋2	22＋5				22＋17		26＋17
江西	9	9	3＋6	4＋1	8	2	6＋2	1			
山东	7	14＋1	3		7＋1						
河南	5	8	1		8＋1				1		
湖北	11	14＋1	18＋6	4＋4	27＋6				5		14
湖南	13		6	14＋1	1		1				
广东	17＋10	17＋7		2＋2	34＋13		4＋1		12＋3	2	
广西	16＋1	13	6＋2	6＋3	10＋1				8		
海南	5	13	19＋6	10＋3	43＋2		2＋2		3		
四川	8＋3	15＋2	2		2						
重庆	14＋1		1＋4	1＋2							
贵州	4	5		1＋2							
云南	14＋1	12＋2	5＋1	2＋1	20＋6					3＋2	
西藏	10＋1	21	16＋2	11＋5	20＋1		2		4	2	
陕西	15＋2		2＋1	5＋3							
甘肃	17＋1	13＋2	9＋4	6＋1	21＋9				5＋3		13＋4
青海	10	10＋1	2		10			＋9			
宁夏	13	10	4＋3	10＋3	7＋3				3		
新疆	15	12＋1	9＋1	19＋1	6＋2		8		2＋1	1	

注：表中空格表示无此项行政职权类型。两个数字以“＋”为界，前一数字指国家层面的法律法规规章数目，后一数字为省级政府层面的法律法规规章数目；表中没有“＋”且只有一个数字，该数字指的是国家层面法律法规规章数目。

① 李从浩:《省级教育行政部门权力清单的规范化改进》,载《高等教育研究》,2020(6)。

讨论：权力清单制度是否有利于教育行政部门进行规范管理？

分析：权力清单制度是有利于教育行政部门进行规范管理的，体现了“法无授权不可为”的理念。但规范管理需要相关法律体系和配套制度提供坚实的保障。在实际操作过程中，应该尽量避免法定依据不一致、类别和内容不一致、执行和监督不一致等问题，因为这些问题会侵蚀和影响权力清单制度实行的权威性和有效性。

第二节　教育行政机关的职权

一、教育行政机关的设置

在我国，中央和地方各级人民政府都设有教育行政机关，专门管理教育事业。按照教育行政机关的管辖权限和范围，教育行政机关可分为中央教育行政机关和地方教育行政机关。中央教育行政机关，即国务院及其下设的教育部。教育部是国务院主管全国教育工作的综合职能部门。地方教育行政机关按层级依次为省(自治区、直辖市)教育厅(教育委员会)、市教育局、县(区)教育局；乡镇设有联校；民族自治地方的自治机关自主管理本地方的教育事业。各级教育行政机关是人民政府主管教育工作的职能部门，遵循在中央统一领导下充分发挥地方的主动性和积极性的原则，在同级人民政府的领导下负责教育工作的统筹规划、政策指导、组织协调、监督检查、提供服务，具体行使各项教育行政管理权。

与教育行政机关的设置相适应，我国的教育行政管理采取中央统一领导下的分级管理体制。《教育法》第十四条规定：“国务院和地方各级人民政府根据分级管理、分工负责的原则，领导和管理教育工作。中等及中等以下教育在国务院领导下，由地方人民政府管理。高等教育由国务院和省、自治区、直辖市人民政府管理。”《教育法》第十六条规定："国务院和县级以上地方各级人民政府应当向本级人民代表大会或者其常务委员会报告教育工作和教育经费预算、决算情况，接受监督。"概括起来就是，在中央方针政策的指导下，对教育事业的管理实行中央教育行政管理与地方教育行政管理相结合的方式。具体而言，中央教育行政机关在国务院的领导下工作；地方教育行政机关既要接受本级人民政府的统一领导，又要接受上级教育行政机关的业务指导，同时又享有较大的自主权。正如《中共中央关于教育体制改革的决定》所规定："基础教育管理权属于地方。除大政方针和宏观规划由中央决定外，具体政策、制度、计划的制定和实施，以及对学校的领导、管理和检查，责任和权力都交给地方。"

二、教育行政职权

教育行政机关只有具备了教育行政职权，才能以自己的名义实施行政行为。职权是指职务范围以内的权力。教育行政职权是教育行政机关实施国家教育行政活动的权能。各级教育行政机关具有主管本行政区域内教育的行政职权。

国家教育行政职权主要来自以下两个方面。一是固有的职权。教育行政机关是依法设立的，其职权自其设立时就已经产生，只有在被撤销时才会丧失。我国教育行政机关的主要职权来源于宪法、组织法和教育法的直接规定。比如，根据《宪法》第八十九条的规定，国务院领导和管理教育、科学、文化、卫生、体育和计划生育工作。《宪法》第一百零七条规定："县级以上地方各级人民政府依照法律规定的权限，管理本行政区域内的经济、教育、科学、文化、卫生、体育事业、城乡建设事业和财政、民政、公安、民族事务、司法行政、计划生育等行政工作，发布决定和命令，任免、培训、考核和奖惩行政工作人员。"《宪法》第一百一十九条规定："民族自治地方的自治机关自主地管理本地方的教育、科学、文化、卫生、体育事业，保护和整理民族的文化遗产，发展和繁荣民族文化。"二是授予职权。授予职权来自有关法律的规定，也来自其他国家机关、其他行政机关、社会企事业单位的授权和委托。这类职权既可因授权的收回而消失，也可因行政主体资格的撤销而丧失。

三、教育行政机关职权的内容

各级教育行政机关的具体职权虽然各不相同，但大体包括以下内容：制定、发布具有普遍约束力的规范性文件；对教育机构的设置、调整进行审批；对教学计划、课程、教科书和学生用书进行审定；管理学校；对招生、考试、录取、学籍的管理；对教育教学人员专业技术职务的管理；学位管理；主管学校及其他教育机构的人事任免；对下级人民政府及教育行政部门教育工作的指导、监督；对同级其他行政部门的教育工作的协调、监督；对违反教育法行为的处罚和强制；对同级人民政府就教育工作提出建议。以上职权的具体内容如下。①

（一）教育行政创制权

教育行政创制权也称立法权，主要指国家教育行政机关根据宪法和法律所拥有的制定和发布教育行政法规和教育规章的权力。教育行政机关的立法权主要来自以下两个方面：一是权力机关的授权和委托；二是宪法和教育行政法的规定。例如，经国务院批准发布的《义务教育法实施细则》。教育行政机关制定和发布教育行政法规和教育规章的目的在于：一方面通过制定和发布教育行政法规和教育规章规范自身的组织设置、人员配置、工作程序等；另一方面通过制定和发布教育行政法规和教育规章来贯彻教育法的实施，使教育法的原则性要求得到具体的遵守与执行。

（二）教育行政决定权

教育行政决定权即教育行政机关依法对教育行政管理中具体事件的处理权。一方面，教育行政机关的决定权体现为教育行政机关的创制权。教育行政机关制定和发布相关的教育行政法规和教育规章的过程，实质上就是教育行政机关对教育事业管理的决定权的体现。另一方面，教育行政机关在实施行政行为的过程中，对有关事项的处理有决定权，如对教育发展规划的制定、教育经费的预算、教育机构人员的任免和处分等都具有决定权。

---

① 黄崴：《教育法学》，123～129页，广州，广东高等教育出版社，2002。

（三）教育行政命令权

教育行政命令权就是教育行政机关依法发布命令，要求特定的人或不特定的人实施一定行为或不实施一定的行为，命令相对人一方当事人必须服从的权力。从实际组织的运行过程分析，命令与服从是教育行政工作正常进行的必要条件。在具体的教育工作中，教育行政法规的贯彻执行主要依靠行政命令。例如，对没有教师资格证的个体，教育行政部门命令学校或者教育机构不允许聘任其为教师；对没有招生资格的学校或者教育机构，教育行政部门下令禁止其违规招生；等等。教育行政命令权是教育行政创制权和教育行政决定权的延伸。没有教育行政创制权和教育行政决定权，就没有教育行政机关在内部管理和处理教育行政相对人的教育行政命令权。

（四）教育行政执法权

教育行政执法权是教育行政机关或其工作人员根据有关法律规定或者上级决定、命令而实施的具体执法的行为，也是国家行政机关及其公务员具体适用法律法规的行为。教育行政执法权是教育行政机关依照法律规定的权限管理教育事业的一种权能，是教育法规实施的基本前提。我国教育行政机关是国家权力机关的执行机关，国家有关教育的法律法规都要通过教育行政机关的行政执法来实施。教育行政执法权包括制定推行教育法规的措施，对公民、社会组织和其他社会力量遵守教育法规状况进行监督检查，以及进行教育行政制裁，即对违反教育法的行为采取制裁措施。

（五）教育行政强制权

教育行政强制权即在教育行政管理中，法定义务人或某项具体行政法律关系的义务人若不履行义务时，教育行政机关有权采取一系列法定的强制措施，以督促法定义务的履行。教育行政强制权体现的是国家在教育领域的意志性，是教育行政有效性的重要前提。如果教育行政机关的行政对象拒绝履行教育行政机关设定的教育义务，教育行政机关有依法强制执行和申请人民法院或公安机关强制执行的权利。

社会组织或个人如果违反国家有关规定，举办学校或者其他教育机构，教育行政部门有权予以撤销；如果有违法所得，教育行政部门有权没收违法所得。若社会组织或个人不服从，教育行政机关有权采取法定的强制措施，申请人民法院或公安机关采取强制手段，达到恢复正常教育秩序的目的。

（六）教育行政处罚权

教育行政处罚权主要指教育行政机关对违反法律法规规定的教育行政相对人所行使的惩罚权力。教育行政处罚权是教育行政机关维护教育秩序、保护公众教育利益必不可少的权力。根据《教育行政处罚暂行实施办法》的规定，教育行政处罚权包含以下方面。第一，必须是县级以上人民政府的教育行政部门实施处罚，除非法律法规另有规定。第二，教育行政部门可以委托符合《中华人民共和国行政处罚法》（简称《行政处罚法》）规定的组织实施处罚，受委托组织应以委托教育行政部门的名义做出处罚决定；委托教育行政部门应当对受委托组织实施处罚的行为进行监督，并对其处罚行为的后果负法律责任。同时，教育行政部门委托实施处罚，应当与受委托组织签订教育行政处罚委托书，在教育行政处罚委托书中依法规定双方实施处罚的权利与义务。

教育行政机关的教育行政处罚权在实施过程中体现的只能是教育行政制裁。教育行政制裁是对违反法律法规，但尚未构成犯罪的行为进行的处罚。另外，教育行政处罚主要针对教育领域中的违法行为，而非针对所有的违法行为。《教育行政处罚暂行实施办法》的第三章对处罚种类和主要违法情形都有非常明确的规定。

（七）教育行政监督权

教育行政监督权主要是教育行政机关依照宪法和法律法规对教育行政相对人进行检查、监督的一种权力。教育行政监督通常有两种情形：一是教育行政机关内部各级行政机构自身的相互监督，有可能是上级对下级的检查与监督，也可能是同级不同部门之间的监督；二是教育行政机关对教育行政相对人执行国家法律法规和政策以及教育行政处理决定的情况进行的检查和监督。教育行政监督的意义在于能够及时了解教育法律法规、政策的贯彻、落实、实施的具体情况，及时对违法行为进行惩处，对模范守法和执法相对人进行奖励，最终有利于教育法律法规、政策的落实。在教育行政监督相关的法律法规中，《高等教育法》第四十四条规定：“高等学校应当建立本学校办学水平、教育质量的评价制度，及时公开相关信息，接受社会监督。”《义务教育法实施细则》第三十五条规定：“县级以上各级人民政府应当建立对实施义务教育的工作进行监督、指导、检查的制度。”《义务教育法实施细则》第三十六条规定：“实施义务教育的学校及其他机构，在实施义务教育工作上，接受当地人民政府及其教育主管部门的管理、指导和监督。”

（八）教育行政奖励权

教育行政奖励权是教育行政主体依法律法规的规定，以物质、精神或两者合一的形式，赋予对教育工作做出贡献的主体奖励的权力。虽然教育行政奖励是教育行政主体的一种无强制执行力的具体行政行为，教育行政相对人可以自由决定是否接受奖励，但这是教育行政主体实施有效教育管理的重要手段。

教育行政的奖励对象可以是单位、班级、团队，也可以是教师、学生等；奖励范围非常广泛；奖励项目也十分多样化。例如，《义务教育法实施细则》第三十七条规定：“地方各级人民政府对为实施义务教育作出突出贡献的企业事业单位、学校、社会团体、部队、居(村)民组织和公民，给予奖励。”《教师法》第三十三条规定：“教师在教育教学、培养人才、科学研究、教学改革、学校建设、社会服务、勤工俭学等方面成绩优异的，由所在学校予以表彰、奖励。国务院和地方各级人民政府及其有关部门对有突出贡献的教师，应当予以表彰、奖励。对有重大贡献的教师，依照国家有关规定授予荣誉称号。”

（九）教育行政给付权

行政给付也称行政物质帮助，是指行政机关依法为特定的相对人提供物质利益或与物质利益有关的权益的行为。其中，物质权益主要表现为给付相对人一定数量的金钱或实物。与物质有关的权益的表现形式有很多，如让相对人免费入学接受教育、给予相对人享受公费医疗待遇等。

教育行政给付是教育行政机关职权的重要内容，集中体现教育的公益性原则。例如，《教育法》第十条规定：“国家根据各少数民族的特点和需要，帮助各少数民族地区发展教育事业。”“国家扶持和发展残疾人教育事业。”此外，在自然灾害等突发事件中，教育行政给付还突出地表现为保障入学、生活补助、安置校舍、考试招生优待、心理安抚等。

（十）教育行政复议权

在我国的教育行政救济制度中，教育行政复议是一条极为重要的救济途径。教育行政复议是指教育管理相对人认为教育行政机关做出的具体行政行为侵犯其合法权益，向做出该行为的机关的上一级教育行政机关或该机关所属的本级人民政府提出申请；同时受理申请的行政机关对发生争议的具体行政行为进行复查并做出决定的活动。

行政复议是行政复议机关一项比较重要的职权。根据《中华人民共和国行政复议法》（简称《行政复议法》）第四条的规定，县级以上各级人民政府以及其他依照本法履行行政复议职责的行政机关是行政复议机关。

行政复议机关办理行政复议事项的机构是行政复议机构。行政复议机构同时组织办理行政复议机关的行政应诉事项。

行政复议机关应当加强行政复议工作，支持和保障行政复议机构依法履行职责。上级行政复议机构对下级行政复议机构的行政复议工作进行指导、监督。

国务院行政复议机构可以发布行政复议指导性案例。

我国现行的教育法律法规对教育行政复议的适用做出了原则性的规定。《教育行政处罚暂行实施办法》第三十一条规定：“当事人对行政处罚不服的，有权依据法律、法规的规定，申请行政复议或者提起行政诉讼。行政复议、行政诉讼期间，行政处罚不停止执行。”此外，《国家教育委员会关于〈中华人民共和国教师法〉若干问题的实施意见》关于教师申诉有如下规定，逾期未作处理的，或者久拖不决，其申诉内容涉及人身权、财产权以及其他属于行政复议、行政诉讼受案范围的，申诉人可以依法提起行政复议或者行政诉讼；申诉当事人对申诉处理决定不服的……其申诉内容直接涉及其人身权、财产权及其他属于行政复议、行政诉讼受案范围事项的，可以依法提起行政复议或者行政诉讼。这些规定为我国教育行政复议制度的确立提供了基础。

此外，教育行政机关的职权还包括教育行政指导权、教育行政委托权、教育行政裁决权、教育行政仲裁权等。

案例

某年秋季开学之后，某城镇中学发现辍学学生达 151 人。经镇党委、政府组织镇机关干部、村委会干部下村入户反复做辍学学生家长的思想工作，到 11 月 1 日，有 120 名辍学学生返校复课。仍未返校的辍学学生中，除特殊情况外，均为家长不让去学校继续读书。镇政府认为这些家长因剥夺子女受义务教育的权利而触犯了法律，向法院起诉了他们。

讨论：结合教育行政机关的职权，讨论镇政府状告辍学学生家长的合法性。

分析：第一，本案例中的家长违反了《宪法》。《宪法》第四十六条规定："中华人民共和国公民有受教育的权利和义务。"作为权利，任何人无权对公民的受教育权进行非法剥夺或限制，包括受教育者的父母。第二，教育行政机关依据其教育行政职权有依法组织、督促、监督适龄儿童、少年接受义务教育的权力。《义务教育法》第七条规定："县级以上人民政府教育行政部门具体负责义务教育实施工作；县级以上人民政府其他有关部门在各自的职责范围内负责义务教育实施工作。"《义务教育法》第十三条规定："县级人民政府教育行政部门和乡镇人民政府组织和督促适龄儿童、少年入学，帮助解决适龄儿童、少年接受义务教育的困难，采取措施防止适龄儿童、少年辍学。"《义务教育法》第五十八条规定："适龄儿童、少年的父母或者其他法定监护人无正当理由未依照本法规定送适龄儿童、少年入学接受义务教育的，由当地乡镇人民政府或者县级人民政府教育行政部门给予批评教育，责令限期改正。"

但是本案例中的镇政府在行使教育行政职权的过程中违反了《义务教育法》以及《义务教育法实施细则》的相关精神。依据上述法律法规的规定，如果适龄儿童、少年的父母或者其他法定监护人无正当理由未依照法律法规的规定送适龄儿童、少年入学接受义务教育，当地乡镇人民政府或者县级人民政府教育行政部门只能给予批评教育，责令限期改正。根据《义务教育法实施细则》第四十条的规定，适龄儿童、少年的父母或者其他监护人未按规定送子女或者其他被监护人就学接受义务教育的，农村由乡级人民政府进行批评教育；经教育仍拒不送其子女或者其他被监护人就学的，可视具体情况处以罚款，并采取其他措施使其子女或者其他被监护人就学。这是说教育行政部门只能采取罚款或者其他惩罚措施。

由于本案例中的家长擅自不让子女入学，镇党委等机关工作人员下村入户做家长的思想工作，对其违法行为进行劝阻和制止，是符合法律规定的。经教育仍然不听，镇政府也有权采取法律手段让家长送子女入学。但是，镇政府向法院起诉家长是没有相关的法律依据的。

第三节　教育行政机关的责任

一、教育行政责任的含义与特征

（一）教育行政责任的含义

行政责任是指行政法律关系主体由于违反行政法律规范而承担的否定性法律后果。行政责任是基于行政法律关系而产生的。对于行政主体而言，不依法做出行政行为，不依法实施行政管理，都要承担相应的法律责任；对于行政相对人而言，不履行法定义务，同样要受到法律的追究。

教育行政法律责任是指教育行政机关及其公务人员不履行职责和义务所应承担

的法律后果。法律赋予教育行政机关拥有教育行政职权，也要求教育行政机关在履行教育行政职权的时候必须承担相应的教育行政责任。

（二）教育行政责任的特征

教育行政责任的主体是教育行政法律关系主体，即教育行政主体和教育行政相对方。在教育行政法律关系中，教育行政主体依法享有教育行政职权，负责履行教育行政义务。如果教育行政主体不依法实施教育行政管理、做出教育行政行为，就要承担因此产生的法律责任，即教育行政责任。教育行政相对方在享有权利的同时也必须履行法定的义务。如果教育行政相对方没有履行法定的义务，同样要承担法律责任，即教育行政责任。

教育行政责任是教育行政法律关系主体不履行法定职责所引起的违法性法律后果，以教育行政法律义务为基础，以教育行政违法行为为前提。即如果没有教育行政法律义务和教育行政违法行为，也就没有教育行政责任。

教育行政责任是一种法律责任。教育行政法律规范所规定的责任和义务是追究教育行政责任的依据。教育行政责任是对教育行政违法的救济，有自己独立的内容和承担方式，与其他法律责任不能相互替代。

二、教育行政责任的构成要素与种类

追究行政责任是指在确定行政责任的基础上，有权追究行政责任的机关强制负有责任的行政机关或公务人员履行一定义务。行政法律规范要求国家行政机关及其公务人员在行政活动中履行和承担行政义务。若国家行政机关及其公务人员不履行和承担行政义务，则应追究其行政责任。

（一）教育行政责任的构成要素

教育行政责任的构成要素是追究教育行政责任的必要条件，是衡量教育行政责任的标准。教育行政责任一般由下列要素构成。

1. 教育行政行为具有违法性

教育行政行为违法或不当是教育行政责任产生的前提。教育行政行为违法或不当的依据是教育行政行为违法事实。教育行政行为违法事实是追究教育行政责任、追究何种教育行政责任以及追究谁的教育行政责任的首要条件。但并非所有教育行政违法行为都要追究教育行政责任，尤其是惩罚性的教育行政责任还必须考虑教育行政违法行为的情节和行为人的态度。

2. 教育行政责任主体是教育行政机关及其公务人员

教育行政机关及其公务人员是教育行政责任主体。公务人员在两种情况下会被追究教育行政责任。①教育行政违法行为是公务人员的本人过错所致的，非由机关的命令、委托所致，如越权或滥用职权。这种违法行为属于个人违法行为。按照责任自负原则，在公务人员所在的教育行政机关承担责任后，追究公务人员的教育行政责任。②公务人员的行政违法行为是机关命令所致的。此种行为属机关违法，原则上由机关单独承担责任。但如果公务人员明知机关的命令违法时仍执行，视情节与后果可同时追究公务人员的责任。教育行政机关有教育行政违法行为时，教育行政机关必须承担相应的教育行政责任。教育行政机关领导者的教育行政责任比较复杂；领导者个人违法，适用责任自负原则。如果他所领导的公务人员违法，原则上他不承担责任；但如果因他的失职而构成下属公务人员违法，则应承担责任。

3. 教育行政责任产生于具体教育行政行为

教育行政责任必须产生于具体教育行政行为。具体教育行政行为是指在教育行政管理过程中，教育行政主体针对特定的人或特定的事采取具体行政措施的行为。其行为的内容和结果将直接影响某一个人或组织的权益。这种行为只能由教育行政主体做出。至于是教育行政主体直接做出，还是教育行政主体通过公务员、其他工作人员或依法委托其他社会组织做出，均不影响教育行政行为的性质。教育行政主体做出这种行为，主要是为了行使教育行政职权，履行教育行政职责。

常见的具体行政行为一般包括行政许可与确认、行政奖励与行政给付、行政征收、行政处罚、行政强制、行政监督、行政裁决等。在教育领域，若教师故意不完成教学任务或给教育教学工作造成损失，所在学校、教育局有权给予教师行政处分；若高等学校违反国家规定颁发学位证书、学历证书，情节严重的，教育部或教育厅取消高校颁发证书等，都属于教育行政主体的具体行政行为。

4. 故意或过失

确定教育行政责任，不但需要以事实为依据，以法律为准绳，而且需要考虑教育行政主体的行为性质是过失还是故意。教育行政主体的过失或故意是判断所需承担责任的重要依据。

（二）教育行政责任的种类

教育行政机关承担教育行政责任的形式可分为两种：一是补偿性行政责任；二是惩罚性行政责任。一般来说，教育行政主体主要承担补偿性行政责任，而教育行政主体的工作人员则主要承担惩罚性行政责任。

1. 补偿性行政责任

行政主体是代表国家参与行政法律关系的。根据事故影响的大小，行政主体采取的补偿性行政责任也不同。补偿性行政责任主要包括以下几种具体形式。①赔礼道歉、承认错误。行政主体因违法行政或管理不当而侵害了相对方的合法权益，行政主体的领导和直接责任人员应出面向受害人员赔礼道歉、承认错误。这是一种最轻微的补偿性行政责任。②恢复名誉、消除影响。若行政主体给相对方造成名誉上的损害，应承担这种精神上的补偿性行政责任。③返还权益，将违法剥夺的权益返还。④恢复原状。若行政主体的违法或不当行为给相对方的财产带来改变其原有状态的损害时，一般由行政机关承担恢复原状的补偿性行政责任。⑤停止违法行为，即停止侵害。⑥履行职务。⑦撤销违法的行政行为。⑧纠正不当的行政行为。⑨行政赔偿。

2. 惩罚性行政责任

行政主体的工作人员承担的惩罚性行政责任主要有两类：一是行政处分；二是

行政处罚。

行政处分是行政主体对其系统内部的工作人员实施的一种惩戒，共包括警告、记过、记大过、降级、撤职和开除六种形式。

行政处分与内部行政行为相联系。行政行为以其适用与效力作用的对象和范围为标准，可分为内部行政行为和外部行政行为。内部行政行为是指行政主体在内部行政组织管理过程中所做的只对行政组织内部产生法律效力的行政行为，如行政处分及上级机关对下级机关所下达的行政命令等。外部行政行为是指行政主体在对社会实施行政管理活动过程中针对公民、法人或其他组织所做出的行政行为，如行政许可、行政处罚等。教育行政机关与其内部机构、学校与其所属的教师等的关系皆属内部行政法律关系；而教育行政机关与不送子女接受义务教育的父母的关系、教育行政机关与违法办学的组织和个人的关系、治安管理机关与违反治安管理处罚条例的违法者的关系皆属外部行政法律关系。划分内部行政行为与外部行政行为的意义有三方面。第一，内部行政行为适用内部行政规范，外部行政行为适用外部行政法规范，因而能够采用相应的法律法规所规定的各种手段和方式去进行规范。第二，对于内部行政行为的主体资格，法律没有严格要求；对外部行政行为的主体资格，法律有严格的要求。第三，内部行政行为不适用行政复议程序和行政诉讼程序；外部行政行为在符合法定条件的情况下，可以适用行政复议程序和行政诉讼秩序。

行政处罚是国家特定行政机关或其他行政机关依照法定权限和程序给予违反行政法律法规的组织或个人的一种制裁。《行政处罚法》是我国规范行政处罚行为的主要法律依据。根据《行政处罚法》第九条的规定，行政处罚的种类有：①警告；②罚款；③没收违法所得、没收非法财物；④责令停产停业；⑤暂扣或者吊销许可证件；⑥行政拘留。其中，①属于申诫处罚，②③属于财产处罚，④⑤属于行为处罚，⑥属于人身处罚。

案例

某县常有一些社会闲杂人员到学校寻衅滋事，干扰学校正常的教育教学秩序。学校管理人员、师生和家长对此怨声载道。为维护学校的权益，县教委成立了一支护教队。护教队的任务是通过蹲点巡逻等方式保护学校不受侵扰。县教委指示护教队，对侵扰学校的不法之徒可予以拘禁关押。护教队成立不久，便遭遇到几个社会青年在学校无端闹事。护教队成员一拥而上将他们制服，然后将其关押在县教委机关的一间空房内，并关了两天。此举之后，该县学校的秩序大有好转，一些社会闲杂人员再也不敢到学校闹事了。

讨论：县教委成立的护教队是否有行政处罚权。

分析：工厂可以有护厂队，商场可以请保安队，一些地区的教委为了维护正常的教学秩序成立护教队并无不妥。但是本案例中的县教委的护教队应明确哪些事情可以做、哪些事情不能做。

在本案例中，县教委的护教队拘禁关押滋扰学校教学秩序的社会青年，其实质是对他们行使了剥夺人身自由的行政处罚权。那么教育行政机关有行政处罚权吗？没有。《行政处罚法》第十七条规定："行政处罚由具有行政处罚权的行政机关在法定职权范围内实施。"《行政处罚法》第十八条规定："国务院或者省、自治区、直辖市人民政府可以决定一个行政机关行使有关行政机关的行政处罚权。限制人身自由的行政处罚权只能由公安机关和法律规定的其他机关行使。"也就是说，在众多行政机关中，只有公安机关具有限制人身自由的行政处罚权，教育行政机关无此权力。因此，在本案例中，教育行政机关拘禁社会青年的行为是属于越权的违法行为。依照相关法律，护教队应将不法之徒扭送公安机关。

三、教育行政处罚的程序与执行

实施教育行政处罚，应当根据法定条件和案件的具体情况分别适用。根据《行政处罚法》和《教育行政处罚暂行实施办法》的规定，教育行政处罚的程序一般分为简易程序和一般程序。

1. 简易程序

教育行政执法人员持有能够证明违法事实的确凿证据和法定依据，并对公民处以 50 元以下，对法人或者其他组织处以 1000 元以下罚款或给予警告处罚的，可以适用简易程序。

教育行政执法人员在进行当场处罚时应遵循下列程序。

①表明身份。教育行政执法人员应当向当事人出示执法身份证件。

②说明处罚理由。教育行政执法人员应主动向当事人说明其违法行为的事实、违反教育法给予行政处罚的理由和依据。

③给予当事人陈述和申辩的机会。当事人可以口头申辩；教育行政执法人员要予以正确、全面的口头答辩，使当事人清明白楚、心服口服。

④制作《教育行政处罚当场处罚笔录》，填写《教育行政处罚当场处罚决定书》。教育行政执法人员按规定的格式载明当事人的违法行为、处罚依据，给予的处罚、时间、地点以及教育行部门的名称，签名或者盖章后当场交付当事人。

⑤教育行政执法人员当场做出的教育行政处罚决定，必须报所属教育行政机关备案。

2. 一般程序

一般程序又称普通程序，是教育行政处罚中的一个基本程序。它具有内容完善、适用广泛的特点，一般包括以下几个步骤。

(1)立案

教育行政部门发现公民、法人或者其他组织有违反教育法行为的，应当填写立案报告表，在经本机关主管负责人审查批准后即完成法律上的立案程序。同时，教育行政部门应该落实办案人员。教育行政执法人员与当事人有直接利害关系的，应当主动回避；当事人有权以口头或者书面方式申请他们回避。教育行政执法人员的回避，由其所在教育行政部门负责人决定。

(2)调查取证

立案后，教育行政部门应客观、全面、公正地调查收集有关证据，必要时依照法律、行政法规的规定进行检查。在进行检查时，教育行政执法人员不得少于两人。教育行政执法人员在收集有关证据时对可能灭失或者以后难以取得的证据，经教育行政部门负责人批准，可以将证据先行登记、就地封存。封存时，教育行政执法人员必须出示教育行政部门的证明，并邀请有关组织、人员到场，查点清楚，开列单据，与见证人员和物证、书证被封存人签名盖章。

(3)听取申辩与听证

教育行政部门在做出行政处罚决定前，应向当事人发出《教育行政处罚告知书》，告知当事人做出教育行政处罚决定的事实、理由和依据，并告知当事人依法享有的陈述权、申辩权和其他权利。

当事人在收到《教育行政处罚告知书》后 7 日内，有权向教育行政部门以书面方式提出陈述、申辩意见以及相应的事实、理由和证据。教育行政部门必须充分听取当事人的意见，应对当事人提出的事实、理由和证据进行复核。当事人提出的事实、理由或者证据成立的，教育行政部门应当采纳。教育行政部门不得因当事人的申辩而加重处罚。当事人要求听证的，教育行政机关应当依法组织听证。

听证程序可以被认为是一般程序中的特别程序。教育行政处罚的听证程序如下。

①听证提出。当事人要求听证的，应当在教育行政机关告知后 3 日内提出，这是听证的必要程序。

②听证通知。组织听证的教育行政机关应当在听证开始的 7 日前书面通知当事人，以便当事人做充分准备。

③举行听证会。正式听证会由教育行政机关指定非本案调查取证和与本案无利害关系的人员主持，要求听证的当事人可以亲自参加，也可以委托 1～2 名代理人出席或与代理人同时出席。除涉及隐私、商业秘密、国家秘密外，听证会一律公开举行。

④制作听证笔录。听证结束后，由主持人和记录人签名或盖章。经核审无误后，当事人亦应当在笔录上签名或盖章。听证笔录是教育行政处罚的重要依据，应入档归案，备举证之用。听证结束后，听证主持人应当提出《教育行政处罚听证报告》，连同听证笔录和有关证据，呈报教育行政部门负责人。教育行政部门负责人应当对《教育行政处罚听证报告》进行认真审查，并按照《行政处罚法》第五章的规定做出处罚决定。

(4)做出处罚决定

教育行政机关通过调查、取证且听取被指控人的申辩，经过听证后，如审查确认违法事实确实存在且事实清楚、证据确凿，可依法根据情节轻重及具体情况做出处罚决定；如认为违法行为不存在或被指控的事实不能成立的则不得给予行政处罚，做出撤销案件的决定；如被指控人确实有违法行为，但情节显著轻微，依法可不予行政处罚的，可做出免予行政处罚的决定；如认为被控人有违法行为且该行为已构成犯罪的，应将有关材料移送司法机关处理。

教育行政机关做出处罚决定时，应制作《教育行政处罚决定书》，载明当事人的姓名(或名称)、地址、违反法律规章的事实与证据、教育行政处罚的种类和依据、教育行政处罚的执行方式和期限、不服处罚决定申请复议或起诉的途径和期限、做出教育行政处罚决定的教育行政机关的名称和做出决定的日期，并加盖印章。

教育行政处罚做出后，当事人应当在教育行政处罚规定的期限内予以履行。当事人逾期不履行的，教育行政部门可以申请人民法院强制执行。

第四节　教育公务员

建立国家公务员制度是我国干部人事制度改革的重要组成部分。1993 年《国家公务员暂行条例》的施行标志着我国公务员制度的正式建立。2005 年 4 月 27 日，《中华人民共和国公务员法》(简称《公务员法》)经第十届全国人民代表大会常务委员会第十五次会议审议通过，自 2006 年 1 月 1 日起施行。现行的《公务员法》于 2018 年 12 月 29 日经第十三届全国人民代表大会常务委员会第七次会议修订，自 2019 年 6 月 1 日起施行。我国的教育行政人员随着国家公务员制度的实施，逐步成为教育公务员。

《公务员法》第二条规定："本法所称公务员，是指依法履行公职、纳入国家行政编制、由国家财政负担工资福利的工作人员。公务员是干部队伍的重要组成部分，是社会主义事业的中坚力量，是人民的公仆。"也就是说，工作人员只要符合依法履行公职、有国家行政编制、由国家财政负担工资福利这三个条件，都要被纳入公务员范围进行管理。至于具体哪些人员是公务员，《公务员法》中未列举的，将由《公务员法》的配套法规具体规定。根据《公务员法》的规定，公务员职位类别按照公务员职位的性质、特点和管理需要，划分为综合管理类、专业技术类和行政执法类等。因此，教育部和地方各级人民政府所属的教育厅、局、处、科机关中，只要是履行公职、纳入国家行政编制、由国家财政负担工资福利的工作人员均属教育公务员的范围。值得注意的是，教育行政机关所属学校和其他企事业单位的工作人员不是教育公务员。国家行政机关以外的其他机关、企事业单位中设置的教育管理机构，如大型企业中的教育委员会、教育处(科)中的工作人员也不是教育公务员。教育行政机关常因工作需要临时聘请或借调一些行政机关以外的人员从事某些教育行政管理工作。这些人员虽也行使某些教育行政职能，但他们不是教育公务员。只有具有教育公务员身份的人，才能适用国家公务员的法律制度。

根据《公务员法》第十三条的规定，公务员应当具备下列条件：①具有中华人民共和国国籍；②年满十八周岁；③拥护中华人民共和国宪法，拥护中国共产党领导和社会主义制度；④具有良好的政治素质和道德品行；⑤具有正常履行职责的身体条件和心理素质；⑥具有符合职位要求的文化程度和工作能力；⑦法律规定的其他条件。

实行教育公务员制度的根本目的是改革教育行政人员的管理制度，实施对教育公务员的科学管理，保障教育公务员的优化、廉洁和效能，以适应社会主义现代化教育事业对国家行政管理的需要。国家对于教育公务员管理的规定中，关于教育公务员的义务与权利以及纪律、回避制度，是约束教育公务员勤政廉政和保障教育公务员合法权益的依据。

一、教育公务员的权利

教育公务员的权利是国家法律对教育公务员在履行教育行政管理职责、行使职权、执行公务的过程中和任职期间内可以做什么或可以要求他人做什么、不做什么的许可与保障。对教育公务员权利的确认，是教育公务员行使教育行政职权、执行国家教育公务的有效保障；是教育公务员获得基本工作、生活条件的有效保障。依据《公务员法》第十五条的规定，我国教育公务员的权利如下。

①获得履行职责应当具有的工作条件。

②非因法定事由、非经法定程序，不被免职、降职、辞退或者处分。

③获得工资报酬，享受福利、保险待遇。

④参加培训。

⑤对机关工作和领导人员提出批评和建议。

⑥提出申诉和控告。

⑦申请辞职。

⑧法律规定的其他权利。

二、教育公务员的义务

教育公务员的义务是国家法律对教育公务员必须做什么或不得做什么的具有约束性和强制性的规定。国家规定教育公务员的义务，是为了保证教育公务员在国家法律的范围内正当地行使教育管理职权，执行国家公务。依据《公务员法》第十四条的规定，我国教育公务员的义务如下。

①忠于宪法，模范遵守、自觉维护宪法和法律，自觉接受中国共产党领导。

②忠于国家，维护国家的安全、荣誉和利益。

③忠于人民，全心全意为人民服务，接受人民监督。

④忠于职守，勤勉尽责，服从和执行上级依法作出的决定和命令，按照规定的权限和程序履行职责，努力提高工作质量和效率。

⑤保守国家秘密和工作秘密。

⑥带头践行社会主义核心价值观，坚守法治，遵守纪律，恪守职业道德，模范遵守社会公德、家庭美德。

⑦清正廉洁，公道正派。

⑧法律规定的其他义务。

三、教育公务员的纪律

教育公务员的纪律是以法律形式规定的约束教育公务员行为的准则。教育公务员的纪律可以约束教育公务员按其职责履行公务，保障教育行政工作的正常运行。教育公务员的义务与教育公务员的纪律都是以法律形式约束教育公务员行为的规范，两者的区别在于：教育公务员的义务是从“应该如何做”，即从正面、宏观的角度约束教育公务员的行为；教育公务员的纪律是从“不得做什么”，即从负面、微观的角度约束教育公务员的行为。

依据《公务员法》第五十九条的规定，我国教育公务员应当遵纪守法，不得有下列行为。

①散布有损宪法权威、中国共产党和国家声誉的言论，组织或者参加旨在反对宪法、中国共产党领导和国家的集会、游行、示威等活动。

②组织或者参加非法组织，组织或者参加罢工。

③挑拨、破坏民族关系，参加民族分裂活动或者组织、利用宗教活动破坏民族

团结和社会稳定。

④不担当，不作为，玩忽职守，贻误工作。

⑤拒绝执行上级依法作出的决定和命令。

⑥对批评、申诉、控告、检举进行压制或者打击报复。

⑦弄虚作假，误导、欺骗领导和公众。

⑧贪污贿赂，利用职务之便为自己或者他人谋取私利。

⑨违反财经纪律，浪费国家资财。

⑩滥用职权，侵害公民、法人或者其他组织的合法权益。

⑪泄露国家秘密或者工作秘密。

⑫在对外交往中损害国家荣誉和利益。

⑬参与或者支持色情、吸毒、赌博、迷信等活动。

⑭违反职业道德、社会公德和家庭美德。

⑮违反有关规定参与禁止的网络传播行为或者网络活动。

⑯违反有关规定从事或者参与营利性活动，在企业或者其他营利性组织中兼任职务。

⑰旷工或者因公外出、请假期满无正当理由逾期不归。

⑱违纪违法的其他行为。

案例

2000 年高考，某县发生了一起舞弊案件。在上级有关人员的授意下，某县从学校领导到监考老师，再到参加高考的学生，进行了有组织、有预谋、有分工的高考舞弊。

本案例中的 6 名犯罪嫌疑人最终被送上了法庭。其中，某县教育局原副局长陈某某以贪污、玩忽职守的罪名被判有期徒刑 3 年零 6 个月。某县招生办原主任陈某某被判有期徒刑 2 年零 6 个月。其他 4 名被告均被判有期徒刑。另外，负有重要责任的 7 名党政机关领导干部均受到党纪、政纪处分。

讨论：结合案例分析教育公务员在国家高考中所具有的职权。

分析：本案例中某县教育局以及招生办的教育公务员在国家组织的高考中，本应忠于职守，尽职尽责，服从命令，保守工作秘密，起到执法监督与检查工作的作用，但是进行了有组织、有预谋、有分工的违法犯罪活动。根据《刑法》《中华人民共和国保守国家秘密法》，他们主要犯了贪污罪、滥用职权罪、玩忽职守罪等，应承担刑事责任。另外，根据《教育法》的规定，在国家教育考试中作弊，由教育行政部门宣布考试无效，对直接负责的主管人员和其他责任人员依法给予行政处分。为此，学校领导、教师及相关工作人员也应负有一定的教育行政责任。

四、教育公务员的回避制度

教育公务员的回避制度是指为了保证国家教育行政人员不因亲属关系等因素，对公务活动产生不良影响，而在公职人员所任职务、任职地区和执行公务等方面做出的限制性规定。根据《公务员法》的规定，教育公务员回避制度的内容如下。

①公务员之间有夫妻关系、直系血亲关系、三代以内旁系血亲关系以及近姻亲关系的，不得在同一机关双方直接隶属于同一领导人员的职位或者有直接上、下级领导关系的职位工作，也不得在其中一方担任领导职务的机关从事组织、人事、纪检、监察、审计和财务工作。公务员不得在其配偶、子女及其配偶经营的企业、营利性组织的行业监管或者主管部门担任领导成员。因地域或者工作性质特殊，需要变通执行任职回避的，由省级以上公务员主管部门规定。这是职务回避。

②公务员担任乡级机关、县级机关、设区的市级机关及其有关部门主要领导职务的，应当按照有关规定实行地域回避。这是地区回避。

③公务员执行公务时，有下列情形之一的，应当回避：涉及本人利害关系的；涉及与本人有本法所列亲属关系人员的利害关系的；其他可能影响公正执行公务的。这是公务回避。

另外，《公务员法》第七十七条规定："公务员有应当回避情形的，本人应当申请回避；利害关系人有权申请公务员回避。其他人员可以向机关提供公务员需要回避的情况。机关根据公务员本人或者利害关系人的申请，经审查后作出是否回避的决定，也可以不经申请直接作出回避决定。"《公务员法》第七十八条规定："法律对公务员回避另有规定的，从其规定。"

总之，在我国建立教育公务员制度是一项极为艰巨复杂的系统工程。这对于提高我国教育公务员队伍的素质和行政效能，对于教育事业的发展是极其重要的。了解国家有关教育公务员的相关规定，对于教育法律关系主体依法接受教育行政机关的管理和依法监督教育行政机关的工作都有着重要的作用。

复习思考题

1. 界定下列概念：教育行政机关、教育行政责任、行政处分、行政处罚、教育公务员。

2. 简述教育行政责任的构成要素与种类。

3. 概述教育行政机关职权的内容。

4. 概述教育公务员的权利和义务。

5. 分析教育系统的"外行领导内行"的现象，说说你对这一现象的认识和理解。

案例分析题 1

"就近入学"是否等同于"最近入学"？ 某市某小区一名小学生因此事将某区教育局告上法庭。距离某小区最近的是某区外国语小学，可小区划片学校是某小学南校区。因此，有业主对划片政策提出质疑。

2022 年，某区人民法院对此案做出判决，确认某区教育局做出的 2020 年学区划分行政行为违法。但原因并非与"就近"是否等同于"最近"直接相关，而是划片行为属于重大行政决策，某区教育局做出的划片行为程序违法。

判决书显示，张某父子与某区教育局之间争论的焦点之一为义务教育阶段学校划片是否属于重大行政决策。 张某认为，小学划片应该属于重大行政决策，制定时至少应有相应程序，做到公开、透明。某区人民法院认为，学区划分是政府调整教育资源的一种行政手段，其目的是达到各区域内教育资源相对公平。学区划分关乎众多家庭的利益，直接关系广大适龄儿童受教育的权利，是涉及社会公众切身利益的重大事项。

教育行政机关在做出重大行政决策时，要综合考量辖区内各项因素，平衡辖区内教育资源、保障适龄儿童公平接受义务教育的权利。同时，教育行政机关应广泛听取群众的意见，拓宽群众参与的渠道，最大限度地确保教育行政决策合法、合理。教育行政机关在履行划分学校施教区的职责时，应当遵循程序正当原则，严格按照法定程序公开教育行政管理内容。

在案件审理过程中，没有证据能够表明，某区教育局做出学区划分决策时进行了征询意见、实际调研、研讨论证等，没能充分保障社会公众参与权。在做出学区划分决定之后，某区教育局未及时向社会公开，仅在开学前两天通过学校自行张贴招生公告的方式公布，未充分保障公众的知情权和监督权。因此，法院确认某区教育局做出的2020年学区划分行政行为程序违法。

问题：结合案例分析教育行政机关的行政责任和法律责任。

案例分析题2

在某县某镇一处约70亩的甘蔗林里，数百名五、六年级的学生及教师正在砍甘蔗。原来这是当地教育办下的“指示”，要求全镇教师、学生停课抢收教育办自种的甘蔗。面对记者的疑问，主管教育的某副镇长说：“教育办要求全镇老师抢收甘蔗确有此事，主要是为了响应县委、县政府增加学校收入的号召。教育办开垦了一处甘蔗基地，大约70亩。由于糖厂催得紧，又请不到砍甘蔗的人，只好让老师尽快砍完。这些收入都是教育办负责，用于学校的建设。至于学生去砍甘蔗，是有的学校想尽快干完，早点上课。”

问题：结合案例讨论教育行政机关应当如何恰当地运用其教育行政职权。

第五章　学　校

学习目的和要求

1. 理解学校的法律含义。
2. 了解学校的性质。
3. 知道学校的举办主体和学校设立的条件与程序。
4. 理解学校的法律地位。
5. 明确学校的法人地位。
6. 掌握学校法人的特殊性。
7. 知道学校法人的类型。
8. 掌握学校的权利与义务。
9. 了解学校内部管理体制。
10. 知道义务教育学校校长的职权和职责。

具体教学内容

1. 学校的法律含义
2. 学校的法律地位
3. 学校的法人地位
4. 学校的权利与义务
5. 学校内部管理体制
6. 校长的基本条件、职权和职责

第一节 学校概述

一、学校的含义

学校是有计划、有组织、系统地进行教育教学活动的重要场所，是最为常见的社会机构。①

（一）学校的一般含义

从学校的起源看，人类最初的教育是与生产劳动、社会生活融合在一起的。在生产劳动、社会生活中，由年长的一代向年轻的一代传授知识与技能。后来，随着社会生产力的发展，一方面，剩余产品增多，社会物质丰富；另一方面，知识经验的积累使在社会生产与社会生活中进行知识与技能的传授的形式已经不能满足人们的需要。体力劳动与脑力劳动就发生了分离，独立实施教育教学活动的人与专门进行学习的人开始出现，学校便逐渐孕育产生了。一般来说，学校产生的前提条件包括：一是社会生产力水平的提高，使学校必要的物质条件有了基础；二是体力、脑力劳动的分离，使专门教与专门学的成员有了人员储备；三是知识经验的积累促使文字的产生，文字的产生打破了知识经验传递在时间与空间上的限制。学校的产生标志着人类教育活动进入一个自觉的历史时期。

据考证，原始社会后期就产生了学校的萌芽，有了专门对青少年进行教育的特殊场所。青少年在这些特殊场所里接受各种训练，学习自理，参加社会劳动，如建筑房屋、耕种、照看牲畜等；学习唱歌、跳舞、游戏，学习礼仪和行为规则。在我国，几千多年前就有了学校。那时学校叫"庠"，高一级的学校叫"上庠"，低一级的学校叫"下庠"。夏朝的学校被分为四个等级，按级别叫作"学""东序""西序""校"。

① 劳凯声：《教育法学》，87 页，沈阳，辽宁大学出版社，2008。

商朝的这四种学校分别为“学”“右学”“左学”“序”。西周时期初步形成了学制系统，分为国学与乡学两级(中央官学与地方官学)。西周王府里设立的专供少数奴隶主贵族读书的场所称为“辟雍”“成均”。

值得一提的是，学校在产生之后的相当长的一段时间里，并不都是专门的教育机构，而是兼为习射、养老的场所。但是以培养社会所需要的人为己任，仍然是学校发展的直接动力。孟子曰：“庠者养也，校者教也，序者射也。”这就是当时学校职能发展的最好表现。

汉朝将最高一级的学校称作“太学”，下面分别称作“东学”“西学”“南学”“北学”，再后来把“太学”改为“国子学”“国子寺”“国子监”。汉朝是我国古代教育史上比较昌盛的时期。汉代的学校分为官学与私学两种。其中私学的书馆，亦称蒙学，系私塾性质，相当于小学程度。明朝、清朝的国子监成为国家专门管理教育的机构，那时候的学校一般称为“书院”“书堂”“私塾”等。

在清末，我国开始兴办近代教育。1902 年的《钦定学堂章程》称学校为学堂。1904 年，清政府颁布《奏定学堂章程》，明确了整个学校教育制度。1907 年，新式学堂遍设各地。辛亥革命后，1912 年教育部公布新学制——壬子学制，将“学堂”一律改称“学校”，并沿用至今。

在西方，古希腊时期就存在学校，主要为奴隶主贵族子弟服务。在中世纪，学校被教会垄断。在文艺复兴时期，西方现代学校开始形成。17 世纪，夸美纽斯的班级授课制理论奠定了现代学校的基本形式。

学校发展到现代，发挥着越来越重要的社会功能，扮演着越来越重要的社会角色。学生系统知识的获得和身心全面健康的发展、社会各级各类人才的培养等都依赖于学校教育功能的发挥。

学校在一般的意义上可以定义为：按照一定的社会需要，有目的、有计划、有组织地对年青一代进行培养和教育的社会组织机构。

(二)学校的法律含义

社会的发展使教育活动日益复杂化，现代教育由许许多多不同类型、不同层次的学校及其他教育机构来实施。学校教育教学工作有序化、规范化、制度化成为学校发展的必然要求。学校及其他教育机构成为法律调整的重要对象。在学校及其他教育机构的设置、办学的基本原则及条件、学校及其他教育机构的法律地位、教育教学活动的运行和管理等领域，法律的规范和调节作用都在不断加强。学校成为享有一定权利并承担一定义务的社会组织。

《教育法》的第三章"学校及其他教育机构"是我国学校及其他教育机构基本法律制度建立的重要法律依据。其他相关的教育法律法规也为学校及其他教育机构的运行与管理提供了相关的法律依据。例如，《教师法》第四十条规定："各级各类学校，是指实施学前教育、普通初等教育、普通中等教育、职业教育、普通高等教育以及特殊教育、成人教育的学校。"在法律上，教育机构既包括学制系统内以实施学历性教育为主的教育机构，如幼儿园、小学、初级中学、高级中学、中等专业学校、技工学校、职业高中、高等专科学校、高等职业学校、独立设置的学院、大学、具有颁发学历证书资格的成人高等学校等，又包括各种实施非学历教育的机构，如各种职业与技术培训机构、培训中心，以及实施扫盲教育、文化补习教育、干部继续教育、社会文化教育的各种机构等。由此，学校是教育机构的主要组成部分。

法律意义上的学校主要指经教育行政主管部门批准设立或登记注册的、实施教育教学活动的社会机构，通常是指政府、社会组织或者公民个人依法举办的，依照法律规定在固定场所对固定人数有目的、有组织、有计划地实施教育活动的社会机构。

二、学校的性质①

（一）学校与企业组织的区别

学校及其他教育机构明显区别于社会的其他组织，特别是企业组织。根据《民法

① 劳凯声：《教育法学》，88～92页，沈阳，辽宁大学出版社，2008。

典》的规定，学校及其他教育机构作为事业单位，在法律上有别于企业组织。

1. 学校及其他教育机构的设置目的不同于企业

设置学校及其他教育机构的根本目的是培养德、智、体、美、劳全面发展的社会主义事业建设者和接班人，提高全民族的素质。而企业则是以营利为目的的生产和经营单位，追求最大化的剩余产品价值是其发展的动力。因此，对企业可以直接以经济效益指标来衡量其对社会的贡献，而对学校及其他教育机构则不能根据经济标准简单地得出价值判断。当然，教育也要讲经济效益。这种经济效益不是指营利，而是指由于提高了人的智力水平和劳动能力，因此提高了劳动生产率，创造了更多的财富。

2. 学校及其他教育机构的经费来源不同于企业

学校及其他教育机构的经费来源是多渠道的，其主要来源是国家的拨款。国家出于公益性要求，拿出一部分财政收入分配给学校及其他教育机构。这种资金的使用与企业借贷资金不同，是无须偿还的。而企业则必须拥有直接从事经济活动的资产，并以这种资产为基础进行经营性活动，经过不断周转而实现增值。企业也可以通过贷款筹集到资金，但这些资金是有偿使用的。

3. 学校及其他教育机构的调节手段不同于企业

由于学校及其他教育机构属公益性机构，因此在遵循教育规律、自主办学的同时，国家必须对其权能做出必要的限制。国家应根据社会整体利益的需要，加强对学校及其他教育机构的宏观指导和管理。学校及其他教育机构在国家的监督和控制下，在执行国家有关法规、方针、政策的前提下享有办学决策权、用人自主权、招生分配权、经费使用权等。尽管市场在一定范围内和一定程度上会对教育资源的分配起某种调节作用，但教育有其自身的特点及运行机制，不能简单地把市场机制作为教育运行机制，以经济效益代替教育的综合效益。企业则不然。构成企业的基本条件之一就是必须拥有自主经营权，否则就不能称为企业。企业对国家授权其经营管理的财产及人员，享有占有、使用和依法处分权，从而对生产经营计划、投资安排、资金支配、产品和劳务定价以及企业内部的劳动、人事、工资分配等做出决策并组织实施。虽然国家会用计划的手段对企业进行宏观调控，但在大多数情况下企业是通过市场来进行调节的。

（二）学校的特点

公益性是学校及其他教育机构有别于企业组织的根本特点。公益就是公共利益、全体人民的利益，在我国指国家利益和全体社会成员的共同利益。

学校及其他教育机构是对社会成员进行教育、培养的社会机构，其基本职能是利用一定的教育教学设施和选定的环境实施教育教学活动，培养社会所需要的合格人才。为此，学校及其他教育机构应根据社会的经济、政治及文化发展的要求，选择有教育价值的知识对学生进行教育，使他们具有符合社会要求的良好的行为道德倾向，培养他们向社会学习和为社会服务的能力，并让他们具有为社会发展和人类进步而贡献力量的认识和责任感。学校及其他教育机构要启迪学生的智慧，由简而繁、由易而难、循序渐进地教育学生学习现代科学技术，吸收优秀的民族文化传统，掌握从事社会物质生产和精神文明建设所需要的各种知识、技能和技巧，充分做好参加社会生活的准备。学校及其他教育机构的以上职能使其具有区别于其他社会组织的特点，即公益性。教育的公益性表明，教育事业事关国计民生，发展教育事业是全社会的共同责任；所有办学主体都应具有公共性；教育事业应面向全体人民，对国家、人民、社会的共同利益负责，不得损害国家、人民和社会利益；教育活动应依法接受国家和社会的监督。

《教育法》第八条规定："国家实行教育与宗教相分离。任何组织和个人不得利用宗教进行妨碍国家教育制度的活动。"宗教包括有关的信仰、信念、特殊的宗教仪式和生活规定，如吟诵经咒、祈祷、斋戒、膜拜偶像等。它同宗教的组织设施以及专门的神职人员等因素结合在一起形成一种强大的社会势力和精神力量。办学校、兴教育是许多宗教传播教义、培养教徒的重要手段。在义务教育制度建立以前，近代资本主义国家的初等学校大多由教会控制。因此，为了普及和发展教育，国家就必须建立一种新的教育制度，建立公立的、世俗的国民学校网，使教育与宗教相分离。由此可见，教育与宗教相分离是体现教育公益性的一个重要方面。《宪法》在规定宗教信仰自由、保护正常宗教活动的同时，禁止任何人利用宗教进行破坏社会秩序、损害公民身心健康、妨碍国家教育制度的活动。《教育法》又重申了这一原则。这是排除宗教对教育教学活动非法干预和渗透，维护学校及其他教育机构的正常教学秩序，保障未成年学生身心健康的重要举措，是保证学校及其他教育机构公益性的重要标志。

学校及其他教育机构的公益性不仅表现为国家举办的学校教育机构的特点，而且也是社会力量举办的学校教育机构的特点。国家举办学校及其他教育机构，本身就是从国家与社会的整体利益出发的，因此其公益性是显而易见的。但社会力量举办的学校及其他教育机构的公益性特点，则需做一些分析。社会力量举办的学校及其他教育机构是指举办主体区别于政府主体，由非政府的社会组织或个人投资、捐资、集资或利用贷款创办并维持，以学费为部分或全部收入，在内部运行和管理上享有较大自主权的一类学校及其他教育机构。这类学校及其他教育机构的设置目的同样也是为社会培养人才，所不同的只是举办主体以及经费来源而已。因此，许多国家都明确规定这类学校及其他教育机构同样具有公益性。《教育法》关于“教育活动必须符合国家和社会公共利益”的规定，显然也是把社会力量举办的学校及其他教育机构包括在内的。

学校及其他教育机构的公益性特点是伴随着现代教育的普及与发展而产生的。为了创造更好的条件，促进教育的进一步普及，使更多的人获得受教育的机会，现代社会的教育必须成为社会的公共事业，学校及其他教育机构必须体现社会的公共利益。

三、学校的设置

学校的设置涉及学校的举办主体、学校设置的条件和程序等问题，即谁可以依法举办学校，依据什么条件和程序举办学校。

（一）学校的举办主体

学校的举办主体涉及的是办学体制的问题。从全世界范围看，绝大多数国家的办学体制采用的都是公立与私立并举的形式，即以公立学校与私立学校并存的形式发展教育。我国学校办学体制的演变主要经历了两个阶段。第一个阶段是新中国成立到1982年《宪法》颁布实施之前，我国的办学体制是单一的。举办主体主要是各级政府及其部门、农村集体经济组织和一些大中型国营企业，学校主要是公立性质的。① 第二个阶段是1982年《宪法》颁布到现在，我国逐步建立了办学多元化体制。《宪法》第十九条规定："国家举办各种学校，普及初等义务教育，发展中等教育、职业教育和高等教育，并且发展学前教育。""国家鼓励集体经济组织、国家企业事业组织和其他社会力量依照法律规定举办各种教育事业。"这一规定是我国办学多元化体制建立的法律依据。之后我国颁布的相关教育政策、法律法规都表达了办学多元化的精神。例如，《中共中央关于教育体制改革的决定》强调地方要鼓励和指导国营企业、社会团体和个人办学。《教育法》第二十六条规定："国家鼓励企业事业组织、社会团体、其他社会组织及公民个人依法举办学校及其他教育机构。"

如此，我国当前学校的举办主体按照性质的不同可分为国家和社会力量两大类。其中国家举办主体主要指包括各级政府及其有关部门在内的国家机构；社会力量举办主体包括企事业组织、社会团体、其他社会组织和公民个人等。在办学体制上，国家举办的学校为公立学校，社会力量举办的学校为民办学校。依据《民办教育促进法》第二条的规定，国家机构以外的社会组织或者个人利用非国家财政性经费，面向社会举办的学校就是民办学校。

1. 国家举办主体

国家在学校的举办上占有主导地位，运用国家意志通过各级政府及其有关部门来达成举办学校的目标。《宪法》规定国家有发展教育、举办各种各类学校的责任。

---

① 劳凯声：《教育法学》，98页，沈阳，辽宁大学出版社，2008。

《教育法》第二十六条规定："国家制定教育发展规划，并举办学校及其他教育机构。"各级政府应当根据经济和社会发展的实际需要，制定中、长期教育发展规划和年度教育发展计划，并根据教育规划和计划要求，通过举办学校及教育机构，保证教育事业发展各项规划目标的实现。

在我国，中央政府作为举办主体的主要包括国务院及其所属各个部委。国务院及其所属部委举办的学校主要是高等学校，包括综合性大学与高等职业技术学校。在中央与地方的关系上，国家举办学校一般有中央独立办学、地方独立办学以及中央与地方合作办学三种形式。《教育法》第十五条规定："国务院教育行政部门主管全国教育工作，统筹规划、协调管理全国的教育事业。"不管以哪一种形式举办学校都应该处于国务院教育行政部门的领导之下。

地方政府作为举办主体的主要包括县级以上的省、自治区、直辖市人民政府。1993年《中国教育改革与发展纲要》颁布之后，国家逐渐加大了地方政府管理教育的权限。在现阶段，基础教育仍然以地方政府办学为主；高等教育逐步形成了以省级政府为主，中央与省(自治区、直辖市)两级政府管理的体制；地方政府在作为举办主体的同时必须享有相应的权力、履行相应的职责。《教育法》第十五条规定："县级以上地方各级人民政府教育行政部门主管本行政区域内的教育工作。县级以上各级人民政府其他有关部门在各自的职责范围内，负责有关的教育工作。"

此外，其他国家机关、企事业组织、群众团体主要利用国有财产和财政性教育经费来运转的学校教育机构，从所有制的性质上看也可以归入国家举办的学校教育机构中。

2. 社会力量举办主体

发展教育事业，国家负有重要的责任。但是，现代社会的发展使教育事业完全由国家包下来成为不可能。《教育法》第二十六条规定："国家鼓励企业事业组织、社会团体、其他社会组织及公民个人依法举办学校及其他教育机构。"

《国家中长期教育改革和发展规划纲要(2010—2020年)》提出要大力支持民办教

育，因为民办教育是教育事业发展的重要增长点和促进教育改革的重要力量。各级政府需要把发展民办教育作为重要工作职责，鼓励出资、捐资办学，促进社会力量以独立举办、共同举办等多种形式兴办教育。政府要通过深化办学体制改革，在坚持教育公益性原则的基础上，健全政府主导、社会参与、办学主体多元、办学形式多样、充满生机活力的办学体制，形成以政府办学为主体、全社会积极参与、公办教育和民办教育共同发展的格局。

社会力量办学能够有力地缓解国家举办学校资金短缺的矛盾，同时能够满足公众对教育选择的需求。因此，社会力量也是重要的举办主体。为鼓励社会力量办学，《民办教育促进法》在专项资金、经费资助、国有资产、税收、用地、基建计划安排以及办学经费等方面都给予扶持优惠政策。

（二）学校设立的条件

学校只有具备必要的条件，才能保证教育教学活动正常进行。《教育法》第二十七条规定："设立学校及其他教育机构，必须具备下列基本条件：（一）有组织机构和章程；（二）有合格的教师；（三）有符合规定标准的教学场所及设施、设备等；（四）有必备的办学资金和稳定的经费来源。"也就是说，学校设置的基本条件包括组织、人员、物质、经费四个方面。具体内容如下。

1. 有组织的机构和章程

组织的机构和章程是学校赖以成立的必要前提。组织的机构决定组织的功能。合理、健全的组织机构能够保证学校正常运行。组织的章程是对学校的名称、办学宗旨、办学任务、管理制度、人事制度、财务制度以及章程的制定、修改等各项内容的规定。学校章程的确立对学校依法治校、健康发展有重要意义。

2. 有合格的教师

教师是学校实施教育教学活动的重要主体，数量足够、质量合格的教师队伍是学校教育教学工作正常开展的保障。《教师法》对教师的条件、资格、聘任等方面都有明确的规定。必须具备合格的条件才能成为为学校工作的教师，不具备合格条件不能被聘任为教师。

3. 有符合标准的教学场所及设施、 设备等

学校要保证教育教学活动正常运转，必须具备作为组织机构的一定物质条件，包括符合标准的校舍、场地、设施、设备、教学仪器、图书资料等物质条件。我国专门制定了各级各类学校应具备的办学物质条件标准，要求在申请设立学校时必须使所设学校的教学场所及设施、设备等达到相应的标准。当然，教学场所及设施、设备等物质条件可以是自有的，也可以是通过租赁、借用等方式取得的，但是必须符合开展教育教学活动的要求。

4. 有必备的办学资金和稳定的经费来源

必备的办学资金和稳定的经费来源是学校设立与运行的必要条件之一。在学校设立之后，为了保障学校正常运转，需要不断投入足够的资金以维护、更新、修缮甚至购置学校的设施、设备。这需要通过多种途径筹措到学校设立必备的启动与运转资金，保证学校设立后有稳定的经费来源。

以上四点是学校设立必须具备的一般实体条件。这些条件在学校设立之初缺一不可。同时，在学校后续的发展中，这些条件还必须不断得到维护与改善，以保证学校的可持续发展。

案例

某城镇下岗女工看到一些外地打工人员的孩子没有学校可上，同时觉得自己有能力教小学的课，便租了临街的三间平房，购置了黑板、桌椅，办了一所学校。 她兼任校长和教师，把附近没有上学的孩子都召集到她的学校来。她也花了很大的精力备课、上课。但后来学校被有关部门勒令关闭。看着曾经充满孩子们笑声的空空荡荡的教室，下岗女工感到有点苦恼：她所办的学校没有花国家的钱，却解决了一些打工人员孩子的教育问题。为什么要被关闭呢？

讨论：(1)为什么这所学校要被关闭？

(2)具备什么样的条件才能设立学校？学校是怎样设立起来的？

分析：这所学校被关闭是因为它不具备设立的条件。依据《教育法》第二十七条的规定，学校的设立必须具备下列基本条件："(一)有组织机构和章程；(二)有合格的教师；(三)有符合规定标准的教学场所及设施、设备等；(四)有必备的办学资金和稳定的经费来源。"本案例中学校的设立不具备上述四个条件，所以被关闭是必然的。即便具备了上述基本条件，还必须经过程序上的申请，得到有关部门的批准，学校才能设立。本案例说明，虽然国家鼓励社会力量举办学校，但是只有在基本条件具备的前提下，经过恰当的程序和相关的法律认可后，学校才能设立。

（三）学校设立的程序

学校的设立不仅有实体性规定，还有程序性规定。对学校设立的程序做出法律规定，有利于保证学校的办学条件，加强学校管理与监督，提高学校的教育质量，同时将学校的设立管理纳入法制化的轨道。

《教育法》第二十八条规定："学校及其他教育机构的设立、变更和终止，应当按照国家有关规定办理审核、批准、注册或者备案手续。"这是学校设立的程序性条件。学校的设立要求实体性与程序性条件同时具备。根据上述法律规定，我国学校及其他教育机构的设立、变更和终止在程序方面实行登记注册制度和审批制度。

1. 登记注册制度

登记注册制度是指教育行政主管部门对申请者提交的申请设立教育机构的报告，进行认真审核，对符合设置标准的拟办的教育机构予以登记注册，使其取得合法地位。登记注册制度主要适用于幼儿园等教育机构的设立、变更和终止。

2. 审批制度

审批制度指教育行政主管部门根据教育机构的设置标准和审批办法，对申请者提出的办学申请进行审核，批准或不批准申请者设立学校及其他教育机构的制度。审批制度主要包括审核、批准和备案等环节。一般而言，只要办学申请的条件符合学校设立的标准，教育行政主管部门就应当批准、登记、注册。只有经过批准，发给批准书或办学许可证，拟办的学校或教育机构才能取得合法的地位；同样，也只有经过批准，才能变更或终止学校或教育机构的办学行为。

根据教育机构性质的不同，一般情况下，审批制度适用于各级各类正规学校及独立的职业培训机构的设立、变更和终止。当前我国中小学的设立规划和审批主要由地方负责；大学等教育机构的设立规划和审批则根据情形的不同，有地方与中央政府不同程度的介入。

审批制度比登记注册制度要严格得多，审批设立还包括两个步骤：批准筹建和批准招生。

第二节　学校的法律地位

作为实施教育教学活动的社会组织，学校是教育法律关系中的重要主体。明确学校的法律地位，对于规范学校办学行为、正确处理学校与其他教育法律关系主体的关系、保障学校的办学自主权、保护学校的合法权益具有重要意义。

一、学校法律地位的内涵

地位指的是各个不同主体之间的一种关系，即依据某种参照物或标准来鉴定不同主体在某种范畴中相互之间存在的关系。法律地位强调的是在法律层面上不同主体之间所产生的权利、义务和责任的关系。

学校的法律地位指的是学校与政府和其他社会组织之间以及在自身的内部管理中所产生的权利、义务和责任的关系，即学校在法律关系中所产生的权利、义务和责任的具体表现。

从教育法律关系的角度看，学校作为社会组织的一员，在错综复杂的各种社会活动中，与其他社会组织产生着各种各样的关系。但不论学校与其他社会组织在各种社会活动中产生的关系多么复杂，按照学校与其他社会组织产生关系的性质可以划分为两类。一类是纵向关系。这类关系是以权力服从为基本原则，以领导与被领导的行政管理为主要内容，在国家行政机关对学校进行的行政管理，及学校对自身内部行政事务管理的过程中产生的教育行政关系。另一类是横向关系。这类关系是以平等有偿为基本原则，以财产所有和流转为主要内容，在不具有行政隶属关系的学校、行政机关、企事业单位、社会团体、个人之间产生的教育民事关系。

作为教育行政法律关系主体，学校的法律地位表现为教育行政管理相对人和教育行政管理人的法律身份，具体内容包括学校与国家行政机关、学校与教职员工、学校与学生的法律关系中的权利、义务和责任。作为教育民事法律关系主体，学校的法律地位表现为教育民事法律关系中的法人身份，具体内容包括学校与国家行政机关、社会组织、公民个人、教职员工、学生的法律关系中的权利、义务和责任。

二、学校的教育行政法律关系主体地位

我国宪法和有关法律、行政法规规定了社会组织作为行政法律关系主体享有的权利和应该承担或履行的义务。一般来说，作为行政法律关系主体的社会组织的权利有：①依法独立自主管理各自内部事务的权利；②依法捍卫自己合法权益的权利；③依法代表和维护自己所代表的那部分组织成员权益和要求的权利；④参与国家管理的权利；⑤依法对行政机关监督或诉讼的权利。在享有以上权利的同时，作为行政法律关系主体的社会组织还应承担或履行下列义务：①接受中国共产党的领导；②遵守国家的宪法和法律、法令，执行行政管理法规；③接受国家行政机关委托代理执行的义务；④承担违法后依法受到处罚的义务等。[①] 作为教育行政法律关系主体，学校的法律地位由教育行政法律规定。在教育行政法律关系中，学校与国家教

① 劳凯声：《高等教育改革与高等学校的法律地位》，载《高等师范教育研究》，1993(1)。

育行政机关的具体权利和义务由有关的法律法规预先设定，双方当事人没有自由选择的余地。

在教育行政法律关系中，国家教育行政机关居于领导地位，对学校进行宏观调控，行使自己管理学校的职能。《教育法》第十四条规定："国务院和地方各级人民政府根据分级管理、分工负责的原则，领导和管理教育工作。中等及中等以下教育在国务院领导下，由地方人民政府管理。高等教育由国务院和省、自治区、直辖市人民政府管理。"根据《教育法》第二十九条的规定，学校有按照章程自主管理的权利。

在教育行政法律关系中，作为教育行政法律关系主体，学校的身份具体表现为行政管理相对人和法律法规授权的行政主体。

（一）行政管理相对人

在教育行政法律关系中，教育行政机关是管理者，代表着国家并以国家的名义来行使行政管理权，处在领导者和管理者的地位，依法对学校进行行政管理、行政干预和施加行政影响；学校是被管理者、被领导者，依法服从教育行政机关的行政管理，同时对政府行使以批评、建议为中心内容的监督权。在此类关系中，学校与教育行政机关之间的法律地位是不对等的。这种不对等性具体表现在以下三个方面。

第一，教育行政法律关系主体的地位是不对等的。教育行政机关是以国家的名义参与法律关系并以国家强制力保证其行政职权的有效行使。当学校不履行法定义务时，教育行政机关可以采取强制措施。与此相反，对教育行政机关的行为，即使是不当或违法的行为，学校既不能否认其效力也不能加以抵制，而只能于事后用申诉或起诉的方法予以补救。

第二，教育行政法律关系中主体的意思表示也是不对等的。教育行政机关单方面进行意思表示通常可引起教育行政法律关系，而无须征得学校的同意。教育行政机关未经学校同意而采取的各种行政措施、发布的各项行政命令说明了这一点。

第三，教育行政法律关系的变更也存在不对等性。教育行政机关可以不经学校同意变更教育行政法律关系，改变主体和客体、限制权利、增加义务或特许权利、豁免义务等。例如，教育行政机关可径自决定将三所学校并为一所，从而使教育行政法律关系的行政相对方发生了改变，而无须征得学校的同意。①

（二）法律法规授权的行政主体

学校在依章程治校、实施教育教学管理中，会被法律法规授权成行政主体，如被授权的高等学校对教师资格的认定；学校对学生的学籍管理等。但是，学校这一社会组织存在的目的不是或不主要是为承担一定行政职能和行使行政职权。在我国，行政主体一般是具有行政权力的各级政府及其行政机关。学校作为实施教育教学活动的主要场所，不是国家行政机关，不具有行政主体的资格。任何一个社会组织或法人的存在和维护都必须伴随管理行为。这种管理是内部管理，有别于管理社会公共事务的对外管理。

管理社会公共事务的对外管理是行政机关的行政，称“公共行政”，指国家行政部门基于公共利益对国家事务、社会事务和政府事务的组织和管理活动。与公共行政相对应的是“私人行政”，是指其他社会组织对其内部事务的组织和管理，也称“一般行政”。

公共行政与一般行政在性质、目的、手段等方面均有不同。在性质上，公共行政具有鲜明的公共性质，着眼于整个社会，既不是为了国家机关本身，也不是为了自身事务的组织和管理。一般行政所涉及的组织和管理活动只是以其组织内部一般勤务性与服务性事务为对象和范围。在目的上，公共行政以追求公共和社会利益为目的；一般行政是以追求团体利益为目的。尽管一般行政往往表现出与公共利益的一致性，但就管理活动的直接目的而言，它还是以社会组织的利益为其主要目的。在手段上，行政机关在行政活动中享有许多特权，可采用许多一般的组织管理活动所不能具有的手段，如行政处罚、行政强制等。正因为存在如此明显的区别，故不能将学校行政管理与行政机关的行政管理相比，不能因为学校存在内部行政管理行

---

① 褚宏启：《论学校在行政法律关系中的地位》，载《教育理论与实践》，2000(3)。

为而把学校视为行政主体。①

案例

王某等4人1995年9月4日经考试被某技工学校录取。1996年4月30日上午，原告王某、张某在数学科目考试中作弊；1996年5月2日上午，原告刘某、马某在电子技术、机械基础科目考试中作弊。事后，4名学生向学校写出书面检查、承认错误。但学校仍于1996年5月2日公告开除4名学生的学籍，并于1996年5月3日对王某等4名学生做出责令退学、注销学籍的处分。但学校做出该处分后并未报告主管部门。

4名学生不服该处分，向某区人民法院提起行政诉讼，起诉学校。

原告认为，他们在考试中作弊后已向学校写出书面检查、承认错误，但学校做出开除学籍的处罚。这种处罚属处分过重，侵犯了未成年人受教育的合法权益，而且处分程序违法。他们请求法院判决撤销该处分，恢复学籍。

该学校称做出这种处分是学校的内部管理行为，自身不属于国家行政机关，原告无权提起行政诉讼。

某区人民法院做出判决：某区人民法院认定该学校是法律法规授权的组织，起诉符合行政诉讼法受案范围。

该学校的处分程序违法，显失公正而且超越职权。判决撤销该处分决定，判决生效后3日内恢复王某等4名学生的学籍。

该学校上诉，二审法院驳回上诉，维持原判。

讨论：学校对王某等4名学生做出的处理是否恰当、合法？

分析：《教育法》第四十三条规定，受教育者享有下列权利："……（三）在学业成绩和品行上获得公正评价，完成规定的学业后获得相应的学业证书、学位证书；（四）对学校给予的处分不服向有关部门提出申诉，对学校、教师侵犯其人身

① 褚宏启：《论学校在行政法律关系中的地位》，载《教育理论与实践》，2000(3)。

权、财产权等合法权益，提出申诉或者依法提起诉讼……”对于这里的“依法提起诉讼”应当包括刑事诉讼、民事诉讼和行政诉讼。由于本案例中的学校责令王某等4名学生退学、注销学籍的处理严重影响了王某等4名学生的受教育权利，王某等4名学生可以依法提起诉讼。

根据《技工学校学生学籍管理规定》的规定，对违反纪律和犯错误的学生，学校应进行批评教育；情节严重或者屡教不改，可给予警告、严重警告、记过、留校察看、责令退学或者开除学籍等纪律处分。根据《教育法》第二十九条的规定，学校及其他教育机构有权对受教育者进行学籍管理，实施奖励和处分。因此，该学校虽不是行政机关，但依法能够对学生进行学籍管理，对学生行使奖励、处分权。

《行政诉讼法》第十三条规定：“人民法院不受理公民、法人或者其他组织对下列事项提起的诉讼：(一)国防、外交等国家行为；(二)行政法规、规章或者行政机关制定、发布的具有普遍约束力的决定、命令；(三)行政机关对行政机关工作人员的奖惩、任免等决定；(四)法律规定由行政机关最终裁决的行政行为。”本案例不属于第十三条规定的排除情形。

《最高人民法院关于贯彻执行〈中华人民共和国行政诉讼法〉若干问题的意见(试行)》关于受案范围的规定：“‘具体行政行为’是指国家行政机关和行政机关工作人员、法律法规授权的组织、行政机关委托的组织或者个人在行政管理活动中行使行政职权，针对特定的公民、法人或者其他组织，就特定的具体事项，作出的有关该公民、法人或者其他组织权利义务的单方行为。”《最高人民法院关于执行〈中华人民共和国行政诉讼法〉若干问题的解释》第一条规定：“公民、法人或者其他组织对具有国家行政职权的机关和组织及其工作人员的行政行为不服，依法提起诉讼的，属于人民法院行政诉讼的受案范围。”

因此，该学校对4名学生做出的责令退学、注销学籍的处分，是学校行使法律授予的行政职权做出的具体行政行为，并不是学校的内部管理行为。学生不服可以提起行政诉讼。

4名学生均系未成年人。根据《未成年人保护法》的规定，学校应当尊重未成年学生的受教育权，不得随意开除未成年学生。4名学生考场作弊尚属首次，能主动写出检查、认识错误、改正错误，具有从轻处理情节且并未达到情节严重和屡教不改的程度。学校应给予重新改正的机会，不应开除其学籍。该学校做出责令退学、注销学籍的处分，剥夺了他们受教育的权利，违背了法律目的，显失公正。

根据《技工学校学生学籍管理规定》的规定，处分学生必须经过校务会议讨论，校长批准执行；其中责令退学和开除学籍处分，需报学校主管部门批准并报劳动部门备案。该学校于1996年5月2日未经校务会议讨论即对王某等4名学生公告开除，又于同年5月3日未报主管部门批准即做出责令退学、注销学籍的处分，在程序上违法。

法院基于该学校对原告做出责令退学、注销学籍的处分，在实体上显失公正，在程序上违法，判决撤销该处分决定并责令限期恢复原告的学籍。

作为法律法规授权的行政主体的学校与学生之间这种特别的行政法律关系，突出表现为学校对教职工和学生等实施惩戒时，只能实施包括警告、记过、记大过、降级、撤职和开除等形式的行政处分，而不能实施行政处罚。《教育行政处罚暂行实施办法》第四条规定："实施教育行政处罚的机关，除法律、法规另有规定的外，必须是县级以上人民政府的教育行政部门。"《行政处罚法》第十七条规定："行政处罚由具有行政处罚权的行政机关在法定职权范围内实施。"行政处罚是国家特定行政机关或其他行政主体依照法定权限和程序给予违反行政法律法规而尚不够刑事处罚的个人、组织的一种制裁，是一种外部行政行为。作为授权的行政主体，学校对教职工和学生等实施的惩戒，是管理主体对其系统内部的人员实施的制裁，是一种内部责任行为，而不是行政处罚。

案例

某学校初中学生马某学业成绩不佳，守纪情况不好。有一天，他在教学楼内玩球，故意将一个价值300元的吊灯打坏。学校在查明事实经过后，依据本校有关“损坏公物要赔偿和罚款”的规章制度，对马某做出三个处理决定：①给予警告处分；②照价赔偿吊灯；③罚款300元。对此，学校、教师、学生和家长都没有感到不妥。该学校校长还在全校师生大会上以此事为例谈论依法治教、从严治校的重要性。

讨论：学校对马某的处理是否合法？学校是否有罚款权？

分析：学校对马某的处理意见并不都是合法的。给予警告处分和要求照价赔偿吊灯是合法的，而对学生罚款则是一种典型的违法行为。因为行政制裁包括行政处分和行政处罚两个方面，学校有对学生予以处分(纪律处分)的权力，却没有对学生进行行政处罚的权力。罚款是行政处罚的一种，只有国家特定的行政机关才有行政处罚权，学校对学生予以罚款没有任何法律依据。根据《行政处罚法》的规定，没有法定依据或者不遵守法定程序，行政处罚无效。而且《行政处罚法》还规定，在实施行政处罚时没有法定的行政处罚依据的，可以对直接负责的主管人员和其他直接责任人员依法给予行政处分。在本案例中，学校对学生予以罚款的依据、以“法”治校的依据是学校所制定的规章制度。而这些规章制度中有些内容本身就是违法的。①

学校当然没有罚款权。罚款权的性质属于行政处罚，是国家行政机关或其他行政主体依照法定权限和程序给予违反行政处罚法的法律主体的一种制裁，是一种外部行政行为。能够实施教育行政处罚的机关，除法律法规另有规定的以外，必须是县级以上人民政府的教育行政部门。学校不是行政机关或其他行政主体，在对学生管理时不具有行政处罚权。学校以罚治校，不是依法治教、从严治校，而是对自身法律地位认识不清、定位不准的表现。学校在管理学生时应当定位准确、依法管理。

① 褚宏启：《校长要具备依法治校的素质》，载《人民教育》，1998(10)。

三、学校的法人地位

（一）学校法人地位的内涵

法人是在法律上能够作为民事法律关系主体的社会组织。作为与自然人相对的法律主体，法人能够以自己的名义作为独立完整的单位参与民事法律关系，享有权利，承担义务，并能在法院或仲裁机构起诉或应诉。在我国，法人可以是具有民事主体资格的企事业单位、国家机关、社会团体和其他组织。

《民法典》第五十七条规定："法人是具有民事权利能力和民事行为能力，依法独立享有民事权利和承担民事义务的组织。"《民法典》第五十八条规定："法人应当依法成立。法人应当有自己的名称、组织机构、住所、财产或者经费。法人成立的具体条件和程序，依照法律、行政法规的规定。设立法人，法律、行政法规规定须经有关机关批准的，依照其规定。"《教育法》第三十二条规定："学校及其他教育机构具备法人条件的，自批准设立或者登记注册之日起取得法人资格。学校及其他教育机构在民事活动中依法享有民事权利，承担民事责任。"

学校能否具备法人资格，关键在于其是否具备法人条件。学校只要同时具备了以上法律规定的条件，履行了法定手续，才可取得法人资格。学校取得了法人资格，就可以根据有关的法律规定，行使法律所赋予的民事权利，履行自己的民事义务，并以独立法人的身份承担相应的法律责任。

作为独立的法人，在民事法律关系中，学校与其他民事主体具有平等的法律地位。就学校而言，取得了法人地位，就意味着学校具有了法人相应的民事权利能力和民事行为能力。根据《民法典》的规定，法人的民事权利能力自其依法成立起至终止时止。法人的民事行为能力是指法人能够以自己的意志独立进行民事活动，行使权利和承担义务的资格。法人的民事权利的范围往往是由其性质、宗旨、章程等而定的。对于学校来讲，学校的民事行为能力的活动范围不能超出自己的权利能力的范围。作为一种社会组织，学校的民事行为能力是通过其法定代表人来实现的。

学校的法人地位就是法律根据学校的条件和特点而赋予学校的一种与自然人相

似的人格，是一种享有民事权利的主体资格。

（二）学校法人的特点

1. 学校法人的一般特点

《民法典》第五十八条规定的法人条件，同时也是法人的一般特点。学校只要符合《民法典》第五十八条规定的法人条件，即可具有法人资格，成为民事法律关系的主体，同样具有上述法人的一般特点，即独立的组织、独立的财产和独立承担责任。

作为法人，学校具有法人的一般民事权利与责任。一般民事权利包括财产权（财产的所有权、占有权、使用权、收益权和处分权），债权，知识产权以及名称权、名誉权等；一般民事责任主要包括违反合同、侵犯其他社会组织和公民个人合法权利的责任等。

2. 学校法人的特殊性

学校设立的目的是实施教育教学活动，为社会培养人才，并非参加民事流转（但参加民事流转是其必要条件，如购买办学设备等），也不是为一般的社会公益。① 学校的性质决定了学校必然是特别法人。作为特别法人学校的民事权利能力必定与一般意义上的法人有区别。

学校作为实施教育教学活动的主要机构，教育的对象是人，而非物质产品。人具有主观能动性，在教育活动中具有主体地位。作为特别法人，学校法人的特殊性具体表现为教育性、公益性和公共性。

(1)学校法人的教育性

教育性是学校法人的根本特点。学校是实施教育的机构，自然具有教育性。在现代社会，学校是实施教育活动的重要场所。不论是公立学校还是民办学校，教育性都是学校的突出特征。培养人，提高全民族素质，促进社会物质文明与精神文明的发展是学校的终极目标。

---

① 劳凯声：《教育法学》，95 页，沈阳，辽宁大学出版社，2008。

(2)学校法人的公益性

把学校规定为公益机构是世界各国的惯例。在我国，公益性也是学校的典型特性。我国相关的教育法多处都有对教育公益性的规定。例如，《教育法》第八条规定："教育活动必须符合国家和社会公共利益。"《民办教育促进法》第三条规定："民办教育事业属于公益性事业，是社会主义教育事业的组成部分。"

为了保障学校法人的公益性，《教育法》第三十二条规定："学校及其他教育机构中的国有资产属于国家所有。学校及其他教育机构兴办的校办产业独立承担民事责任。"国有资产是当前我国学校及其他教育机构，特别是国家举办的教育机构主要的教育资源。学校及其他教育机构依法享有对这部分国有资产的占有权和使用权，但在对其进行使用和管理的同时，必须保证国有资产的国家所有，是任何部门、组织和个人都不得侵占、挪用、截留，甚至破坏、私分的。学校及其他教育机构都应根据国家的有关规定用好、管好国有资产，不得随意改变用途、挪作他用，不得用于抵押，或为他人担保等，以确保国有资产不流失。

关于学校及其他教育机构的创收，根据《教育法》第三十二条的规定，学校及其他教育机构在保证正常的教育教学活动和科研活动所需资金的前提下，可以利用自有资金，面向社会，投资兴办产业，以其所获收益补充学校的办学经费。但是，校办产业应当取得法人资格，以其全部法人财产独立承担民事责任；学校及其他教育机构不对校办产业的行为承担连带民事责任，也不得以用于教学和科研的资产为校办产业提供担保。

(3)学校法人的公共性

学校设立依据的是公法《教育法》，而非私法如公司法、民法等法律。《教育法》第二十七条明确规定了学校设立的基本条件。学校的教育权也是国家授予的，其是职权，是公权，而非私权。学校一旦依法成立就拥有这种权力，不能放弃。《教育法》第二十九条对学校行使的权利做了详细规定。

相关法律对学校及其他教育机构的民事权利能力所做的限制性规定，正是学校法人地位特殊性的具体体现。厘清学校法人的特殊性，对于保证教育教学活动和科学研究活动顺利进行，理顺与校办产业的财产关系，防止学校及其他教育机构弃教经商，冲击正常的教育教学活动，以及制止学校出现违反国有资产管理规定，出让学校用地，甚至出售学校用房等违法行为，都具有十分重要的意义。

案例

某学校为补充办学经费，利用自有资金，兴办了校办工厂（集体所有制非法人单位）。开始一段时间，工厂的效益还不错。可是后来在市场竞争中，由于经营管理不善等各种原因，工厂便负债累累，几乎倒闭。随之而来的是一个个债权人讨债不成，将校办工厂告上法庭。学校因校办工厂的经营行为和为校办工厂借款提供担保也陷入诉讼。校长难以从这种债权、债务关系中解脱出来，没有精力抓教学，严重影响了教育教学活动顺利进行。

讨论：从学校法人的地位看，在校办产业的具体运营中，学校应当如何运作？

分析：第一，学校作为法人，具有法人的一般条件。即学校是独立的组织，具有独立的财产和独立承担责任。《教育法》第三十二规定："学校及其他教育机构具备法人条件的，自批准设立或者登记注册之日起取得法人资格。"第二，学校财产的独立性主要是指学校要有独立的财产和经费。这是学校享有办学自主权的物质基础。学校财产的独立性有三方面含义。一是用于学校办学的资产应与举办者的其他资产相分离。不论是国家举办的学校还是社会力量举办的学校均如此。根据《教育法》第三十二条的规定，学校及其他教育机构中的国有资产属于国家所有。学校及其他教育机构兴办的校办产业独立承担民事责任。二是在民事活动中学校以其资产独立承担民事责任，举办者不承担连带责任。根据《教育法》第三十二条的规定，学校及其他教育机构在民事活动中依法享有民事权利，承担民事责任。三是在学校存续期间任何组织和个人不得非法侵害学校财产。

因此，校办产业在兴办之初，应当独自取得独立的法人资格，独立承担民事责任。

（三）学校法人的类型

1. 法人的类型

(1)公法人与私法人

这是西方国家法人的一种重要分类，其分类标准有多种。以设立法人的目的为准，法人分为以公共利益为目的的公法人和以私人利益为目的的私法人；以法人设立所依的法律为准，依据公法设立的为公法人，依据私法设立的为私法人；以法人的设立者为准，由国家或公共团体设立的为公法人，反之为私法人；以法人是否行使或分担国家权力为准，凡行使或分担国家权力或政府职能的为公法人，反之为私法人。

(2)社团法人与财团法人

依据法人成立的基础，法人可分为社团法人与财团法人。社团法人是以人的集合为基础而成立的法人；财团法人是以财产的集合为基础而成立的法人。社团法人分为营利社团法人和公益性社团法人，而财团法人的设立则只能为公益。

(3)公益法人与营利法人

依据法人成立或活动的目的，法人可分为公益法人与营利法人。公益法人是指以社会公共利益为目的而成立的法人；营利法人是以取得经济利益并分配给其成员为目的的法人。

2. 我国学校法人的类型

依据法人所从事的业务活动，《民法典》把法人分为营利法人、非营利法人和特别法人。其中有限责任公司、股份有限公司和其他企业法人等归属于营利法人；事业单位、社会团体、基金会、社会服务机构等为非营利法人；机关法人、农村集体经济组织法人、城镇农村的合作经济组织法人、基层群众性自治组织法人为特别法人。

营利法人是以取得利润并分配给股东等出资人为目的成立的法人，营利法人经依法登记成立。非营利法人指的是为公益目的或者其他非营利目的而成立，不向出资人、设立人或者会员分配所取得利润的法人。其中，事业单位法人指的是为适应经济社会发展需要、提供公益服务设立的事业单位，具备法人条件，经依法登记成立的法人。另外，依法不需要办理法人登记的，从成立之日起，具有事业单位法人资格，也是事业单位法人。社会团体法人指的是基于会员共同意愿，为公益目的或者会员共同利益等非营利目的设立的社会团体，经依法登记成立的法人。另外，依法不需要办理法人登记的，从成立之日起，具有社会团体法人资格，也是社会团体法人。捐助法人指的是为公益目的以捐助财产设立的基金会、社会服务机构等，具备法人条件，经依法登记成立的法人。另外，依法设立的宗教活动场所具备法人条件的，也可以申请法人登记，取得捐助法人资格。

《民法典》规定，设立营利法人、社会团体法人和捐助法人都应当依法制定法人章程。《民法典》第九十五条规定："为公益目的成立的非营利法人终止时，不得向出资人、设立人或者会员分配剩余财产。剩余财产应当按照法人章程的规定或者权力机构的决议用于公益目的；无法按照法人章程的规定或者权力机构的决议处理的，由主管机关主持转给宗旨相同或者相近的法人，并向社会公告。"

第三节　学校的权利与义务

学校在开展教育教学活动的过程中，会与其他的法律关系主体产生各种各样的法律关系。明确学校的权利、义务与责任关系到学校合法权益的保障及学校的健康发展。

一、学校的权利

按照《教育法》第二十九条的规定，学校的权利的具体内容如下。

（一）按章程自主管理

章程是学校申请设立时的一个必备条件，是学校自主管理的基本依据。按章程管理是法律授予学校的权利，是学校法人地位的重要体现，是落实学校法律地位的重要保证。学校根据自己的章程，在不违背国家法律的前提下，可以自主组织实施管理活动，做出管理决策，并建立完善自身的管理系统，而无须事无巨细，都请示主管行政部门。

学校章程涉及的内容主要包括学校名称、校址、办学宗旨、办学规模、课程设置、教育形式、内部管理体制、师资情况、学生的权利与义务、学校的权利与义务、经费来源、财产和财务制度、其他必须由章程规定的事项以及章程的修改程序等。

学校制定章程一般必须遵循以下程序：①由校长主持该项工作，并组成各方代表参加的学校章程起草小组，必要时可请教育法方面的专家、学者当顾问；②经充分讨论后，由教职工大会通过；③报请教育行政主管部门依法审核。

（二）组织实施教育教学活动

教育教学活动是学校的基本活动，组织实施教育教学活动是学校的基本权利。依据这项权利，学校有权根据国家有关教学计划、教学大纲和课程标准等方面的规定，自主组织学校教育教学活动的实施。例如，学校有权根据自己的办学宗旨和任务，决定具体课程、专业设置，决定选用何种教材，决定具体课时和教学进度，组织教学评比，开展集体备课，对学生进行统一考核、考试等。其他组织和个人不得非法干预学校这一权利的行使。同时，学校有权抵御外界对教育教学活动的非法干扰。

（三）招收学生

招生权是学校的一项重要权利。学校有权根据自己的办学宗旨、培养目标、发展规划以及实际办学条件和能力，依据国家有关规定进行招生。任何组织和个人都不得进行非法干预。

学校虽然有权通过发布广告等形式确定招生范围和来源，但所发布的招生信息必须是真实有效的，并得到法律的认可，否则法律将不予保护。

（四）对受教育者进行学籍管理，实施奖励或处分

学校有权根据主管部门的学籍管理规定，针对受教育者的层次和类别，制定有关入学与报名注册、纪律与考勤、休学与复学、转学、退学等的管理办法，实施具体的管理活动。学校有权根据国家有关学生奖励、处分的规定，结合本校实际，制定具体的奖励与处分办法，并据此对学生实施奖惩管理。学校实行的奖励是指学校对受教育者在德、智、体、美、劳方面的优良表现，给予物质或精神上的表彰，如颁发奖学金、给予“先进积极分子”等称号。学校实行的处分是指学校依据教育法律或其内部管理制度对违反学校纪律的学生的一种校内惩戒或制裁。学校处分的类型一般有六种：警告、严重警告、记过、留校察看、勒令退学、开除学籍。

（五）为受教育者颁发相应的学业证书

学业证书是对受教育者的学习经历、知识水平及专业技能的一种证明，是国家承认的具有法定效力的一种证件。向受教育者颁发相应的学业证书是学校自主实施教育教学活动所必然享有的权利。学校有权根据自己的办学宗旨、培养目标及教育教学任务的要求，遵照国家有关学业证书的管理规定，为经考试成绩合格的受教育者颁发相应的学业证书、结业证书等。值得提出的是，学校在对受教育者颁发学业证书时，不可违背国家有关学业证书的管理规定。

（六）聘任教师及其他职工，实施奖励或处分

学校对教师的任用和管理是学校的一项基本权利。学校有权根据国家和教育主管部门有关教师及其他职工的管理规定，从本校的办学条件、办学能力和教师的实际编制情况出发，制定本校教师及其他职工的聘任办法，依此自主实施签订和解除教师及其他职工的聘任合同，决定聘任、解聘有关教师及其他职工，对教师及其他职工进行奖励、处分的具体管理活动。值得注意的是，学校对教师和其他职工的聘任，应当遵循双方地位平等的原则，以签订聘任合同的形式明确规定双方的权利、义务和责任。

（七）管理使用本单位的设施和经费

教育设施和经费是学校办学的物质基础。学校对其占有的场地、校舍、教学仪

器、图书资料、办学经费及其他有关财产，享有管理权和使用权。学校用于教学、科研的资产不得随意改变用途，更不得用作抵押和为他人作担保。学校在必要时可对其所占有的财产进行处置。但学校在行使这一权利时，要遵守国家有关国有资产管理、教育经费投入及学校财务活动的管理规定，符合国家和社会的公共利益，使其有利于本校的正常发展。

（八）拒绝任何组织和个人对教育教学活动的非法干涉

这是为维护学校正常的教育教学秩序、抵制非法干涉而确立的一项重要权利。学校有权拒绝来自国家机关、企事业单位、社会组织以及个人的非法干涉，并可通过教育行政部门会同当地有关部门予以治理。所谓非法干涉是指行为人违背国家法律法规和有关规定，做出的不利于学校教育教学活动的行为，如乱摊派、乱集资、乱罚款、随意要求学校停课等。

（九）法律法规规定的其他权利

学校享有我国现行法律法规以及地方性法规赋予的其他权利，如要求社会给学生提供乘车优惠，提供实习培训等。

权利和义务是相统一的。学校作为实施教育教学活动的专门机构，在行使其权利时必须遵守法律法规和国家教育主管部门的规定，必须符合国家和社会的公共利益，不得损害教职工和学生的合法权益。即学校在依法享有权利的同时，还必须履行其应尽的义务。

二、学校的义务

按照《教育法》第三十条的规定以及我国相关法律法规的规定，学校的义务的具体内容如下。

（一）遵守法律法规

这是学校的一项基本义务。《宪法》第五条规定："一切国家机关和武装力量、各政党和各社会团体、各企业事业组织都必须遵守宪法和法律。一切违反宪法和法律的行为，必须予以追究。"学校也不例外，遵守法律法规，包括遵守宪法、法律、行政法规、地方性法规以及规章等。学校不仅应履行教育法律法规中为学校设立的特定义务，还应履行一般社会组织所应承担的法律义务。

（二）贯彻国家的教育方针，执行国家教育教学标准，保证教育教学质量

教育方针是一定历史时期教育工作的目标和方向。《教育法》第五条确立了国家的教育方针："教育必须为社会主义现代化建设服务、为人民服务，必须与生产劳动和社会实践相结合，培养德智体美劳全面发展的社会主义建设者和接班人。"这项义务要求学校在组织实施教育教学活动的过程中，要保证贯彻国家的教育方针和教育标准，走教育与社会实践相结合的道路，全面推行素质教育，努力为社会主义现代化建设培养德、智、体、美、劳方面全面发展的各类人才。不履行此项义务，不单是教育思想或工作方法的问题，更是一种违法行为。

国家教育教学标准是国家对各级各类学校的教育内容、教育教学质量及办校条件等规定的必须达到的一般标准。学校必须坚持国家教育教学标准，加强育人环节，保证教育教学活动达到国家的教育质量标准，并不断提高教育教学质量水平。

（三）维护受教育者、 教师及其他职工的合法权益

这项义务包括两方面的含义：一是要求学校自身不得侵犯受教育者、教师及其他职工的合法权益，如不得克扣、拖欠教职工的工资，不得拒绝符合入学标准的受教育者入学等；二是当其他社会组织和个人侵犯了本校受教育者、教师及其他职工的合法权益时，学校有义务以合法的方式积极协助有关单位查处违法行为的当事人，维护本校成员的合法权益。

（四）以适当的方式为受教育者及其监护人了解受教育者的学业成绩及其他有关情况提供便利

受教育者及其监护人了解受教育者的学业成绩及其他有关情况的知情权，是实现平等的受教育权和在学业成绩和品行上获得公正评价的重要前提，在法律上应当予以保护。学校不得拒绝受教育者及其监护人行使这一权利。但是学校在为受教育者及其监护人了解受教育者的学业成绩及其他有关情况提供便利时，应当采取合法、正当的方式，而不是采取公布档案、学业成绩排名等侵犯受教育者隐私权和名誉权

的不适当方式。学校可以以家长接待日、家长会议、教师家访、个别谈心等形式，为受教育者及其监护人了解受教育者的学业情况提供便利。

（五）遵照国家有关规定收取费用并公开收费项目

学校是公益性教育机构，应根据中央和地方各级政府及其有关部门的收费规定，确定收取学杂费的具体标准，不得巧立名目，乱收费用，甚至把办学当作牟利的工具。公民依法享有受教育的权利，同时应按所入学校的不同性质依照有关规定缴纳一定费用。学校既要严格按照国家有关规定收取费用，又要保证向家长和社会公开收费的具体名称和标准，接受家长和其他公众的监督。

（六）依法接受监督

为了保证学校正确的办学方向，全面贯彻国家的教育方针，确保教育教学质量，学校对来自行政机关、司法机关以及社会、本校师生的监督等都应当接受，并积极予以配合，不得妨碍检查、监督工作的正常进行。

以上法律法规规定的学校义务对于规范学校的办学行为、促进学校教育教学活动的实施、提高教育质量有着十分重要的意义。学校不履行法律法规规定的义务，则要分别承担相应的法律责任。

第四节　学校内部管理体制

一、学校内部管理体制概述

（一）学校内部管理体制的内涵

学校内部管理体制是指学校内部管理机构的设立及其权限的划分。学校内部管理体制在学校的管理与发展中居于重要的地位。健全的学校内部管理体制有利于学校日常教育教学工作的顺利开展，有利于保证教育教学质量，有利于提高办学效益。《教育法》第三十一条规定："学校及其他教育机构的举办者按照国家有关规定，确定其所举办的学校或者其他教育机构的管理体制。"《国家中长期教育改革和发展规划纲要(2010—2020年)》进一步要求完善中小学的管理制度。这为学校内部管理体制的确立提供了法律及政策依据。

(二)我国学校内部管理体制的历史沿革①

1. 校务委员会制

新中国成立后，党和政府接管了学校的工作，在学校及其他教育机构的内部实行校务委员会制。校务委员会由进步的教职员工组成，实行民主管理。

2. 校长责任制

1952年，经政务院批准，教育部颁布了《全日制中小学暂行规程(草案)》。该草案规定中小学实行校长责任制，设立校长1人，负责领导全校工作。校长由政府委派，对学校的各项工作拥有最后的决策权。

3. 党支部领导下的校长负责制

1958年，《中共中央 国务院关于教育工作的指示》明确规定，一切学校应该接受党委的领导；一切中等学校和初等学校也应放在党委的领导之下。这一领导体制加强了党对教育事业的领导与管理工作，增强了对行政工作监督的职能。

4. 当地党委和主管的教育行政部门领导下的校长负责制

1963年，教育部颁发了《全日制中小学暂行工作条例(草案)》。该条例规定，校长是学校的行政负责人，在当地党委和教育行政部门的领导下，负责领导全校的工作。

5. 党支部领导下的校长分工负责制

1978年，教育部修订了《全日制中小学暂行工作条例(草案)》，指出中小学实行党支部领导下的校长分工负责制，学校的一切重大问题必须经过党支部讨论决定。该条例还进一步规定，校长是国家任命的学校行政负责人，对外代表学校，对内主持学校的经常性工作。

---

① 劳凯声：《教育法学》，110～111页，沈阳，辽宁大学出版社，2008。

6. 校长负责制

《中共中央关于教育体制改革的决定》明确规定："学校逐步实行校长负责制，有条件的学校要设立由校长主持的、人数不多的、有威信的校务委员会，作为审议机构。"《中国教育改革和发展纲要》规定，中等及中等以下各类学校实行校长负责制。《教育法》第三十一条规定："学校的教学及其他行政管理，由校长负责。"《民办教育促进法》第二十五条规定，民办学校校长负责学校的教育教学和行政管理工作。《国家中长期教育改革和发展规划纲要(2010—2020年)》要求完善普通中小学和中等职业学校校长负责制，完善校长任职条件和任用办法。公办高等学校要坚持和完善党委领导下的校长负责制。依据上述法律法规和政策的规定，我国现行的学校领导体制是校长负责制。

二、校长的基本条件、职权和职责

(一)校长的基本条件

《教育法》第三十一条规定："学校及其他教育机构的校长或者主要行政负责人必须由具有中华人民共和国国籍、在中国境内定居、并具备国家规定任职条件的公民担任，其任免按照国家有关规定办理。"依据这一规定，校长的任职资格主要包括以下几项。

1. 国籍

校长必须是中华人民共和国公民，而且要在我国境内定居。外国公民及虽具有我国国籍但未在我国境内定居的人，都不能担任我国学校的校长。

2. 任职条件

依据国家教育委员会1991年颁布的《全国中小学校长任职条件和岗位要求(试行)》的规定，校长必须具备以下的任职条件：①拥护中国共产党的领导，热爱社会主义祖国，努力学习马克思主义。热爱社会主义的教育事业，认真贯彻执行党和国家的教育方针、政策、法规。关心爱护学生，刻苦钻研教育教学业务。热爱本职工作。有一定的组织管理能力。团结同志，联系群众。严于律己，顾全大局。言行堪为师生的表率。②乡(镇)完全小学以上的小学校长应有不低于中师毕业的文化程度，初级中学校长应有不低于大专毕业的文化程度，完全中学、高级中学校长应有不低于大学本科毕业的文化程度。中小学校长应分别具有中学一级、小学高级以上的教师职务；中小学校长应有从事相当年限教育教学工作的经历；中小学校长应接受岗位培训，并获得岗位培训合格证书。③身体健康，能胜任工作。

(二)义务教育学校校长的职权和职责

2013年，教育部颁布了《义务教育学校校长专业标准》(简称《校长专业标准》)。该标准对于促进校长队伍的专业化具有重要意义，同时也是明确义务教育学校校长职权和职责的重要法律依据。

一般而言，校长专业标准的框架主要由两个维度构成：活动维度和专业素质维度。活动维度是指校长的职业角色和职业活动，明确校长应该做什么。《校长专业标准》把校长的职业角色和职业活动分为以下6种：规划学校发展，营造育人文化，领导课程教学，引领教师成长，优化内部管理，调适外部环境。专业素质维度一般包括专业知识、专业能力和专业精神等。《校长专业标准》强调五个基本理念，即校长的核心使命是“育人为本”“引领发展”；校长个人素养要“以德为先”“能力为重”；校长要保持专业水准，需要“终身学习”。《校长专业标准》把校长的专业职责确定为6项，对于校长的专业要求共有60条。其每一项专业职责都包括相应的专业要求。其中，专业理解与认识有3条，专业知识与方法有3条，专业能力与行为有4条(见表5-1)。

表5-1 《校长专业标准》中校长的专业职责和专业要求

专业职责	专业要求	
规划学校发展	专业理解与认识	1. 明确学校办学定位，履行实施义务教育的工作使命，保障适龄儿童、少年平等接受有质量的义务教育，着力保障农民工子女、残疾儿童少年、家庭经济困难学生的受教育权利 2. 注重学校发展的战略规划，凝聚师生智慧，建立学校发展共同目标，形成学校发展合力 3. 尊重学校传统和学校实际，提炼学校办学理念，办出学校特色

续表

专业职责	专业要求	
规划学校发展	专业知识与方法	4. 熟悉国家的法律法规、教育方针政策和学校管理的规章制度 5. 把握国内外学校改革和发展的基本趋势，学习借鉴优秀校长办学的成功经验 6. 掌握学校发展规划制定、实施与测评的理论、方法与技术
	专业能力与行为	7. 诊断学校发展现状，及时发现和研究分析学校发展面临的主要问题 8. 组织社区、家长、教师、学生多方参与制订学校发展规划，确立学校中长期发展目标 9. 落实学校发展规划，制订学年、学期工作计划，指导教职工制定具体行动方案，并提供人、财、物等条件支持 10. 监测学校发展规划的实施，根据实施情况修正学校发展规划，调整工作计划，完善行动方案
营造育人文化	专业理解与认识	11. 把德育工作摆在素质教育的首要位置，全面加强学校德育体系建设 12. 将学校文化建设作为学校德育工作的重要方面，重视学校文化潜移默化的教育功能，把文化育人作为办学治校的重要内容与途径 13. 热爱祖国优秀传统文化，充分发挥优秀传统文化的时代意义与教育价值，重视地域文化的重要作用
	专业知识与方法	14. 广泛涉猎自然科学与人文社会科学知识，具有良好的艺术修养和相应的艺术欣赏与表现的知识 15. 了解校园文化建设的基本理论，掌握促进优秀文化融入学校教育的方法和途径 16. 掌握不同年龄阶段学生思想品德形成和健康心理发展的特点与规律，了解学生思想与品行养成过程及其教育方法
	专业能力与行为	17. 绿化、美化校园环境，精心营造人文氛围，建设优良的校风、教风、学风，设计体现学校特点和教育理念的校训、校歌、校徽、校标 18. 精心设计和组织艺术节、科技节等校园文化活动，充分利用好重大节庆日、传统节日等有特殊意义的日子以及学校组织特有的仪式，开展主题教育活动 19. 建设绿色健康的校园信息网络，向师生推荐优秀的精神文化作品和先进模范人物，努力防范不良的流行文化、网络文化和学校周边环境对学生的负面影响 20. 凝聚学校文化建设力量，发挥教师、学生及社团的主体作用，为共青团、少先队、学生社团、班集体活动开展提供必要条件，保证活动时间

续表

专业职责	专业要求	
领导课程教学	专业理解与认识	21. 坚持面向全体学生，因材施教，全面提高教育教学质量 22. 尊重教育教学规律，注重培养学生的责任意识、创新精神和实践能力 23. 尊重教师的教学经验和智慧，积极推进教学改革与创新
	专业知识与方法	24. 掌握学生不同发展阶段的培养目标和课程标准 25. 了解课程编制、课程开发与实施、课程评价的相关知识和教材、教辅使用的政策以及国内外课程教学改革的经验 26. 掌握课堂教学以及教育信息技术应用的一般原理与方法
	专业能力与行为	27. 有效统筹国家、地方、学校三级课程，确保国家课程、地方课程的落实，推动校本课程的开发与实施，为学生提供丰富多样的课程教学资源 28. 认真落实义务教育课程标准，切实减轻学生过重课业负担，不得随意提高课程难度，不得挤占体育、音乐、美术等课程的课时，确保学生每天一小时校园体育活动 29. 建立听课与评课制度，深入课堂听课并对课堂教学进行指导，每学期听课不少于地方教育行政部门规定的课时数量 30. 积极组织开展教研活动和教学改革，建立完善促进学生全面发展的教育教学评价制度，不片面追求学生考试成绩和升学率
引领教师成长	专业理解与认识	31. 教师是学校改革发展最宝贵的人力资源，尊重、信任、团结和赏识每一位教师 32. 校长是教师专业发展的第一责任人，将学校作为教师实现专业发展的主阵地 33. 尊重教师专业发展的规律，激发教师发展的内在动力
	专业知识与方法	34. 把握教师职业素养要求，明确教师的权利与义务 35. 掌握教师专业发展的理论以及指导教师开展教育教学实践与研究的方法 36. 掌握学习型组织建设的方法以及激励教师主动发展的策略
	专业能力与行为	37. 建立健全教师专业发展的制度，推行校本教研，完善教研训一体的机制，落实每位教师五年一周期不少于 360 学时的培训要求 38. 关注每一位教师的发展，指导教师根据自身发展特点制订专业发展计划，加强青年教师培养，支持教师轮岗交流，推进信息技术在教师专业发展中的应用 39. 扎实开展师德师风教育，落实教师职业道德规范要求，严禁教师体罚或变相体罚学生，严禁教师从事有偿补课 40. 维护和保障教师合法权益和待遇，关爱教师身心健康，建立优教优酬的激励制度

续表

专业职责	专业要求	
优化内部管理	专业理解与认识	41. 坚持依法治校，自觉接受师生员工和社会的监督 42. 崇尚以德立校，处事公正、严格律己、廉洁奉献 43. 倡导民主管理和科学管理，坚持教书育人、管理育人、服务育人
	专业知识与方法	44. 把握国家相关政策对校长的职责定位和工作要求 45. 掌握学校管理的基本理论与方法，了解国内外学校管理的变化趋势 46. 熟悉学校人事财务、资产后勤、校园网络、安全保卫与卫生健康等管理实务
	专业能力与行为	47. 形成学校领导班子的凝聚力，认真听取党组织对学校重大决策的意见，充分发挥党组织的政治核心作用 48. 尊重和支持教职工代表大会参与学校管理的民主权利，定期向教职工代表大会报告工作，实行校务会议等管理制度 49. 建立健全学校人事、财务、资产管理等规章制度，提高学校管理规范化水平，不得违反国家规定收取费用，不得以向学生推销或者变相推销商品、服务等方式谋取利益 50. 努力打造平安校园，建立和完善学校各种应急管理机制，定期实施安全演练，正确应对和妥善处置学校突发事件
调适外部环境	专业理解与认识	51. 坚持把服务社会(社区)作为学校的重要功能，勇于承担社会责任 52. 坚持把合作共赢作为学校对外关系准则，积极开展校内外合作与交流 53. 坚信学校与家庭、社会(社区)的良性互动是办学水平的重要体现
	专业知识与方法	54. 掌握学校公共关系及家校合作的理论与方法 55. 了解所在社区、学生家庭的基本情况，积极获取与学生成长、学校发展相关的信息 56. 熟悉各级各类社会公共服务机构的教育功能
	专业能力与行为	57. 优化外部育人环境，努力争取社会(社区)的教育资源对学校教育的支持 58. 充分发挥家长委员会支持学校工作的积极作用，引导社区和有关专业人士参与学校管理和监督，接受改进学校工作的合理建议 59. 建立健全家校合作育人机制，建立教师家访制度，通过家长学校、家长会、家长开放日等形式，指导和帮助家长了解学校工作情况和学生身心发展特点，掌握科学育人方法 60. 积极发挥学校在社区建设中的作用，鼓励并组织学校师生参与服务社会(社区)的有益活动

三、学校基层党组织的领导作用

为了保障学校各项工作坚持社会主义方向，并严格贯彻执行党与国家的教育方针，需要加强学校基层党组织的领导作用。《中共中央关于教育体制改革的决定》在定位学校的党组织在教育事业发展中以及学校领导中的地位与作用时指出，学校的党组织要团结广大师生，大力支持校长履行职权，保证学校教育工作的正确方向，保证和监督党和国家教育方针、政策贯彻与执行，保证学校教育目标的顺利实现。《中国教育改革和发展纲要》指出，加强学校党的建设，是全面贯彻教育方针、加快教育改革和发展、全面提高教育质量的根本保证。它强调坚持党对学校的领导，加强党的基层组织建设，发挥党员的先锋模范作用。它还指出，高等学校党委要对重大问题进行讨论并做出决定；中小学和其他学校党组织发挥着政治核心作用。《国家中长期教育改革和发展规划纲要（2010—2020年）》指出，要健全各级各类学校党组织，把全面贯彻党的教育方针、培养社会主义建设者和接班人贯穿学校党组织活动始终，坚持社会主义办学方向，牢牢把握党对学校意识形态工作的主导权。高等学校党组织要充分发挥在学校改革发展中的领导核心作用，中小学党组织要充分发挥在学校工作中的政治核心作用。要加强民办学校党的建设，积极探索党组织发挥作用的途径和方法，积极发挥民办学校党组织的作用。

四、教职工代表大会制度

教职工代表大会制度不仅是教职工参与学校管理、行使民主管理和监督权利的法定组织形式，而且是学校内部管理体制的重要组成部分。《中共中央关于教育体制改革的决定》规定："要建立和健全以教师为主体的教职工代表大会制度，加强民主管理和民主监督。"《教育法》第三十一条规定："学校及其他教育机构应当按照国家有关规定，通过以教师为主体的教职工代表大会等组织形式，保障教职工参与民主管理和监督。"《国家中长期教育改革和发展规划纲要（2010—2020年）》指出，实行校务会议等管理制度，建立健全教职工代表大会制度。《学校教职工代表大会规定》第三条规定，学校教职工代表大会是教职工依法参与学校民主管理和监督的基本形式。学校应当建立和完善教职工代表大会制度。《学校教职工代表大会规定》第十五条规定："有教职工 80 人以上的学校，应当建立教职工代表大会制度；不足 80 人的学校，建立由全体教职工直接参加的教职工大会制度。"

教职工代表大会制度是社会主义民主集中制度的体现。学校建立教职工代表大会制度，可以防止学校管理工作中的独断专行，有利于调动广大教职工参与学校管理的积极性。依据《学校教职工代表大会规定》第七条的规定，学校教职工代表大会的职权包括：①听取学校章程草案的制定和修订情况报告，提出修改意见和建议；②听取学校发展规划、教职工队伍建设、教育教学改革、校园建设以及其他重大改革和重大问题解决方案的报告，提出意见和建议；③听取学校年度工作、财务工作、工会工作报告以及其他专项工作报告，提出意见和建议；④讨论通过学校提出的与教职工利益直接相关的福利、校内分配实施方案以及相应的教职工聘任、考核、奖惩办法；⑤审议学校上一届（次）教职工代表大会提案的办理情况报告；⑥按照有关工作规定和安排评议学校领导干部；⑦通过多种方式对学校工作提出意见和建议，监督学校章程、规章制度和决策的落实，提出整改意见和建议；⑧讨论法律法规规章规定的以及学校与学校工会商定的其他事项。教职工代表大会的意见和建议，以会议决议的方式做出。

复习思考题

1. 界定下列概念：学校的法律含义、学校的法人地位、学校内部管理体制。
2. 简述学校设立的条件。
3. 简述学校的举办主体。
4. 简述学校的权利与义务。
5. 为什么说学校法人具有特殊性？
6. 简述我国学校法人的类型。
7. 简述我国学校内部管理体制。

8. 为什么要让学校成为法人？学校具有法人地位的意义何在？

9. 为什么要确立学校的法律地位？确立学校法律地位的意义何在？

案例分析题 1

据新闻媒体报道，在黄金周期间，由于大量的游人涌进某大学校园，某大学不堪其扰，已经做出拒绝游人进入校园的规定，并已经执行这一规定。

这一报道见诸媒体之后，引发了激烈的讨论。诸多声音认为某大学不应该对游人说“不”，认为某大学拒绝游人进入校园，既不合情，也不合理。最后，所有的讨论都集中在一个问题上：“某大学是某大学人的大学，还是全国人民的大学？”

问题：(1)为什么会产生对这个问题的讨论？如果某大学是一个公司、企业或工厂，会不会产生这样的问题？

(2)从法人的角度看，某大学与公司、企业及其他社会组织的区别在哪里？

案例分析题 2

某中学为了加强本校的教育教学管理，投资建成了一套全方位的现代化教学系统。其中，电子眼是其主要组成部分。通过电子眼，学校可以随时随地看到教室、阅览室、实验室等各个角落的情况，通过各种情况的反馈来加强教育教学管理。

对于学校装电子眼，有的师生对此表示理解和拥护，认为纪律比以前好多了。一些教师也认为装电子眼能给他们动力，而且校长能随时考查教师的真实教学情况。这让教师的教学一刻也不能松懈。但是，也有学生认为，这种做法是一种不尊重他人的表现。另有教师认为教学是一种发自内心的自然的活动，师生对教育教学发自内心的不松懈和被动的不松懈完全是两码事。装电子眼有一种被监视的感觉，无形之中会产生一种不正常的压力，对教学没有好处。

问题：学校装电子眼的做法是否正确？为什么？

第六章　教　师

学习目的和要求

1. 理解教师的法律含义。
2. 掌握教师的权利和义务。
3. 了解我国教师制度。
4. 了解违反《教师法》的法律责任。
5. 能够运用理论知识解决实际问题。

具体教学内容

1. 教师的法律含义
2. 教师的权利和义务
3. 教师资格制度、职务制度、聘任制度等教师制度
4. 违反《教师法》的法律责任

第一节 教师的法律含义

一、教师的法律地位

1966年，联合国教科文组织在《关于教师地位之建议书》中指出，教师“地位”一词意指其立场及受重视程度，系经由对教师所发挥之功能，所表现之能力、工作态度，以及自其他专业团体获得之报酬与其他实质上奖励的重要性予以评估，所引证的结果。

世界各国公立学校的教师身份根据教师的任用主体和任用形式不同而有差异。例如，法国、德国、意大利、芬兰和葡萄牙等把中小学教师列为国家公务员职系；日本、韩国则单设教育公务员职系并采用终身雇用制；美国实行中小学教师聘任制，若教师的服务成绩优良则以续任聘约制或永久聘约制来保持教师队伍的稳定。①

（一）公务雇员

有一些国家的教师兼具公务员和雇员的双重身份，如英国和美国等。其公立学校教师的任用权一般在地方政府。但任用时，教师需与地方教育当局签订合约。具有公务雇员身份的教师既具有公务员法律规定的各项权利和义务，又具有合约规定的权利和义务。公立学校的责任团体（地方教育委员会或地方教育当局）采取雇用合同的形式与教师签订工作协议。教师的雇用和解雇不适用于一般的劳工关系法，也不适用于国家公务法律条款，而仅适用于学校雇员的法律规定。②

（二）学校雇员

雇员是与政府、企业等通过合同建立雇用劳动关系的人员的统称。在各国几乎

① 成有信：《教师职业的公务员性质与当前我国师范院校的公费干部学校特征》，载《教育研究》，1997(12)。

② 黄葳、孟卫青：《英、美、法、德、日中小学校教师法律地位的比较》，载《比较教育研究》，2002(6)。

所有的私立学校中，教师由校长聘任。在这种任用方式下，教师与校长之间完全属于私法上的契约关系。一些国家的公立学校也存在雇员身份的教师，其雇主是教育当局或者大学。在雇员制度下，在雇用期限内，雇主可以决定教师的雇用和解雇，以促进教师竞争，提高教学质量。而对于雇主侵犯教师权利的行为，教师可以通过法律程序诉诸法律。由于雇用合约中明确规定了雇主与教师的权利和责任，因此在这种雇用关系中，教师与雇主的法律地位平等。

（三）教育公务员

将教师身份定位为教育公务员这种理念近年来在教育界的呼声很高。在此以日本有关教育公务员的法律法规为例对教育公务员的体制特点进行介绍。

日本1949年颁布《教育公务员特例法》，将公立幼儿园到大学的园长、校长、教师和教育委员会的教育长的身份统一为“教育公务员”，建立了独立的教育公务员制度。这一举措一方面源于第二次世界大战后日本教育民主化、地方分权化的政治要求；另一方面也反映了教育系统保障地方学校教职员身份的需要。该法规定教育公务员的待遇要优于一般公务员，以确保优秀人才进入教师职业。日本教育公务员制度在选拔、任命、工作评定、晋级、轮岗等制度方面非常有特点。①

1. 依法设立，分类明确

岗位设置包括设岗原则、岗位分级及结构比例、岗位资格与岗位规范等。日本确定中小学教师岗位设置的法律是《学校教育法》，确定教师配置比例的是《公立义务教育诸学校学级编制和教职员定数标准法》。日本中小学设管理、教学与指导及教学三类岗位，设置了不同的岗级，明确规定了各岗位的职责和任职条件。

2. 程序规范，考察全面

《地方教育行政组织运营法》规定，日本公立小学、初中教师和县立高中教师由都道府县教委任命并提供薪酬，市町村立高中教师由市町村教委任命和提供薪酬；

① 蔡永红、肖艺芳：《日本教育公务员制度的特点及其对我国的启示》，载《教师教育研究》，2011(6)。

指定都市①教委拥有一定自治权，可以任命该市管辖范围内的公立小学、初中教师。任命的先决条件是取得或上任前可取得相应职位所需的教师资格证且教师选任考试合格。

3. 考核多元，激励晋升

日本中小学教职员岗位按照级别由低到高分别设有助教、讲师、教师、指导教师、主干教师、教头、副校长和校长。助教和讲师都是临时职员，需要通过教委的教师选任考试并经过一年试用期考核合格后方可晋级为正式教师。普通教师可以选择教学类和管理类两类晋升通道发展，但都需要接受多元化的考核。

4. 定期轮岗，有序流动

《地方教育行政组织运营法》规定，教师的任命权由原来的市町村教委上调至都道府县教委，教师人事流动范围扩大到都道府县范围内。各都道府县建立了不同岗类的定期轮岗制度并规定了相应的人事调动细则，包括校长、教头等管理岗位的定期轮岗制度和普通教职员轮岗制度。较早引入主干制的教委还制定了主干级教职员的轮岗制度。

二、我国教师的法律含义

我国教育法律对教师身份的确认主要是通过《教师法》实现的。《教师法》从 1986 年开始起草，经过 8 年酝酿、修改，于 1993 年 10 月 31 日第八届全国人民代表大会常务委员会第四次会议通过，于 1994 年 1 月 1 日起施行，并于 2009 年 8 月 27 日进行了修正。《教师法》的制定和颁布对于提高教师的地位、保障教师的合法权益、造就具有良好的思想品德和业务素质的教师队伍、促进我国社会主义教育事业的发展都有着重要的意义。

根据《教师法》的规定，我国对教师身份的确认主要有以下几种。

---

① 日本将拥有 50 万人口以上的城市设定为指定都市。

（一）专业人员

《教师法》第三条规定："教师是履行教育教学职责的专业人员，承担教书育人，培养社会主义事业建设者和接班人、提高民族素质的使命。教师应当忠诚于人民的教育事业。"这条规定确定了教师的专业人员身份。

（二）公务员

《教师法》第二十五条规定："教师的平均工资水平应当不低于或者高于国家公务员的平均工资水平，并逐步提高。"这说明教师不在国家公务员的范围内，但在实际中教师的工作具有公务员性质。

（三）教师雇员

《教师法》第十七条规定："学校和其他教育机构应当逐步实行教师聘任制。教师的聘任应当遵循双方地位平等的原则，由学校和教师签订聘任合同，明确规定双方的权利、义务和责任。实施教师聘任制的步骤、办法由国务院教育行政部门规定。"

近年来，我国产生了许多半公半私或私立教育的新形式。在这些学校或教育机构中，教师的法律地位和身份也发生了许多变化。所以教师身份仍需要法律进一步明确。

第二节　教师的权利

教师的权利可分为两部分：一是教师作为一般公民所享有的宪法和法律赋予的权利；二是教师作为教育工作者所享有的权利，也叫职业权利。

教师作为一般公民所享有的权利基于宪法获得。教师作为国家公民，享有宪法规定的所有公民权利，如选举权和被选举权，人身自由权，人格尊严权，受教育权，言论、出版、集会、结社、游行、示威的自由权等公民基本权利。

本章所讲的教师权利特指教师在教育教学中依法享有的权益，是国家对教师能够做出或不做出一定行为，以及要求他人相应做出或者不做出一定行为的许可与保障。法律上的教师权利包括教师实施某种行为的权利以及要求义务人履行义务的权利。

一、教师权利的内容

《教师法》对教师权利进行了规定，概括起来主要有教育教学权、科学研究权、指导评价权、获取报酬权、民主管理权和进修培训权等。

（一）教育教学权

教育教学权是指教师在教育教学活动中所享有的自主性权利，是教师职业特定的权利，具有不可替代性。具体包括：①依据其所在学校的教学制度，结合自身的教学特点自主地组织课堂教学的权利。②按照教学大纲自主确定其教学内容和进度的权利。③根据不同的教育教学对象，自主选择教学方法、开展教学改革的权利。

任何组织或个人都不得非法剥夺教师从事教育教学活动、开展教育教学改革和实验的权利。

（二）科学研究权

科学研究权是指教师从事科学研究、参与学术交流、参加专业学术团体、在学术活动中发表意见的权利。这是教师作为专业技术人员所享有的一项基本权利。具体包括：①在完成规定的教育教学任务的前提下，开展科学研究、技术开发、技术咨询等的权利性劳动。②撰写学术论文、著书立说的权利。③参加有关的学术交流活动，以及参加依法成立的学术团体并在其兼任工作的权利。④在学术研究中发表自己的观点的权利。

（三）指导评价权

指导评价权是指教师指导学生的学习和发展、评定学生的品行和学业成绩的权利。这是教师在教育教学活动中居于主导地位的基本权利。具体包括：①依据学生的身心发展状况和特点指导学生的权利。②对学生的思想政治、品德、学习、劳动等方面给予客观、公正的评价的权利。③运用科学方法指导学生的个性和能力充分发展的权利。

（四）获取报酬权

获取报酬权是指教师按时获取工资报酬，享有国家规定的福利待遇以及寒暑假期的带薪休假的权利。这是教师的基本物质权利，是宪法赋予公民的劳动权利和劳动者休息权利的具体化。具体包括：①要求所在学校及其主管部门根据国家教育法律、教师聘用合同的规定，按时、足额支付工资报酬，包括基础工资、职务工资、课时报酬、奖金、教龄津贴、班主任津贴及其他各种津贴在内的工资收入的权利。②享有国家规定的福利待遇，包括医疗、住房、退休等方面的各种待遇和优惠以及寒暑假期的带薪休假的权利。

案例

丁某从某师范大学毕业后，应聘到一所民办学校，担任小学英语教师。学校地处市郊，实行封闭化管理。教师平时不能外出，而且教学任务很重。不过每月的工资比公办学校教师的工资高很多，这使她很欣慰。然而，随着寒假的到来，她才知道学校有一个规定：寒暑假期不上课，每人每月仅发生活费。丁某感到很困惑：为什么公办学校教师可以带薪休假，而民办学校教师就不可以呢？该校所发的生活费甚至低于当地最低生活标准。

讨论：该学校的做法违法吗？丁某应该怎么办？

分析：该学校的规定侵犯了教师按时获取工资报酬、享受国家规定的福利待遇以及寒暑假期的带薪休假的权利。《教师法》第二条规定："本法适用于在各级各类学校和其他教育机构中专门从事教育教学工作的教师。"丁某在民办学校专门从事教育教学工作，和公办学校教师一样受《教师法》的保护。《教师法》第七条规定，教师享有按时获取工资报酬，享受国家规定的福利待遇以及寒暑假期的带薪休假。《民办教育促进法》第二十八条规定："民办学校的教师、受教育者与公办学校的教师、受教育者具有同等的法律地位。"该学校在寒暑假期给教师仅发生活费的做法违反了上述法律规定。

丁某可向学校所在地的教育行政部门提出申诉，由教育行政部门责令该学校改正。为保障教师的申诉权、控告权、检举权得到切实行使，《教师法》第三十六条规定："对依法提出申诉、控告、检举的教师进行打击报复的，由其所在单位或者上级机关责令改正；情节严重的，可以根据具体情况给予行政处分。国家工作人员对教师打击报复构成犯罪的，依照刑法有关规定追究刑事责任。"这就从法律上为教师的申诉提供了保障。

（五）民主管理权

民主管理权是指教师向学校教育教学、管理工作和教育行政部门的工作提出意见和建议，通过教职工代表大会或者其他形式，参与学校民主管理的权利。这是宪法赋予公民的民主权利在教育领域的具体适用，能够调动教师对教育教学工作的主动性和积极性，加强对学校和教育行政部门的监督。具体包括：①依法对学校及其他教育行政部门工作进行批评和建议的权利。②通过教职工代表大会、工会等组织形式以及其他适当方式，参与学校的民主管理，讨论学校发展、改革等方面的重大事项的权利。

（六）进修培训权

进修培训权是指教师参加进修或者其他方式的培训的权利。这是教师享有的接受继续教育、不断获得充实和发展的基本权利。具体包括：参加进修和接受其他多种形式的培训，不断更新知识、调整知识结构，以提高自己的思想品德和业务素质，从而保障教育教学质量的权利。

同时，教师的进修培训要在教师完成本职工作的前提下有组织、有计划地进行，不得影响正常的教育教学工作。

案例

杨某从某师专毕业后，在某乡中学任初中物理教师。工作以来，杨某教学能力突出，很快成为学科骨干教师。为了提高自己的学历层次，经杨某申请，当地教委和学校批准其到某师范大学进修一年。杨某十分珍惜这次来之不易的进修机会，在进修期间不仅成绩优秀，还发表了数篇论文。然而，进修结束后，她才发现学校将她进修期间的工资扣了一半，并告知她进修期间没有在学校正常工作的一律扣发一半工资。

讨论：学校有权扣发杨某的工资吗？依据是什么？

分析：学校无权扣发杨某的工资，杨某有权向学校所在地的教育行政部门申诉。根据《教师法》第七条的规定，教师享有参加进修或者其他方式的培训的权利。《中小学教师继续教育规定》第四条规定："参加继续教育是中小学教师的权利和义务。"《中小学教师继续教育规定》第十六条规定："经教育行政部门和学校批准参加继续教育的中小学教师，学习期间享受国家规定的工资福利待遇。学费、差旅费按各地有关规定支付。"

二、教师权利的法律保护

（一）实体法对教师权利的保护

实体保障是指以成文或判例等不同的法律形式明确规定教师的权利。教师权利的保障体现在《教育法》《教师法》等法律法规中。例如，教师享有法律规定的权利；国家保护教师的合法权益，改善教师的工作条件和生活条件，提高教师的社会地位；教师的工资报酬、福利待遇，依照法律法规的规定办理；违反本法规定，侵犯教师的合法权益，造成损失、损害的，应当依法承担民事责任。

此外，还有一些教育行政法规和规章也对教师权利的保护做出了相应规定。例如，保障中小学教师继续教育权行使的《中小学教师继续教育规定》；防止教师资格认定和聘任过程中侵犯教师权利现象出现的《教师资格条例》《〈教师资格条例〉实施办法》《教学成果奖励》等文件。

除上述专门法律外，教师还可援用宪法及其他法律中保护国家公民的条款保护自身的合法权益。

（二）程序法对教师权利的保护

当教师权利受到侵犯时，程序法能提供教师权利受损时相关法律责任追究和法律救济的保障。《教育法》和《教师法》均规定了侵犯教师权益并造成损害需要承担的法律责任。此外，我国的民法、民事诉讼法、刑法、刑事诉讼法、行政法、行政诉讼法等分别对民事制裁、刑事制裁和行政制裁的内容、方法及实施程序做出了明确规定。

在法律救济方面，《教师法》确立了教师申诉制度。《教师法》第三十九条规定："教师对学校或者其他教育机构侵犯其合法权益的，或者对学校或者其他教育机构作出的处理不服的，可以向教育行政部门提出申诉，教育行政部门应当在接到申诉的三十日内，作出处理。教师认为当地人民政府有关行政部门侵犯其根据本法规定享有的权利的，可以向同级人民政府或者上一级人民政府有关部门提出申诉，同级人民政府或者上一级人民政府有关部门应当作出处理。"这项规定确立了教师申诉制度的法律地位，使其成为保障教师权利的一项重要措施。除此之外，教师还可援用《行政复议法》《行政诉讼法》《中华人民共和国国家赔偿法》等救济性法律来获得法律救济。《行政复议法》规定的可以申请行政复议的情况和《中华人民共和国国家赔偿法》对行政赔偿范围做出的具体规定，同样适用于教师。

第三节　教师的义务

教师的义务是指教师依照《教师法》的规定所承担的必须履行的责任，表现为教师必须做出一定的行为或不得做出一定的行为。其重点在于教师在从事教育教学工作的过程中，为了保障教育对象的权利而必须或禁止做出一系列行为。

一、《教师法》规定的教师义务

（一）遵守宪法、法律和职业道德

教师必须遵守宪法、法律和职业道德，为人师表。宪法和法律是国家、社会组织和公民活动的基本行为准则。教师要教书育人、为人师表，更应当模范地遵守宪法和法律，自觉培养学生的民主意识和法制观念，使其成为遵纪守法的公民。作为人类灵魂的工程师，教师应当遵守职业道德，以自己高尚的品质和行为在教育教学活动中对学生思想品质、道德、法律意识的形成发挥积极的作用。这不仅是教师自身的行为规范，也是法律要求教师应尽的基本义务。

（二）完成教育教学工作

教学工作是教师的本职工作。所以，教师在教育教学活动中必须贯彻国家的教育方针，遵守教育行政部门和学校及其他教育机构制定的教育教学管理的规章制度和教学工作计划，履行聘任合同中约定的教育教学工作职责，完成职责范围内的教育教学任务，保证教育教学质量。

（三）进行思想品德教育

教师的工作是教书育人，通过教书达到育人的目的。所以，教师在教育教学活动中有义务对学生进行宪法所确定的基本原则的教育和爱国主义教育、民族团结教育、法制教育以及思想品德、文化、科学技术教育，组织带领学生开展有益的社会活动。教师应自觉地结合自己教育教学的业务特点，将德育工作落实于教育教学工作的全过程中。对学生进行思想品德教育，不仅是政治思想品德课教师的职责，也是每一位教师的基本义务。

（四）关心、爱护学生，促进学生全面发展

教师在教育教学活动中应关心、爱护全体学生，尊重学生的人格，促进学生在品德、智力、体质等全面发展。热爱学生是教师的天职和美德。教师应当一视同仁地对待所有的学生，尤其是尊重每一个学生的人格尊严，帮助其形成健康完善的人格，为其全面发展奠定良好的基础。特别是对于有学业问题的学生，教师更要满腔

热情地帮助他们。教师要树立尊重学生人格尊严的法制观念，不歧视学生，更不允许侮辱、体罚学生。对于极个别屡教不改、错误性质严重、需要给予纪律处分的学生，教师要以理服人，不能压服。教师违反《教师法》的规定，侮辱、体罚学生，经教育不改的应依法追究其法律责任。

（五）保护学生合法权益，促进学生健康成长

保护学生合法权益和促进学生健康成长，是全社会的共同责任。教师自然更负有保护学生合法权益和促进学生健康成长的义务。教师应当在学校工作和与教育教学工作相关的活动中，对侵犯其所负责教育管理的学生的合法权益的违法行为予以制止，保护学生的合法权益不受侵犯，也应当对社会上出现的有害于学生健康成长的不良现象进行批评和抵制。

（六）不断提高思想政治觉悟和教育教学水平

教师应不断提高自己的思想政治觉悟和教育教学水平。教育教学工作是一项专业性较强的工作，担负着提高民族素质的使命。随着社会的进步、科技的发展，知识的更新速度不断加快。美国技术预测专家詹姆斯·马丁预测，人类的知识在19世纪是每50年增长一倍，在20世纪上半叶是每5年增长一倍，而目前已达到了每两年增长一倍。所以教师要想胜任工作，跟上时代发展的步伐，就需要不断学习，加强自身的思想道德修养，提高业务水平。

二、教师的道德义务

义务是伦理学中重要的范畴之一。“作为确定的人，现实的人，你就有规定，就有使命，就有任务，至于你是否意识到这一点，那都是无所谓的。”①所以不管人们承认与否，在社会关系中生活的每一个人都必然承担一定的责任或义务。法律的基础是道德，《教师法》规定的教师义务可以理解为一种职业道德义务。②

---

① 《马克思恩格斯全集》第三卷，329页，北京，人民出版社，1960。

② 檀传宝：《论教师的义务》，载《教育发展研究》，2000(11)。

（一）确立教师道德义务的意义

1. 有助于体认教书育人的教育使命

由于种种原因，教师在工作中可能只根据自己的“自然愿望”办事。譬如在备课、讲课、组织学生活动、协调关系解决工作中的问题等方面少投入精力，就会形成与教育事业、学生发展的要求相违背的“情势冲突”。这种情势冲突如不能正确应对，不仅会影响教育工作任务的完成，也会使教师本人处于一种紧张的人际关系和内心压力之中，使教师失去教育上的“自由”。从主观上克服这一情势冲突的根本方法只能是教师深刻体认自己的教育使命，严格承担起自身的道德义务。

2. 有助于建立良好的教育主体关系

教师在自己的教育过程中常常会遇到义务冲突的情况，有不同的教育义务之间的矛盾，也有一般道德义务与职业道德义务之间的冲突。比如，教师可能会遇到家庭道德义务与教育道德义务之间的矛盾，也可能会遇到尊重学生、保守学生的秘密和与家长、同事进行适当沟通以采取恰当的措施帮助解决学生的问题等的矛盾。在道德义务冲突明显的情境中，只有对职业使命和道德义务有较为深切和全面理解的教师，才能把握大局，进行道德上的综合判断，正确、恰当地履行教育义务。

3. 有助于以身作则引领学生道德品格的形成

约翰·罗尔斯在谈到履行帮助他人义务的重要性时指出，这个原则的主要价值与其说要根据我们实际接受的帮助来衡量，倒不如说根据我们对其他人善良意向的信任感和一旦我们需要他们就会提供帮助的知识来衡量。① 教育的使命之一就在于向教育对象展示义务履行的必要性。实际上，教师对自己义务的严格履行对学生的影响在于，通过自己对道德义务的履行，让学生确立道德上的信心以及自觉履行道德义务的责任感，做一个道德上负责的人。

---

① [美]约翰·罗尔斯：《正义论》，何怀宏、何包钢、廖申白译，328页，北京，中国社会科学出版社，1988。

4. 有利于培养教师的职业道德

康德认为，纯粹出自自然爱好而偶然性地履行的义务不具有道德价值。只有出于道德义务而且克服了自然爱好(或非道德冲动)的行为才具有真正的道德价值。这是因为只有面临和经历过道德冲突考验的义务和品质才是靠得住的。教师在履行道德义务时往往会遇到考验道德意志的情境，而每一次道德意志的考验都会提升教师的道德水平。苏霍姆林斯基说："恪守义务可以使人变得更高尚。"①因此，教师道德义务的真正确立反过来有益于教师道德动机的增强、教学水平的提高，从而形成高尚的"师格"。

(二)教师道德义务的形态

1. 一般道德义务与职业道德义务

教师的义务包括一般道德义务和职业道德义务两个方面。教师首先是生活的主体，所以有在日常生活中遵守诺言、偿还债务等一般道德义务。同时教师作为一个特定职业生活的主体又有属于教育工作本身的一些职业道德义务，如为人师表、因材施教的义务。因此，教师必须比一般人更严格履行一般道德义务。只有这样，他们才能成为真正的道德榜样，成为真正的教育主体。同时，教师更应当严格地履行职业道德义务，努力完成教育任务。

2. 显见义务和实际义务

将道德义务明确区分为显见义务和实际义务的是英国现代伦理学家罗斯。显见义务是指我们日常生活中能够看到的、普遍的、常识性的义务，如忠诚、责任、勿作恶的义务。而实际义务则表现了义务的全部本性，代表着实际趋向的义务，是道德综合判断的结果。显见义务虽然是理所当然的义务，但是在实际生活中可能仅仅是一种义务假象。只有实际义务才是真实和绝对的义务。

教师在工作中常常会面临非常复杂的道德境况。只有教师具有道德综合判断的

---

① [苏联]瓦·阿·苏霍姆林斯基：《和青年校长的谈话》，赵玮等译，155页，上海，上海教育出版社，1983。

能力，才能具体而非抽象地履行自己的职业道德义务。

第四节 我国教师制度

一、教师资格制度

教师资格制度是国家对教师实行的一种特定的职业资格认定制度，是公民获得教师工作应具备的特定条件和身份。《教育法》《教师法》和《教师资格条例》对教师资格的分类、获得教师资格的条件、教师资格认定的机构和程序等一系列问题都有具体规定。只有具备教师资格的人才能从事教师职业，否则不允许从事教师职业。

2013年秋，教育部组织了教师资格考试和定期注册的试点。教育部计划用三年时间在全国推广教师资格考试，各省(自治区、直辖市)原有的教师资格考试将逐步纳入全国统一的考核系统。我们通过教师资格制度改革，逐步建立"国标、省考、县聘、校用"的教师准入和管理制度。

(一)教师资格的构成要素

《教师法》第十条规定："中国公民凡遵守宪法和法律，热爱教育事业，具有良好的思想品德，具备本法规定的学历或者经国家教师资格考试合格，有教育教学能力，经认定合格的，可以取得教师资格。"教师资格的构成要素包括国籍、品德、学历、业务和认定，缺一不可。

1. 国籍

取得教师资格者必须是中国公民，这是成为教师的先决条件。另外，随着改革开放的深入和教育对外交流的扩大，我国一些学校与其他教育机构也正在聘任或继续聘任外籍教师。虽然这些教师已经在学校任教，但并不意味着他们取得了中国教师的资格。他们在中国学校任教须经过一定的审批手续。例如，《教师法》第四十二条提出："外籍教师的聘任办法由国务院教育行政部门规定。"这一规定表明聘任外籍教师应按照法律许可的办法与程序进行。

2. 品德

取得教师资格者必须具有良好的政治思想水平和职业道德修养，热爱教育事业，努力钻研业务，忠于职守，关心爱护学生，大公无私，勇于奉献，作风正派，团结协作等，是成为教师的重要条件。具体的要求体现在《中小学教师职业道德规范》中。

3. 学历

学历是一个人受教育的经历，一般表明其具有的文化程度。教师是专业化的职业，需要从业者具备专门的业务知识和技能才能完成教育教学任务。因此，取得各级教师资格有基本的学历要求。《教师法》第十一条对取得教师资格应当具备的学历进行了具体规定：①取得幼儿园教师资格，应当具备幼儿师范学校毕业及其以上学历。②取得小学教师资格，应当具备中等师范学校毕业及其以上学历。③取得初级中学教师、初级职业学校文化课和专业课教师资格，应当具备高等师范专科学校或者其他大学专科毕业及其以上学历。④取得高级中学教师资格和中等专业学校、技工学校、职业高中文化课、专业课教师资格，应当具备高等师范院校本科或者其他大学本科毕业及其以上学历；取得中等专业学校、技工学校和职业高中学生实习指导教师资格应当具备的学历，由国务院教育行政部门规定。⑤取得高等学校教师资格，应当具备研究生或者大学本科毕业学历。⑥取得成人教育教师资格，应当按照成人教育的层次、类别，分别具备高等、中等学校毕业及其以上学历。

2015年起，所有申请教师资格的公民都必须通过国家教师资格考试，方可取得教师资格。国家教师资格考试制度由国务院规定。已经在学校或者其他教育机构任教的教师未具备规定学历的，由国务院教育行政部门规定教师资格过渡办法。《教师资格过渡办法》对教师资格过渡的范围、教师资格的分类及适用、教师资格的申请和认定等方面做了规定。

《中小学教师考核合格证书试行办法》对于学历尚未达标的中小学教师（含农业职业中学文化课教师），规定可申请参加国家考试，取得考核合格证书。考核合格证书分教材教法考试合格证书和专业合格证书两种。教材教法考试合格证书又分为高中教材教法考试合格证书、初中教材教法考试合格证书、小学教材教法考试合格证书三种。凡不具备国家规定合格学历的中小学教师工作满一年以上者，可申请参加教材教法考试合格证书的考试；工作满两年以上者并已取得教材教法考试合格证书者，可申请参加专业合格证书的文化专业知识考试。文化专业知识考试一般每年一次，由省、自治区、直辖市教育行政部门组织。中学教师除参加所教学科的有关考试外，均需参加教育学和心理学基本原理考核。

4. 业务

教育教学能力是完成教育教学任务所必备的条件，也是取得教师资格的重要条件。只有具有一定的教育教学能力，才能完成教育教学任务，胜任教师工作。所以，《〈教师资格条例〉实施办法》对教师的教育教学能力做了具体规定。教育教学能力主要包括语言表达能力、灵活运用教育教学原则和正确使用教育教学方法的能力、组织教学的能力、班主任工作能力等。此外，教师还应掌握教育学、心理学和教学法的基本知识，努力练好教学基本功，如具备较好的汉字书写能力、普通话水平和沟通能力等。同时，在当代社会，教师还应具备一定的教育技术水平。《〈教师资格条例〉实施办法》还要求教师具有良好的身体素质和心理素质，无传染性疾病，无精神病史，能够适应教育教学工作需要，在教师资格认定机构指定的县级以上医院体检合格。

5. 认定

教师资格必须经过法律授权的行政机关或其委托的其他机构通过合法的程序认定。

(1)教师资格的认定机构

教师资格的认定机构是指依法负责认定教师资格的行政机构或依法委托的教育机构。《教师法》第十三条和《教师资格条例》第十三条详细规定了教师资格的认定机构。

幼儿园、小学和初级中学教师资格由申请人户籍所在地或者申请人任教学校所在地的县级人民政府教育行政部门认定。高级中学教师资格由申请人户籍所在地或者申请人任教学校所在地的县级人民政府教育行政部门审查后，报上一级教育行政部门认定。中等职业学校教师资格和中等职业学校实习指导教师资格由申请人户籍所在地或者申请人任教学校所在地的县级人民政府教育行政部门审查后，报上一级教育行政部门认定或者组织有关部门认定。受国务院教育行政部门或者省、自治区、直辖市人民政府教育行政部门委托的高等学校，负责认定在本校任职的人员和拟聘人员的高等学校教师资格。在未受国务院教育行政部门或者省、自治区、直辖市人民政府教育行政部门委托的高等学校任职的人员和拟聘人员的高等学校教师资格，按照学校行政隶属关系，由国务院教育行政部门认定或者由学校所在地的省、自治区、直辖市人民政府教育行政部门认定。

申请教师资格并经考核合格的公民要求有关部门认定其教师资格的，有关部门应当依照《教师法》规定的条件予以认定。取得教师资格的人员首次任教时应当有试用期。

(2)教师资格的认定程序

首先，提出申请。申请人应当在每年春季或秋季规定的受理期限内提出申请，并提交教师资格认定申请表和证明材料。证明材料主要包括四种：申请人的身份证明；申请人的教师资格考试合格证明(2015 年前的，应提交学历证书或教师资格考试合格证明)；教育行政部门或者受委托的高等学校指定的医院出具的体检合格证明；户籍所在地的街道办事处、乡人民政府或者工作单位、毕业的学校为其开具的品行证明材料。

其次，申请受理。教育行政部门或受委托的高等学校在收到申请人的教师资格申请后，应当对申请人的申请条件进行审查。对符合认定条件的，应当在受理期限终止之日起 30 天内颁发相应的教师资格证书；对不符合条件的，应当在受理期限终止之日起 30 天内将认定结论通知本人。对于非师范专业及其他通过教师资格考试的申请人，申请认定幼儿园、小学或者其他教师资格的，应当进行面试和试讲，考查其教育教学能力；根据实际情况和需要，教育行政部门或者受委托的高等学校可以要求申请人补修教育学、心理学等课程。

最后，颁发证书。根据《教师法》与《教师资格条例》的规定，经认定机构认定合格的申请人，应当由教育行政部门或者受委托的高等学校颁发国务院教育行政部门统一印制的教师资格证书。

（二）教师资格的种类

《教师资格条例》第四条规定，我国教师资格分为七类：幼儿园教师资格；小学教师资格；初级中学教师和初级职业学校文化课、专业课教师资格（统称初级中学教师资格）；高级中学教师资格；中等专业学校、技工学校、职业高级中学文化课、专业课教师资格（统称中等职业学校教师资格）；中等专业学校、技工学校、职业高级中学实习指导教师资格（统称中等职业学校实习指导教师资格）；高等学校教师资格。

《教师资格条例》第五条规定，取得教师资格的公民，可以在本级及其以下等级的各类学校和其他教育机构担任教师；但是，取得中等职业学校实习指导教师资格的公民只能在中等专业学校、技工学校、职业高级中学或者初级职业学校担任实习指导教师。高级中学教师资格与中等职业学校教师资格相互通用。

（三）教师资格的限制取得和丧失

教师的职业特点决定了对教师的思想品德、道德修养必然有很高的要求。《教师法》第十四条明确规定："受到剥夺政治权利或者故意犯罪受到有期徒刑以上刑事处罚的，不能取得教师资格；已经取得教师资格的，丧失教师资格。"《教师资格条例》也有相应的规定。例如，对有弄虚作假、骗取教师资格和品行不良、侮辱学生、影响恶劣等情形者，均由县级以上人民政府教育行政部门撤销其教师资格，由资格认定机构收回其教师资格证书。

二、教师职务制度

《教师法》第十六条规定，国家实行教师职务制度。教师职务制度是我国教师任用的重要制度。教师职务制度的实施从法律的高度确定了教师地位及其职业的不可替代性，促使教师队伍建设走上规范化、法制化的轨道，促进教师工资福利等待遇的改善，为优秀教师脱颖而出创造条件。教师职务制度对于充分调动和发挥广大教师为社会主义教育事业服务的积极性、创造性具有巨大的推动作用。教师职务制度涉及教师的聘用、职责、待遇、考核等多方面，通过教师的职务评聘可以明确教师的地位及权利和义务。

（一）教师职务设置

教师职务根据岗位设立，即根据学校教学和科研的实际情况设置；教师职务与工资待遇挂钩，并有数额限制；教师职务要经过全面考核，以确定其是否称职；教师职务不适用于离退休教师，教师离退休时职务同时解聘。

根据教育部的有关规定，目前我国教师职务设置具体如下：高等学校教师职务设助教、讲师、副教授、教授；中等专业学校设教员、助教、讲师、高级讲师；普通中小学及幼儿园设一级、二级、三级教师和高级教师；技工学校文化、技术理论课教师职务设教员、助理讲师、讲师和高级讲师；生产实习课教师职务设三级、二级、一级、高级实习指导教师；各级成人学校结合成人教育的特点和层次，分别执行普通高等学校、中专、中小学和技工学校教师职务试行条例。

2011 年召开的国务院常务会议决定扩大中小学教师职称制度改革试点，意味着全国将有越来越多的中小学教师可以参评与教授级别一样的正高级职称。同时，改革的重点是将原来独立的中学教师职务系列与小学教师职务系列统一并入新设置的中小学教师职称(职务)系列。

我国现行的以中小学教师职务聘任制为主要内容的中小学教师职称制度是 1986 年建立的。按照国家规定，中学教师职称最高等级为副高级，小学教师职称最高等级仅为中级。

（二）教师任职条件

教师职务是专业技术职务，要求教师必须具备相应的任职条件。教师任职条件包括：①具备各级各类学校相应的教师资格；②遵守宪法和法律，具有良好的思想政治素质和职业道德，为人师表，教书育人；③具备相应的教育教学水平，具有教育科学理论的基础知识，能全面、熟练地履行教师职责；④符合学历和学位的要求；⑤身体健康，能正常工作。

此外，各级各类教师还应具备与其职务相应的具体的任职条件。例如，《高等教育法》第四十七条规定，高等学校教师职务的任职条件包括：①取得高等学校教师资格；②系统地掌握本学科的基础理论；③具备相应职务的教育教学能力和科学研究能力；④承担相应职务的课程和规定课时的教学任务。教授、副教授除应当具备以上基本任职条件外，还应当对本学科具有系统而坚实的基础理论和比较丰富的教学、科学研究经验，教学成绩显著，论文或著作达到较高水平或有突出的教学、科研成果。

中小学教师评聘各级别职称(职务)，除必须达到上述标准条件外，还应分别具备以下标准条件。

1. 正高级教师

正高级教师的任职条件为：①具有崇高的职业理想和坚定的职业信念；长期工作在教育教学第一线，为促进青少年学生健康成长发挥了指导者和引路人的作用，出色地完成班主任、辅导员等工作任务，教书育人成果突出。②深入系统地掌握所教学科课程体系和专业知识，教育教学业绩卓著，教学艺术精湛，形成独到的教学风格。③具有主持和指导教育教学研究的能力，在教育思想、课程改革、教学方法等方面取得创造性成果，并广泛运用于教学实践，在实施素质教育中发挥了示范和引领作用。④在指导、培养一级、二级、三级教师方面做出突出贡献，在本教学领域享有较高的知名度，是同行公认的教育教学专家。⑤一般应具有大学本科及以上学历，并在高级教师岗位任教 5 年以上。

2. 高级教师

高级教师的任职条件为：①根据所教学段学生的年龄特征和思想实际，能有效进行思想道德教育，积极引导学生健康成长，比较出色地完成班主任、辅导员等工作，教书育人成果比较突出。②具有所教学科坚实的理论基础、专业知识和专业技能，教学经验丰富，教学业绩显著，形成一定的教学特色。③具有指导与开展教育教学研究的能力，在课程改革、教学方法等方面取得显著的成果，在素质教育创新实践中取得比较突出的成绩。④胜任教育教学带头人工作，在指导、培养二级、三级教师方面发挥了重要作用，取得了明显成效。⑤具备博士学位，并在一级教师岗位任教 2 年以上；或具备硕士学位、学士学位、大学本科毕业学历，并在一级教师岗位任教 5 年以上；或在小学、初中一级教师岗位任教 5 年以上。城镇中小学教师原则上要有 1 年以上在薄弱学校或农村学校任教经历。

3. 一级教师

一级教师的任职条件为：①具有正确教育学生的能力，能根据所教学段学生的年龄特征和思想实际，进行思想道德教育，有比较丰富的班主任、辅导员工作经验，并较好地完成任务。②对所教学科具有比较扎实的基础理论和专业知识，独立掌握所教学科的课程标准、教材、教学原则和教学方法，教学经验比较丰富，有较好的专业知识技能，并结合教学开展课外活动，开发学生的智力和能力，教学效果好。③具有一定的组织和开展教育教学研究的能力，并承担一定的教学研究任务，在素质教育创新实践中积累了一定经验。④在培养、指导三级教师提高业务水平和教育教学能力方面做出一定成绩。⑤具备博士学位；或具备硕士学位，并在二级教师岗位任教 2 年以上；或具备学士学位或者大学本科毕业学历，并在二级教师岗位任教 4 年以上；或在小学、初中二级教师岗位任教 4 年以上；或在小学二级教师岗位任教 5 年以上。

4. 二级教师

二级教师的任职条件为：①比较熟练地掌握教育学生的原则和方法，能够胜任班主任、辅导员工作，教育效果较好。②掌握教育学、心理学和教学法的基础理论知识，具有所教学科必备的专业知识，能够独立掌握所教学科的教学大纲、教材，正确传授知识和技能，教学效果较好。③掌握教育教学研究方法，积极开展教育教学研究和创新实践。④具备硕士学位，见习 1 年期满并考核合格；或具备大学专科毕业学历，并在小学、初中三级教师岗位任教 2 年以上；或在小学三级教师岗位任教 3 年以上。

5. 三级教师

三级教师的任职条件为：①基本掌握教育学生的原则和方法，能够正确教育和引导学生。②具有教育学、心理学和教学法的基础知识，基本掌握所教学科的专业知识和教材教法，能够完成所教学科的教学工作。③具备大学专科毕业学历，并在小学、初中教育教学岗位见习 1 年期满并考核合格；或具备中等师范学校毕业学历，并在小学教育教学岗位见习 1 年期满并考核合格。

6. 特殊申报条件

破格申报中学高级教师职务任职资格，必须具备下列条件：①教学效果好，教育质量高，得到县(市)级以上同行的公认，并获得一次一等奖或两次二等奖。②承担县级以上教育行政部门、示范课或观摩课三次以上，并获得好评。③受到市(厅)级以上教育行政部门表彰。④公开发表不少于三篇有价值的教育教学研究文章；或在素质教育方面取得显著成绩，在省级交流或推广；或因教学成绩特别突出，受到省级以上教育行政部门表彰。凡破格申报晋升专业技术职务任职资格的人员，在具备上述条件的同时必须参加由评委会组织的专家答辩，成绩合格方可提交评委会评审。各级评委会原则上不受理越级破格申报。

三、教师聘任制度

《教师法》第十七条规定："学校和其他教育机构应当逐步实行教师聘任制。教师的聘任应当遵循双方地位平等的原则，由学校和教师签订聘任合同，明确规定双方的权利、义务和责任。"教师聘任制度是学校与教师在遵循双方地位平等的原则下签订聘任合同，明确规定双方的权利、义务和责任的一种制度。它是在当前为适应社会主义市场经济发展而进行的教师任用制度改革的重要组成部分。

有段时间，教师是作为国家正式干部进行计划分配的，显然不能适应社会主义市场经济发展的需要。实行教师聘任制度有利于打破这种状况，有利于促进教师的合理流动，改变用非所长、用非所学的人才分布和结构不合理的现象，有利于激发教师的工作责任感，调动教师工作的自主性和积极性，提高教育教学质量。

（一）教师聘任制度的特征

教师聘任制度是在双方自由选择的前提下，以合同的形式确定教师的任期及职责。作为教师任用的一种基本制度，教师聘任制度具有以下三个特征。

①教师聘任是教师与学校或教育行政部门之间的法律行为，聘任双方通过聘任确立法律关系且双方的法律关系平等。

②聘任双方在平等地位上签订的聘任合同具有法律效力，对聘任双方都有约束力。聘任合同明确了双方的权利、义务和责任。在聘期内，教师、学校分别承担其义务、责任，行使其权利。教师根据聘任合同领取相应的工资。职务工资应反映教师的工作业绩、教育教学水平，体现按劳取酬的原则。

③聘任关系基于独立而结合，基于意见一致或相互同意而成立。

（二）教师聘任的程序

教师聘任的程序是学校先根据工作需要设置专业技术岗位，然后在定编定岗的基础上确定职务结构，最后是聘任。中小学教师职务的聘任情况为：中学高级、一级教师职务由地市一级教育局聘任，中学二级、三级教师职务由县级教育局聘任；小学高级教师由地市级教育局聘任，小学一级、二级、三级教师由县级教育局聘任。聘任证书由聘任机构颁发。

获得教师资格的人首次任教时应当有试用期。在试用期内，学校或教育行政部门可以对其从事教育教学工作的能力和水平予以考查，决定是否对其予以聘任或确定其是否胜任某类教师岗位工作。试用期通常为一年。

教师在受聘期间无特殊理由不能辞聘，学校亦不能解聘。确需变动时，一方应提前与另一方协商；双方达成一致协议后，方可变更或解除合同。双方一旦发生纠纷，则需依据合同相关条款承担相应的责任。聘用合同一旦成立，就具有法律效力。

（三）教师聘任的形式

依据聘任主体实施的行为，教师聘任一般有以下四种形式。

1. 招聘

招聘是指用人单位面向社会公开、择优选拔具有教师资格的人才。通常由用人单位或当地人才交流部门以公告或启示等形式面向社会发出要约。具体内容包括对招聘对象的要求、工作性质和任务以及工资待遇等，并公布审查和考核的方式。有意接受这类要约的，则可以通过招聘单位的审查和考核进入教师队伍。

2. 续聘

续聘是指约定的聘任期满后，聘任单位与教师续签聘任合同。续聘一般发生在前次聘任期内双方合作愉快的情况下。如聘任单位需要继续留任所聘用人员，而被聘任教师对单位提供的工作满意，双方自愿继续合作。续聘合同可以与前次聘任合同相同，亦可在双方认可的基础上变更内容。

3. 解聘

解聘是指用人单位因某种原因不适宜继续聘任教师，决定解除双方合同关系的行为。解聘的原因很复杂，一般来说，主要集中在教师工作不称职、不符合任职条件等违反合同约定的情形。聘任合同具有法律效力。因此，用人单位在解聘教师时要有合法合理的依据，否则将承担违约责任。

4. 辞聘

辞聘指教师主动要求辞去相应职位，而请求用人单位解除聘任合同的行为。由于聘任合同具有法律效力，除非教师有正当理由，否则应当承担违约责任。

案例

原告李某与某中学签订了《兼职教职员工聘用书》。该聘用书约定李某工作岗位为英语教师，劳动合同期限为2008学年至2010学年。聘用合同到期后，双方未再签订书面协议。李某继续工作至2011年7月。李某在工作期间从事过班主任工作。2009年，该中学进行了体制改革，转制为公办美术特色高中。2011年7月，该中学因改制及李某未取得教师资格，停止了李某的工作，但未做出解除劳动关系的书面决定。李某诉至法院，要求该中学与其签订无固定期限的劳动合同，并给付2010年9月至2011年7月的双倍工资。

讨论：李某与某中学的劳动合同效力如何认定？

分析：本案例的争议焦点为李某与某中学是否符合签订无固定期限劳动合同的条件。

第一，李某与某中学的劳动关系是否有效。确定李某与某中学的劳动关系是否有效，首先，需要确定李某是否具备签订劳动合同的条件。这也是双方争议的焦点之一。《中华人民共和国劳动法》(简称《劳动法》)和《中华人民共和国劳动合同法》(简称《劳动合同法》)虽然没有对劳动者的主体资格进行规定，但依据常识，劳动是后天形成的，需要具备一定的知识和技能。要成为一名劳动者，要先满足从事相应工作的自然条件，如脑力和体力。其次，需要不违反法律基于法益保护而做出的规定。例如，《劳动法》第十五条规定："禁止用人单位招用未满十六周岁的未成年人。文艺、体育和特种工艺单位招用未满十六周岁的未成年人，必须遵守国家有关规定，并保障其接受义务教育的权利。"最后，劳动者应满足从事特定行业设定的资质准入条款。《教师法》第十条规定："国家实行教师资格制度。"《教师资格条例》第二条规定："中国公民在各级各类学校和其他教育机构中专门从事教育教学工作，应当依法取得教师资格。"在本案例中，李某于2008年开始在某中学从事英语教学工作，某中学2009年转制为公办美术特色高中。《民办教育促进法》第二十九条规定："民办学校聘任的教师，应当具有国家规定的任教资格。"从上述规定可以看出，某中学的民办和公办性质并不影响对教师资质的要求。国家设定教师资格的目的是保证教学质量，而且是以法律的形式设定的。因此，未取得教师资格证的劳动者不具备与学校签订教师岗位劳动合同的条件。从上述分析可以看出，李某未取得教师资格，不具备担任教师岗位的资质。根据《劳动法》第十八条及《劳动合同法》第二十六条的规定，违反法律、行政法规的劳动合同无效或者部分无效。故李某要求签订无固定期限劳动合同的主张是不正确的。

第二，劳动合同无效后如何处理。《劳动法》第十八条规定："无效的劳动合同，从订立的时候起，就没有法律约束力。"但《劳动合同法》对此条款没有规定。根据《民法典》的规定，无效的民事行为，从行为开始起就没有法律约束力。在买卖、赠予等合同中，合同的"自始无效"很正常。但是劳动合同属于一种继续性合同，无效后无法进行各自返还；而且它还是一种行为性合同，无效后对劳动者的利益容易造成损害，尤其是在用人单位也存在过错的情况下。在本案例中，学校明知道劳动者不具备教师资格仍与其签订了合同，并在合同履行完毕后继续履行原来的合同。可见学校的过错很明显。如果按照传统民法理论，合同无效且自始无效，则不利于保护劳动者的权益。因此，当劳动已开始时，其主张无效者，唯得向将来发生效力。本案例的处理结果既遵循了《教师法》关于教师资格的规定，也维护了劳动者的权益。用人单位应当支付未签订劳动合同的双倍工资。《劳动合同法》第二十八条规定："劳动合同被确认无效，劳动者已付出劳动的，用人单位应当向劳动者支付劳动报酬。劳动报酬的数额，参照本单位相同或者相近岗位劳动者的劳动报酬确定。"从该条规定可以看出，它对于无效合同的效力是面向将来的。即劳动者已经付出劳动的，用人单位仍应支付报酬。

四、教师教育制度

教师培养是对准备从事教师职业的人实施专门教育的制度，属于教师的职前教育。在我国，教师培养主要通过师范教育渠道进行。教师培训是对在职教师进行相关培养和教育的制度，属于教师的职后教育。教师培养与培训制度共同组成了我国的教师教育制度。《教师法》对教师培养与培训做出了专门的规定。

（一）教师教育机构

根据《教师法》的规定，我国进行教师教育的相关机构主要包括各级人民政府教育行政部门、学校主管部门和学校，各级教师进修学校、师范院校和综合性大学，国家机关、企事业单位和其他社会组织等。其中，各级人民政府和有关部门应当采取措施，鼓励优秀青年进入各级师范院校学习；采取提高教师待遇、尊重教师地位、保障教师权益等措施，吸引广大优秀青年志愿加入教师队伍。各级人民政府的教育行政部门、学校主管部门和学校应当制定教师培训规划，对教师进行多种形式的思想政治和业务培训，用以提高教师的理论水平和执教能力。各级教师进修学校应当承担培训中小学教师的任务，综合性大学应当承担培养和培训中小学教师的任务。各级师范院校的在校学生应当享有专业奖学金，国家机关、企事业单位和其他社会组织也应当为教师的社会调查和社会实践提供方便并给予协助。另外，各级人民政府应当采取措施，为少数民族地区和边远地区培养和培训教师。近年来，我国实行的免费师范生制度便为发展这些地区的教育事业提供了不少师资力量。

（二）教师教育的形式和内容

1. 教师培养

教师培养从各国经验来看大体可分为三类：①定向型师范教育。即在独立设置的师资培养机构培养师资。其培养目标是定向的，以苏联为代表。②开放型师范教育。即普通高等学校培养师资，以美国为代表。③混合型师范教育。即综合了定向型与开放型两种师范教育制度，以日本为代表。我国教师教育发展到现阶段，主要形成了以师范院校的培养为主、以综合性大学的培养为辅的模式。

2. 教师培训

教师培训分为中小学教师培训和高等学校教师培训。根据《中小学教师继续教育规定》第九条的规定，中小学教师培训分为非学历教育和学历教育两种类型。

非学历教育包括：①新任教师培训。即为新任教师在试用期内适应教育教学工作需要而设置的培训，培训时间应不少于120学时。②教师岗位培训。即为教师适应岗位要求而设置的培训，培训时间每五年累计不少于240学时。③骨干教师培训。即对有培养前途的中青年教师按教育教学骨干的要求进行的培训，以及对现有骨干教师按照更高标准进行的培训。

学历教育是指对具备合格学历的教师进行的提高学历层次的培训。《中小学教师继续教育规定》第八条对中小学教师的培训内容做出了具体规定，强调中小学教师继续教育要以提高教师实施素质教育的能力和水平为重点。中小学教师继续教育的内容主要包括思想政治教育和师德修养、专业知识及其更新与扩展、现代教育理论与实践、教育科学研究、教育教学技能训练和现代教育技术、现代科技与人文社会科学知识等。

五、教师的考核与奖励制度

（一）教师考核制度

教师的考核是指各级各类学校及其他教育机构按照教师考核规章的考核内容、考核原则、考核程序对教师进行的考察和评价。它具有导向功能，能促使教师不断端正教育思想，调动教师的积极性和创造性，促进教师队伍建设管理的规范化。

1. 教师考核的机构

《教师法》第二十二条规定，教师考核的机构有学校或其他教育机构。教育行政部门对教师的考核工作进行指导、监督。

2. 教师考核的内容

《教师法》第二十二条规定，教师考核的内容是政治思想、业务水平、工作态度和工作成绩四个方面。

3. 教师考核的原则

《教师法》第二十三条规定，考核应当客观、公正、准确。即教师考核要遵循客观性原则、公正性原则、准确性原则，应当坚持全面考核，以工作成绩为主。教师考核的程序上要求充分听取教师本人、其他教师以及学生的意见。

4. 教师考核的结果

《教师法》第二十四条规定："教师考核结果是受聘任教、晋升工资、实施奖惩的依据。"对教师的考核，应给予公正、客观的评价。其结果可用于如下三个方面。一是教师受聘任的重要依据。学校在教师聘任合同期满或职务晋升时，决定对教师是否续聘或晋升职务，要以平时考核、年度考核或专门考核结果为依据。对于被评定为称职或基本称职的，可以续聘；对于被评定为不称职的，可以按规定解聘或不再续聘；对于符合相应条件的，可以晋升职务。二是教师提高工资的重要依据。建立教师晋级增薪制度后，不仅教师的晋级应以考核结果为依据，而且教师的定期增薪也应以考核结果为依据。凡考核结果为优秀或称职的，可以提高工资。三是教师获得奖励的重要依据。经考核优秀的，应当予以奖励；经考核不称职的或表现不良的，可根据情况做出相应的处理。对教师进行处分时，除了要看其违规情况外，还应参考其以往的考核结果，以做出公正处理。

（二）教师奖励制度

教师的奖励是按照教师的工作成绩对教育事业的贡献大小而给予的一定精神奖励和物质奖励。这是加强教师队伍建设的一个重要方面，具有很强的现实意义，有利于鼓励教师积极上进、终身从教，提高教师队伍素质，并且有利于尊师重教风尚的形成。

1. 教师奖励的内容

《教师法》第三十三条规定："教师在教育教学、培养人才、科学研究、教学改革、学校建设、社会服务、勤工俭学等方面成绩优异的，由所在学校予以表彰、奖励。国务院和地方各级人民政府及其有关部门对有突出贡献的教师，应当予以表彰、奖励。对有重大贡献的教师，依照国家有关规定授予荣誉称号。"这是对教师奖励的内容做出了具体规定。

2. 教师奖励的基本原则

①奖励的层次性。教师奖励包括学校、国务院和地方人民政府及其有关部门、国家三个层次，并就不同层次的受奖对象做成绩优异、突出贡献、重大贡献的规定。

②奖励的多样性。它主要体现在奖励的项目上，对教师在各方面取得的成绩，如教育教学、培养人才、科学研究、教学改革或学校建设等方面均可以进行奖励。教师奖励应体现物质奖励与精神奖励相结合的原则。

六、教师薪酬制度

教师薪酬制度是指教师的工资、津贴、住房、医疗、退休等方面的制度。《教师法》第六章专门对教师待遇做了具体规定。

（一）工资

《教师法》第二十五条规定，教师的平均工资水平应当不低于或者高于国家公务员的平均工资水平，并逐步提高；建立正常的晋级增薪制度。这一规定体现了教师工资应提高的目标以及国家以具有较高水平的稳定的公务员工资为参照依据。可见，国家对改善教师工资待遇的决心和行动。建立正常的晋级增薪制度，可以改变教师晋级增薪不正常、不定期的状况，为提高教师待遇提供法律保障。此外，教师应享有教龄津贴、班主任津贴、特殊教育津贴等。

（二）住房

《教师法》第二十八条规定："地方各级人民政府和国务院有关部门，对城市教师住房的建设、租赁、出售实行优先、优惠。县、乡两级人民政府应当为农村中小学教师解决住房提供方便。”《教师法》将解决教师住房问题的政策上升为法律，体现了国家解决教师住房问题的决心，也是各级政府和主管部门提供教师住房优惠的法律依据。

（三）医疗保健

《教师法》第二十九条规定：“教师的医疗同当地国家公务员享受同等的待遇；定期对教师进行身体健康检查，并因地制宜安排教师进行休养。医疗机构应当对当地教师的医疗提供方便。”医疗保健是教师生命健康的重要保证。《教师法》规定教师同当地国家公务员享受同等的医疗保健待遇，从而使教师的医疗保健得到法律保障。

（四）养老保险

《教师法》第三十条规定：“教师退休或退职后，享受国家规定的退休或者退职待遇。县级以上地方人民政府可以适当提高长期从事教育教学工作的中小学退休教师的退休金比例。”在教师退休离职后，国家将给予其良好的安置。这是社会对教师的尊敬和回报，并为稳定教师队伍、解决教师退休后的生活待遇问题提供了法律保障。

第五节　违反《教师法》的法律责任

违反《教师法》主要包括两种情形：一种是除教师外的他方违反该法的法律责任；另一种是教师自身违反该法的法律责任。

一、他方违反《教师法》的法律责任

（一）侮辱、殴打、报复教师的法律责任

《教师法》第三十五条规定：“侮辱、殴打教师的，根据不同情况，分别给予行政处分或者行政处罚；造成损害的，责令赔偿损失；情节严重，构成犯罪的，依法追

究刑事责任。”教师的职业特点决定了教师应当维护学校的规章制度和学生的合法权益。在教育实践中，当教师在执行工作任务、开展教学工作时，会因抵制社会不良现象或他人干扰而遭受人身侵害。因此，当教师的权益被侵犯时，教师应勇于拿起法律武器保护自己。具体的法律救济手段以下面这个案例进行说明。

案例

段老师系某小学四年级一班的班主任。有一天，段老师班上的学生侯某放学后在校园里和其他同学一起玩耍、打闹，并相互投掷石块。结果，侯某不小心打坏了学校大礼堂的一块玻璃。第二天早晨，段老师批评了侯某，让他在全班同学面前做了检查，并决定按照学校有关规定由侯某赔偿被打坏的玻璃。当天下午，刚上完第二节课，侯某的父亲冲入教室，对段老师挥拳便打。等其他教师闻讯赶来，侯某的父亲已离去。大家急忙将段老师送往附近的医院。

讨论：结合案例思考如何应对侮辱、殴打段老师的行为？

分析：在本案例中，人身权受到侵犯的段老师应当向当地公安机关报案。由公安机关对侯某的父亲给予行政处罚，并由侯某的父亲赔偿段老师的损失。如果公安机关认为其情节严重，已构成犯罪，依法追究其刑事责任。段老师也可直接向当地人民法院提起刑事附带民事诉讼，要求追究侯某父亲的刑事责任并由其赔偿自己的损失。

《教师法》将侮辱、殴打教师的行为分不同情况予以制裁：情节较轻微的，给予行政处分或行政处罚；造成损害的由公安机关或法院责令违法者赔偿损失；情节严重的，根据刑法的有关规定，追究刑事责任，从而确保教师的人身权利。

（二）拖欠教师工资、克扣教育经费的法律责任

《教师法》第三十八条规定：“地方人民政府对违反本法规定，拖欠教师工资或者侵犯教师其他合法权益的，应当责令其限期改正。违反国家财政制度、财务制度，挪用国家财政用于教育的经费，严重妨碍教育教学工作，拖欠教师工资，损害教师

合法权益的，由上级机关责令限期归还被挪用的经费，并对直接责任人员给予行政处分；情节严重，构成犯罪的，依法追究刑事责任。”教育经费和教师工资是教育工作正常进行的重要保障。挪用、克扣教育经费，拖欠教师工资和损害教师合法权益的行为都必须承担相应的法律责任。

案例

江老师是某乡小学的公办教师。该乡经济落后，自然条件不好，农民收入较低。江老师是该乡为数不多的教师之一。但是，江老师一直未领到规定的津贴费。江老师多次向县教委反映。县教委的一位领导告诉江老师：津贴不属于工资，应由单位自己解决。

讨论：江老师应该怎么办？教师有没有权利获取津贴？

分析：根据《教师法》第三十八条的规定，本案例中的乡政府显然违背了法律的规定，克扣了教师的正常薪资。江老师有权向当地人民政府提出申诉。《教师法》第三十九条明确规定，教师对学校或者其他教育机构侵犯其合法权益的，或者对学校或者其他教育机构作出的处理不服的，可以向教育行政部门提出申诉。教育行政部门应当在接到申诉的三十日内，作出处理。

为保证教师的工资足额发放，1997 年，《国务院办公厅关于保障教师工资按时发放有关问题的通知》明确规定，农村实施义务教育，各级学校公办教师的工资一律由县级财政负责支付，经济发达的农村也可以由乡级财政负责支付。

农村地区拖欠教师工资的问题偶有存在。如今，一些地方将应由政府支付的教师工资中的津贴、补贴，改为自筹资金解决。这是不符合国家有关文件规定的。江老师有权向县人民政府申诉，要求其按时、足额支付规定的津贴。

二、教师违反《教师法》的法律责任

根据《教师法》第三十七条的规定，教师有下列情形之一的，由所在学校、其他教育机构或者教育行政部门给予行政处分或者解聘：①故意不完成教育教学任务给教育教学工作造成损失的；②体罚学生，经教育不改的；③品行不良、侮辱学生，影响恶劣的。教师有前款第②项、第③项所列情形之一，情节严重，构成犯罪的，依法追究刑事责任。《未成年人保护法》第二十七条规定："学校、幼儿园的教职员工应当尊重未成年人人格尊严，不得对未成年人实施体罚、变相体罚或者其他侮辱人格尊严的行为。"根据《民法典》的规定，公民享有生命权和健康权。根据上述法律规定，学生享有不被体罚及变相体罚的权利。

（一）教师故意不完成教育教学任务的责任

《教师法》第三十七条规定的"故意不完成教育教学任务"的情形有如下两层含义。一是教师存在主观故意。即教师没完成教育教学任务是由其主观故意造成的。这排除了教师由失误或其他不可抗力原因所造成的未完成教育教学任务的情形。二是教师的主观故意造成了完不成教育教学任务的事实。通常这种事实给正常的教育教学秩序带来了危害，造成了不良后果。因此，对于故意不完成教育教学任务的教师，学校可以给予行政处分甚至解聘。

（二）教师体罚、侮辱学生人格的责任

体罚是指通过对人的身体的责罚，特别是造成疼痛，来进行惩罚或教育的行为。教师体罚是指教师对学生的身体进行惩罚，企图达到教育目的的手段。《教师法》一般以是否引起了严重的损害后果，将体罚与正常的批评管理区分开来。侮辱学生人格的行为通常有取侮辱性绰号、讽刺学生、谩骂学生等。在实践中，教师是否体罚、侮辱学生人格，需要结合民法的相关规定来进行评定。

《民法典》规定的民事侵权行为主要有三类：一是教师对体罚或侮辱行为的危险性有预见，却仍然实施该行为，属于典型的故意行为；二是教师对自身行为的危险性应当能够预见，却因为种种原因没有预见到可能发生的危害后果，属于过失行为；三是教师有责任采取某些行为来保证学生免受不必要的风险，却没有采取该行为，属于疏忽大意的过失或玩忽职守的行为。

教师侵权行为承担的法律责任遵从民法的相关规定，包括赔偿损失、停止侵害、消除影响、赔礼道歉和恢复名誉等。对于体罚学生未造成严重后果的教师，经教育后仍不改正的，以及品行不良、侮辱学生的，要给予行政处分或解聘。情节严重的，应当予以开除并追究其刑事责任。

（三）教师违反《教师法》的其他情形

1. 性侵害

性侵害是指教师以威逼利诱等方式对学生进行性侵害的行为。根据《刑法》第二百三十六条的规定，以暴力、胁迫或者其他手段强奸妇女的，处三年以上十年以下有期徒刑。奸淫不满十四周岁的幼女的，以强奸论，从重处罚。强奸妇女、奸淫幼女，有下列情形之一的，处十年以上有期徒刑、无期徒刑或者死刑：①强奸妇女、奸淫幼女情节恶劣的；②强奸妇女、奸淫幼女多人的；③在公共场所当众强奸、奸淫妇女的；④二人以上轮奸的；⑤奸淫不满十周岁的幼女或造成幼女伤害的；⑥致使被害人重伤、死亡或者造成其他严重后果的。根据《刑法》第二百三十七条的规定，以暴力、胁迫或者其他方法强制猥亵妇女或者侮辱妇女的，处五年以下有期徒刑或者拘役。聚众或者在公共场所当众犯前款罪的，处五年以上有期徒刑。猥亵儿童的，依照前两款的规定从重处罚。

性侵学生的案件的性质非常恶劣，对教师队伍的纯洁性造成了极大破坏。加重对教师职业性犯罪的惩罚力度，有效保护学生的人身安全，成为维护当前校园安全的重大课题。

2. 泄露考题

部分教师由于其职务的特殊性，能够接触到一些重要考试的试题。面对一些不法分子的物质或权力诱惑，这些教师没能坚守自己的责任，成为泄露考题的主犯或帮凶，从而走上了犯罪的道路。《刑法》第三百九十八条规定："国家机关工作人员违反保守国家秘密法的规定，故意或者过失泄露国家秘密，情节严重的，处三年以下有期徒刑或拘役；情节特别严重的，处三年以上七年以下有期徒刑。非国家机关工作人员犯前款罪的，依照前款的规定酌情处罚。”

面对违法犯罪行为，法律制裁仅仅是一种遏制手段。法律的真正目的不仅在于惩罚一些违法犯罪行为，还在于从根本上预防这类行为的发生。提升法律的公信力，提高教师队伍的素质，加强法制宣传，对于预防违法犯罪行为具有重要的推动作用。

复习思考题

1. 界定下列概念：教师、教师资格制度、教师聘任制度。
2. 评述我国教师的法律地位及未来发展。
3. 结合实践讨论我国教师的权利与义务。
4. 通过国际比较评述我国教师制度。

案例分析题

张老师被某市一所民办中学聘为德育主任。但到次年 11 月，学校通知张老师其德育主任职务由他人接管了。此后，学校就没有给张老师安排工作（但并未解聘），也一直没有给张老师支付工资。就工作及工资之事，张老师与校领导有过多次交涉，但校方一直没有答复。张老师又找到了教育行政主管部门。其负责人说，该中学是民办学校，有独立的工资和人事处理权，教育行政主管部门管不了。几个月后，张老师向法院提起诉讼，要求学校给付拖欠的工资，并支付赔偿金。法院认为，根据《教师法》第三十九条的规定，张老师与学校之间因拖欠工资发生的争议不属于民事诉讼的受理范围，应提出申诉由教育行政部门解决。因此法院裁定驳回了张老师的起诉。

问题： 本案例中张老师的诉讼请求能得到法院的支持吗？法律依据是什么？

第七章　学　生

学习目的和要求

1. 明确学生的法律含义。
2. 理解学生的权利和义务。
3. 了解未成年人保护条款并运用于实践。

具体教学内容

1. 学生的法律含义
2. 学生的权利和义务
3. 未成年人的保护

第一节 学生的法律含义

一、学生的法律地位

学生的法律地位是指学生以其权利能力和行为能力在具体法律关系中取得的一种主体资格，要在具体的社会关系中加以界定。学生所处的社会关系概括起来可以分为一般社会关系和教育法律关系两种。在这两种社会关系中，学生的法律地位是不同的，所取得的主体资格也是相异的，具体表现为在一般社会关系中的地位和在教育法律关系中的地位。

学生在一般社会关系中的地位主要是指学生的国家公民身份。在我国，凡是具有中国国籍的公民，都是宪法规定的基本权利主体；凡是中国公民，都平等享有权利，不受民族、职业、家庭出身、宗教信仰、教育程度、财产状况诸因素的限制。公民的宪法权利亦称公民的基本权利，它是由宪法所确认的首要的、根本的、具有决定性意义的权利。①

作为国家的公民，学生享有法律赋予公民的权利，如受教育权，选举权与被选举权，言论、出版、集会、结社等自由权等。例如，《宪法》第三十四条规定："中华人民共和国年满十八周岁的公民，不分民族、种族、性别、职业、家庭出身、宗教信仰、教育程度、财产状况、居住期限，都有选举权和被选举权；但是依照法律被剥夺政治权利的人除外。"《宪法》第三十五条规定："中华人民共和国公民有言论、出版、集会、结社、游行、示威的自由。"《宪法》第四十六条规定："中华人民共和国公民有受教育的权利和义务。国家培养青年、少年、儿童在品德、智力、体质等方面全面发展。"

① 杨海坤：《宪法基本权利新论》，45页，北京，北京大学出版社，2004。

学生在教育法律关系中的地位包括学生的一般身份和特定身份。学生的一般身份指教育法赋予教育法律关系主体的各项权利，如受教育权。《教育法》第九条规定："中华人民共和国公民有受教育的权利和义务。"根据《义务教育法》的规定，国家、社会、学校和家庭依法保障适龄儿童、少年接受义务教育的权利。这些规定反映了学生作为公民和作为教育法律关系主体的地位和权利。学生的特定身份指不同年龄阶段的学生享有不同的法律地位，如小学、中学、大学学生的法律地位不尽相同。例如，1989 年第 44 届联合国大会通过的《儿童权利公约》规定儿童是指 18 岁以下的任何人，并规定儿童出生后就具有姓名权、国籍权、生存权、受教育权、不受剥削和虐待等各项权利，不受种族、肤色、性别、语言、宗教信仰、政治主张等影响。我国政府于 1990 年正式签署了这份公约，成为签约国。同时，我国出台了《未成年人保护法》和《中华人民共和国预防未成年人犯罪法》(简称《预防未成年人犯罪法》)等一系列法律法规，旨在保护未成年人的合法权益。

学生在享有宪法规定的公民的权利和义务的同时，还享有教育法律及其他相关法律规定的权利和义务。具体来说，未成年学生与成年学生的法律地位有所不同。对于未成年学生而言，他们是无民事行为能力人和限制民事行为能力人，有些民事行为需要其监护人代理或辅助。对于成年学生而言，他们是完全民事行为能力人，能独立承担民事责任。

案例

小学生周某很有绘画天赋，3 岁开始从师学画，6 岁时就在全国儿童绘画大赛上获得了一等奖。某美术出版社得知这一情况后，希望周某能给他们提供几幅作品。该出版社将择优录用，同时周某可以获得相应的报酬。于是，周某经父亲同意后，向该出版社提供了 4 幅作品，但没有得到该出版社的任何答复。半年后，周某在该出版社出版的《儿童绘画作品选》上看到了自己的 4 幅作品，而且上面也没有注明自己的名字。于是周某的父亲向法院起诉该出版社。

讨论： 周某有没有著作权？为什么是周某的父亲而非周某向法院起诉？

分析： 从学生的法律地位看，学生在一般社会关系中的地位是国家公民。在我国，凡是公民都享有宪法规定的基本权利。同时，根据《未成年人保护法》的规定，国家依法保护未成年人的智力成果和荣誉权不受侵犯。所以周某享有著作权。

但是，由于周某年仅 6 岁，属于民法上规定的“无民事行为能力人”，因此涉及其权益的行为，可以由其监护人代为行使。本案例中周某的父亲为周某的合法监护人。

二、学生法律地位的分析

西方教育法学理论认为，学生与其他公民一样，是从属于国家的；国家赋予其应有的法律权利和自由。同时学生又是社会细胞——家庭中的一个成员，是从属于父母及其他监护人的管教权的。父母及其他监护人只要依据宪法和法律中关于公民健康、安全、发展和一般福利的规定对其子女进行管教，国家就不能干涉父母及其他监护人对于子女的这一自然权利。但是在现代社会，由于教育的社会化，父母及其他监护人对子女的管理和教育职能可能会被国家与社会取代，由国家授权的学校来代行父母及其他监护人的管教权。①

学生的法律地位主要表现为学校与学生、教师与学生的法律关系。

（一）学校与学生的法律关系

学校与学生的法律关系有特别权力关系理论、契约关系理论等多种说法。

特别权力关系理论是大陆法系国家，尤其是德国和日本等国家用来说明学校与学生关系的主导理论。特别权力关系又称特别法律关系，是 19 世纪宪政国家法和行

① 余雅风：《新编教育法》，163 页，上海，华东师范大学出版社，2008。

政法提出的用于分析国家与其公民之间的紧密关系的一种理论，主要适用于教育关系、监狱管理关系、其他设施关系以及公务员关系和兵役关系。与一般权力关系相比，特别权力关系是指基于特别的法律原因，为达成公法上的特定目的，在必要的范围内，对一定的人有概括的支配性权力。在特别权力关系中，公民处于内部行政的管辖领域。其中的各种纠纷属于行政内部事务，无须任何外来法律干涉。作为特别权力关系主体的行政机关可以行使总括性的支配权，对处在特别权力关系中的相对人发布命令，采取强制措施，以加强其管理事务的有效性。

学校与学生的契约关系反映的是基于学校与学生之间契约的签订与履行来说明学生的就读关系。在契约关系理论下，学校与学生之间存在明示或默示的教育合同，被视为一种与一般民事契约相类似的教育契约。学生在学校接受教育的过程被视作一种教育契约的履行过程，教育活动也就是教育契约的签订、履行、发生纠纷以及解决纠纷的全过程。

我国的学校与学生的法律关系主要包括以下两个方面。

一方面，学校与学生之间存在教育与被教育、管理与被管理的关系。学校作为享有教育权力、承担教育任务的重要主体，实现着国家向公众提供教育的目的。因此，学校必须贯彻国家的教育方针、执行国家教育教学标准、保证教学质量，以维护受教育者的合法权益。根据《教育法》的规定，学校有对学生实施教育教学活动的权利；有对学生进行学籍管理、实施奖励或处分的权利；有对受教育者颁发相应的学业证书的权利。

另一方面，学校与学生之间存在平等的权利主体关系。例如，学生有权要求学校在学业成绩和品德上给予公正评价，并在完成规定的学业后获得相应的学业证书、学位证书；学生有权对学校给予的处分不服而向有关部门申诉，并有权对学校侵犯其合法权益的行为提起诉讼。

案例

沈某系2007年初中毕业生，于2007年8月收到某技工学校的录取通知书，后到该学校报到，并交纳了该学校规定的全部费用。2007年8月30日，该学校新生军训结束后，组织新生到医院进行体检，认定沈某体检不合格。8月30日中午，该学校电话告知沈某的父亲沈某体检不合格，依据本校规定需要退学。沈某的父亲于次日带沈某到医院复查。沈某的父亲带着复查结果与该学校交涉；该学校坚持沈某应予退学，并于2007年9月3日退清了沈某所交的全部费用。2007年12月11日，沈某以要求确认该学校辞退自己的行为违法为由，向某区人民法院提起行政诉讼。后来法院驳回沈某的行政起诉。2008年5月27日，沈某向法院提起民事诉讼，以该学校违反教育服务合同为由，要求法院判令该学校继续履行教育服务合同，让自己继续接受职业教育。

讨论： 分析本案例涉及的法律关系及各方诉求的合法性。

分析： 第一，学校与学生是否形成教育服务合同关系。《教育法》规定了学校享有的权利和应当履行的义务，以及学校作为法人依法享有民事权利及应承担民事义务。教育服务合同是指学生交纳学杂费，到学校接受教育；学校收取学杂费用，按法律规定及合同约定对学生实施教育行为的服务合同。在本案例中，学校面向社会发出招生简介，组织招生。当学生报名被学校录取到校报到且按学校规定交纳了相关费用后，学校对该学生即产生了按学校既定方案进行教育管理的权利和义务，而学生即产生了接受并服从学校教育管理的权利和义务，双方间产生了以教育管理为依托的教育服务合同。

第二，学校辞退学生的行为属民事行为而非行政行为。行政行为是享有行政权能的组织(行政主体)运用行政权力针对行政相对人做出的，具有法律效果且表示于外部的法律行为。行政行为的主体要件是行政权能的存在，权利要件是行政权力的运用，内容要件是法律效果的存在，形式要件是表示行为的存在。在本案

> 例中，从表面看，学校辞退学生的行为具有单方性、强制性等特点。但从其实质看，系学生的身体条件被学校认为未达到其要求标准。而对学生身体条件的要求并不是学校的行政权能范围，应属于在进行招生时合同约定的范围。所以该行为并不是基于学校行政权力而产生的，而是基于学校与学生之间的教育服务合同中的约定条件及权利义务而产生的，不符合行政行为的构成要件，不是行政行为；该行为系基于合同关系而产生的权利义务关系，属于民事行为。
>
> 第三，学生的受教育权属于宪法权利，能否通过民事诉讼来实现。《宪法》是国家根本大法，公民的很多基本权利均由《宪法》规定。在我国，公民的很多权利系依《宪法》制定的相关法律法规而得到保护和实现的，并不是宪法权利就不能通过民事诉讼的途径得到实现。

（二）教师与学生的法律关系

1. 教育关系

在教育教学活动中，教师与学生作为教育法律关系的主体，双方地位不同，权利、义务也不同。教师与学生首先是教育与被教育的关系。例如，《教育法》第六条规定："国家在受教育者中进行爱国主义、集体主义、中国特色社会主义的教育，进行理想、道德、纪律、法治、国防和民族团结的教育。"又如，《教师法》第三条规定："教师是履行教育教学职责的专业人员，承担教书育人，培养社会主义事业建设者和接班人、提高民族素质的使命。"根据《教师法》第八条的规定，教师须完成教育教学工作任务；对学生进行宪法所确定的基本原则的教育和爱国主义、民族团结的教育，法制教育以及思想品德、文化、科学技术教育，组织、带领学生开展有益的社会活动。因此，教师与学生之间的教育与被教育的关系是教师与学生法律关系的一种重要体现。

2. 管理关系

教师教育学生、培养学生的法定义务是通过教育教学活动履行的。在教育教学活动中，教师对学生的管理是教育学生的重要方式，也是达到教育教学目的和国家教育质量标准的重要保障。《教育法》明确规定对受教育者进行学籍管理，实施奖励和处分。根据《教师法》第七条的规定，教师享有指导学生的学习和发展，评定学生的品德和学业成绩的权利。《预防未成年人犯罪法》规定了学校、教师在预防未成年人犯罪和纠正未成年人不良行为方面的责任。因此，教师对学生的管理是教育教学活动的重要组成部分。

3. 保护关系

《教育法》第四十五条规定："教育、体育、卫生行政部门和学校及其他教育机构应当完善体育、卫生保健设施，保护学生的身心健康。"《未成年人保护法》第三十五条规定："学校、幼儿园不得在危及未成年人人身安全、身心健康的校舍和其他设施、场所中进行教育教学活动。"其他法律法规也对教师保护学生身心健康的责任进行了相关规定。教师对学生的保护不仅体现出师德，还是教师应承担的法律义务。

4. 平等关系

这里的平等主要是指师生在法律权益和人格上的平等。我国相关法律法规对这种平等关系予以郑重对待。例如，根据《教师法》第八条的规定，教师应履行关心、爱护全体学生，尊重学生人格，促进学生在品德、智力、体质等方面全面发展的义务。《未成年人保护法》第二十七条规定："学校、幼儿园的教职员工应当尊重未成年人人格尊严，不得对未成年人实施体罚、变相体罚或者其他侮辱人格尊严的行为。"《未成年人保护法》第二十八条规定："学校应当保障未成年学生受教育的权利，不得违反国家规定开除、变相开除未成年学生。"《未成年人保护法》第二十九条规定："学校应当关心、爱护未成年学生，不得因家庭、身体、心理、学习能力等情况歧视学生。对家庭困难、身心有障碍的学生，应当提供关爱；对行为异常、学习有困难的学生，应当耐心帮助。"这些规定明确说明了教师与学生的关系是平等的。

第二节 学生的权利和义务

一、学生权利和义务的界定

对作为法定的学生的权利和义务的理解要以对一般权利和义务概念的理解为基础。现代法学对权利的理解是逐步发展的。以往对权利的解释仅限于其指向的利益;现代法学则不再把权利简单地直接看成某种特定的利益,而是从权利的不同要素或层面出发来理解权利,认为权利是权利主体自由决定是否采取行动获取某种利益的资格。权利作为一种抽象的资格,只有指向具体的对象才具有实际意义。

与对权利的理解相应,也应当将义务看作一种资格。义务是为满足权利主体的利益实现,相应主体具有的被要求作为或不作为的资格。与权利作为资格不同的是,具有义务资格的主体一旦被要求承担某种义务,就必须履行义务,非法律允许范围不得拒绝,否则就是违法。

基于对权利和义务的上述理解,学生的权利主要是指公民在特定学校或其他教育机构按规定条件注册取得学生身份后,基于其学生身份依法在特定学校或其他教育机构可以享有相关利益的行为资格。学生在学校的利益主要体现在对教育资源的享有上。因而,具有这一行为资格的学生可以享有教育资源(相关利益)。与之相应,学生的义务是指公民依其学生身份,为维护教育资源享有的秩序并完成学习任务应当依法在特定学校或其他教育机构做出一定行为、承担相应责任的资格。具有这一行为资格的学生必须按照有关要求完成相应学业,实现发展任务。

上述关于学生的权利和义务的分析是基于学生这一特定身份而进行的。而学生作为普通公民所享有的权利和承担的义务由宪法和其他相关法律规定。

二、学生权利和义务的分类

学生的权利和义务以公民的受教育权为基础，是公民受教育权的现实化。但学生的权利和义务在此是指受教育过程的权利和义务，而非泛指公民受教育的权利和义务。同时，学生以学习为主要任务，学生的权利和义务主要是从学生身份来探讨的。但学生并不是抽象的个体，而是公民的特殊身份的体现。学生的权利和义务的实现，特别是涉及学生在学校的生存质量方面时，仍与其作为公民的权利和义务有着密切的关系。因而，根据权利和义务与受教育权和学习活动的关系，学生的权利和义务可以分为直接权利和义务与间接权利和义务两大类。

直接权利和义务基于满足受教育权的实现和学习活动构成要素的需要而产生。公民进入学校后，其抽象的受教育权转化为现实学生的权利和义务，并在学习活动过程中逐渐得以实现。

学习活动一般由学习目标、学习资源、学习者及其学习行为和传授者或指导者及其教的行为等要素构成。学习目标是通过学习，预定使学习者在身体和心智方面所要达到的变化效果。

学生的学习有自学和在教师传授下学习两种形式。即使是自学，也需要教师给予一定的指导。因而，学习者和传授者或指导者都是学习活动开展的主体。在学习活动主体运用一定的教育资源，通过学和教的行为相互配合，朝着一定学习目标的过程中，他们相互之间便产生了一定的权利和义务关系。

在这种权利和义务关系中，所形成的学生的权利和义务就是直接权利和义务。由于直接权利和义务最能体现学生身份的特征，因此前述对学生权利和义务的概念解释主要是针对这种直接权利和义务做出的。

间接权利和义务基于满足对学习活动产生影响(这种影响有时甚至是非常关键的)的相关因素的需要而产生。这类权利和义务实际上是学生在其公民权利和义务与其学生权利和义务不冲突的情况下可以享有的权利和不能免除的义务。在现实中，学生的特别身份使相关主体容易忽视其公民权利和义务，因而产生种种侵犯学生权利的现象。

对学习活动能够产生影响且又能引起权利和义务关系问题的相关因素主要是学生在学习活动中所受到的身心对待及其应答行为和与学生相处的行为。由于学生在学校的学习主要是在教师的传授或指导下进行的，教师在传授或指导学生学习的过程中必然会以一定的态度或行为方式来对待学生，使学生的身心受到影响，并作用于学习活动，产生不同的学习应答行为。在教育实践中，我们可能会接触到这样的学生：他们由于喜欢或不喜欢某位教师而对该教师所授学科产生喜欢或厌恶的态度，从而影响学习的效率或效果。

上述直接权利和义务与间接权利和义务是在同一学习实践活动过程中实现的。两类权利和义务有机地结合在一起，并相互作用。

根据权利和义务产生的基础及相关的因果关系，学生的权利和义务可以分为原有权利和义务与补救权利和义务。

原有权利是指直接由法律赋予的权利，或获得法律授权的主体通过自身主动活动而产生的权利。相应地，原有义务是直接由法律规定的义务或由主体依法主动活动而产生的义务。补救权利是因原有权利受到侵害时而产生的权利。因而，这种权利也称为“救济权利”。相应地，补救义务是因为原有义务主体未能履行义务所应承担的责任。

根据享有权利和履行义务的方式，学生的权利可以分为行动权利和接受权利；学生的义务可以分为积极义务和消极义务。行动权利是指学生通过自己的行为自由，来获得有关教育利益的权利。接受权利是指学生以被给予或被对待的方式获得有关教育利益的权利。就学生的学习过程而言，其行动权利和接受权利是互为条件、相互作用的，或者说是行动与接受的统一。接受学习中有主动接受的因素，而主动学习中也有接受指导的因素。在教育实践中，两者是很难截然分开的。积极义务是指学生在教育教学活动中必须做出某种行为；消极义务是指学生在教育教学活动中不得做出某种行为。履行义务要求学生付出一定的努力。

按照义务教育和非义务教育划分，义务教育阶段和非义务教育阶段学生的权利和义务作为资格具有不可剥夺或不可放弃和可剥夺或可放弃两种。义务教育阶段学生的权利和义务的实现是无条件的，既不可为他人所剥夺，也不可为自身所随意放弃。而非义务教育阶段学生的权利和义务的实现则是有条件的。非义务教育阶段学生的义务的产生以其参与平等竞争，争取到该权利的享有为前提；且其权利的持续享有以其履行相应义务为基础。根据其条件是否满足，可予以是否剥夺的处置，或也可以自动放弃。因此，义务教育阶段一般不适用退学、开除之类的处分；学生自己也不能随意退学。而非义务教育阶段则可根据学生未能履行相关义务，所犯过错性质或程度做出退学、开除等剥夺处置；学生也可以根据自己的愿望做出是否退学的决定。

三、学生权利的内容

学生的权利是指教育法律赋予学生的在教育活动中享有的权利，主要有以下几种。

（一）参加教育教学计划安排的各种活动，使用教育教学设施、设备、图书资料

这项权利可以简称为接受、享用教育的权利。这是保障学生参加学习、接受教育、享有实质性的受教育权的前提和基础，也是学生受教育权的具体体现。学生有权参加教育教学计划安排的各种活动。其前提是教育机构的教育教学计划对本机构的学生公开，使学生了解教育计划。学生有权按照教育教学计划的安排参加相应的活动。例如，本年级本班教师的授课围绕课堂教学所安排的课外活动开展，包括参观访问、社会实践、勤工俭学等。一般来说，学校及其他教育机构的教育教学计划都是具体、确定的，具有规范性和可操作性。学生对照教育教学计划，即可知道自己有权参加的活动项目和内容。

活动的开展离不开物质条件。学生既然有权参加教育教学计划所安排的各种活

动，自然享有使用教育教学活动所必需的教育设施、教学设备、图书资料的权利。例如，教室和课桌椅是进行课堂教学的基本的物质条件，学生有权使用。实验室是中小学保证实施教学大纲、培养学生初步的科学实验能力和生产试验技能的重要场所，是高等学校进行教学和科研的重要基地。学生有权参与实验课学习，有权按实验课的要求使用实验室里的仪器设备，包括微机、试剂、模型、标本等。学校图书馆(室)贮有为教学科研服务的大量藏书和各种信息资料；学生有权按有关规定进行查询和借阅等。随着科技进步和社会发展，教育教学设施和设备将会不断更新、完善，图书资料将会不断增添并且向着多样化发展，学生使用教育教学设施、设备、图书资料的权利的具体内容也将逐步变得丰富。

(二)按照国家有关规定获得奖学金、贷学金、助学金

这项权利可简称为获取物质保障的权利或获取各种学金资助的权利。它体现了国家对为学生提供完成学业的物质保障的重视，也是学生的一项实质性权利。

这里的“国家有关规定”主要是指《普通高等学校本、专科学生实行奖学金制度的办法》《普通高等学校研究生奖学金办法》《普通高等学校本、专科学生实行贷款制度的办法》《国家教育委员会　财政部关于在普通高等学校设立勤工助学基金的通知》《义务教育法》《义务教育法实施细则》等。根据上述有关规定，我国建立了奖学金、贷学金和助学金制度。

奖学金、贷学金主要适用于普通高等学校和中等专业学校学生，体现了国家对特殊群体学生的鼓励和扶助。根据《普通高等学校本、专科学生实行奖学金制度的办法》的规定，普通高等学校及中等专业学校学生有获得奖学金的权利。奖学金分为三种，学生可根据条件申请不同类型、不同等级的奖学金：①德、智、体、美、劳方面全面发展，品学兼优的学生可申请获得优秀学生奖学金。②考入师范、农林、体育、民族、航海等专业的学生均有权享受专业奖学金；并且在校学习期间，德、智、体、美、劳方面全面发展的优秀学生可获得较高等级的专业奖学金。③立志毕业后到边疆地区、经济欠发达地区和自愿从事煤炭、矿业、石油、地质、水利等艰苦行

业的学生，可按有关规定申请定向奖学金。根据《普通高等学校研究生奖学金办法》的规定，高校研究生均可享受普通奖学金；在专业学习和研究中成绩突出的研究生，除享受普通奖学金外，还可享受优秀奖学金。此外，对于企事业组织、社会团体和学校设立的奖学金，品学兼优的学生和报考国家重点保证的、特殊的、条件艰苦的专业的学生或符合其他规定条件的学生有权申请。

贷学金制度是国家为帮助确有经济困难、无力解决在校期间生活费用的部分大中专学生而实行的无息贷款的制度。根据《普通高等学校本、专科学生实行贷款制度的办法》的规定，经济确有困难、学习努力、遵守国家法律和学校纪律的学生，均有权提出贷款申请，以解决在校期间的生活费用。对于自愿到国家急需的地区和单位工作的毕业生，国家将给予适当的一次性奖励。贷学金制度赋予经济困难而学习努力的学生获得必要资助的权利。

随着我国高等学校学生缴费上学制度的建立和奖学金、贷学金制度的实行，助学金制度在高校已经成为历史，但家庭经济困难的学生可获取助学金性质的资助。根据《国家教育委员会　财政部关于在普通高等学校设立勤工助学基金的通知》的规定，家庭经济困难的学生，尤其是特困生可通过勤工助学活动得到资助或根据条件申请不定期的困难资助。目前，国家对普通高校经济困难的学生实行减免学杂费的政策，符合条件的学生有权申请。

助学金制度主要适用于义务教育阶段。例如，《义务教育法实施细则》规定，城镇和大部分农村的小学不设立助学金，但家庭经济困难的少数学生可申请减免学杂费。

（三）在学业成绩和品行上获得公正评价，完成规定的学业后获得相应的学业证书、学位证书

这项权利可简称为获得公正评价与相应证书的权利。具体可分为两种：一是获得公正评价的权利；二是获得学业证书、学位证书的权利。

在学业成绩和品行上获得公正评价是学生的一项基本权利，是教育机构必尽的

义务。学业成绩的评价是教育机构对学生在受教育的某一阶段的学习情况和知识结构、能力水平的概括性鉴定，包括课程考试成绩记录、平时学习情况和总评等。品行评价是教育机构对学生的思想品德和行为表现做出鉴定，包括对学生政治觉悟、道德品质、劳动态度等的评定。学生有权要求获得学业成绩评价和品行评价，而且有权要求评价实事求是，体现公平、公正。例如，每学期、每学年直至毕业时，在例行表格填写和总结上，或因正当需要，学生都有权要求学校所在系或教师出示学业成绩评价和品行评价，并对各种失真的评价有权通过正当途径要求予以更正。

从本质上看，学业证书、学位证书是对学生某一教育阶段的学业成绩、学术水平和品行的终结性评定，对学生的升学、就业和今后的发展具有重要的作用。学生在思想品德等方面合格的前提下，学完或提前学完教育教学计划所规定的全部课程，经考核(考查、考试)及格或修满学分，在该教育阶段结束时均有获得相应的学业证书、学位证书的权利。学业证书包括毕业证书、结业证书和肄业证书等，它依据学生所受教育的不同有不同的类型和等级或规格。学位证书分为学士、硕士和博士学位证书三种。根据《学位条例》，学士学位由有权授予学士学位的高等学校授予，硕士、博士学位由有权授予硕士、博士学位的高等学校和科研机构授予，符合条件的学生有申请获得的权利。

（四）对学校给予的处分不服向有关部门提出申诉，对学校、教师侵犯其人身权、财产权等合法权益提出申诉或依法提起诉讼

这项权利可简称为维护自身权益的权利或申请法律救济的权利。它是公民申诉权和诉讼权在学生身上的具体体现。诉讼权是公民的一项基本权利，包括民事诉讼权、刑事诉讼权和行政诉讼权。学生对学校、教师侵犯其人身权、财产权等合法权益提起诉讼的权利主要属于民事诉讼的范畴。根据《中华人民共和国民事诉讼法》(简称《民事诉讼法》)的规定，学生提起诉讼的情况有以下几种。

①学生对学校或教师侵犯其受教育权可以提起诉讼。例如，对于学校或教师迫使学习不好、品格有缺陷的学生退学或转学的行为，学生有权提起诉讼。

②学生对学校侵犯其合法财产权可以提起诉讼。例如，对于学校违反《义务教育法实施细则》和地方性法规向学生乱收费，包括利用补办学历证件，违法设定“辍学保证金”等罚款项目，强制推行校服、运动服装，收取不合理费用等，学生有权提起诉讼。

③学生对学校侵犯其人身权利可以提起诉讼。例如，对于学校在校园管理过程中处理不当而侵害了其名誉权，学生有权提起诉讼。

④学生对教师侵犯其合法财产权可以提起诉讼。例如，对于教师强迫学生购买与教学无关的物品，故意不完成教学任务而给学生补课时自行收费，或在规定时间内不完成教学任务而为个别有困难的学生辅导时高额收费，学生均有权提起诉讼。

⑤学生对教师侵犯其人身权利可以提起诉讼。例如，对于教师私拆学生信件造成其身心伤害，污辱学生人格，体罚学生造成严重后果等，学生均有权提起诉讼。

⑥学生对学校或教师侵犯其知识产权可以提起诉讼。例如，对于教师剽窃学生的著作权、发现权、发明权或学校强行占有学生的知识产权等，学生有权提起诉讼。但学生对学校按照学生管理规定给予的处分不服，不能向司法机关提起诉讼，只可就不当处分中侵犯人身权、财产权等合法权益的部分提起诉讼。

除诉讼权外，学生还享有申诉权。申诉分为诉讼上的司法申诉和非诉讼上的行政申诉。前者向司法部门提出，后者向主管行政部门提出。学生享有的申诉权属于非诉讼的行政申诉权。这是学生维护自身合法权益的一项权利。学生对前述的学校、教师侵犯其合法权益的那些行为在不提起诉讼的前提下，均可提出申诉。对于学校给予的处分不服，认为所受处分过重或不该受处分，学生也可提出申诉。目前，国家在逐步健全学生申诉制度，包括对受理学生申诉的机关、职权、受案范围等予以规范。随着学生申诉制度的逐步确立、完善，学生对学校给予的处分不服以及对学校、教师侵犯其人身权、财产权等合法权益，可根据《教育法》的配套法规或规章提出申诉，以维护自身的合法权益。

（五）法律法规规定的其他权利

这项权利可简称为法定的其他权利。《教育法》规定学生除享有上述权利外，还享有法律法规规定的其他权利。此处的“法律法规”主要是指有关教育的法律法规以及依据其他法律法规制定的有关教育的规章。例如，根据《未成年人保护法》的规定，学校不得使未成年学生在危及人身安全、健康的校舍和其他设施、场所中参加教育教学活动。换言之，未成年学生有拒绝在危及人身安全、健康的校舍和其他教育教学设施中参加教育教学活动的权利。根据《预防未成年人犯罪法》的规定，被父母或者其他监护人遗弃、虐待的未成年人，有权向公安机关、民政部门、共产主义青年团、妇女联合会、未成年人保护组织或者学校请求保护。《普通高等学校学生管理规定》规定，学生有权参加校内合法的学生社团等。

四、学生义务的内容

学生的义务是指学生依照教育法及其他有关法律法规，在参加教育活动中必须履行的义务。根据学生就读学校的类别与学生的年龄，学生的具体义务各有差别。具体来说，学生的义务包括如下四个方面。

（一）遵守法律法规

这项义务可简称为遵守法律法规的义务。此处的“法律法规”是指宪法、法律、行政法规和依据法律法规制定的规章。

学生作为国家公民，遵守法律法规是一项基本要求。《宪法》是我国的根本大法，是反映全国各族人民意志和根本利益的国家总章程。依据《宪法》制定的法律和依据法律制定的法规及相应的各部门规章也是国家意志的体现，符合国家和人民的共同利益，是国家社会组织和公民一切活动的基本行为准则。《宪法》第三十三条规定：“中华人民共和国公民在法律面前一律平等。”“任何公民享有宪法和法律规定的权利，同时必须履行宪法和法律规定的义务。”有法必依，违法必究。遵守法律法规是《宪法》赋予每个公民的义务，是合格公民的基本素养。学生作为公民，应履行遵守法律法规的义务。

遵守法律法规对于学生来说就是要遵守有关教育的法律法规和规章。我国现已颁布、施行《教育法》《学位条例》《义务教育法》《教师法》等有关教育的法律以及《扫除文盲工作条例》《高等教育自学考试暂行条例》《全国中小学勤工俭学暂行工作条例》《学校体育工作条例》《学校卫生工作条例》《残疾人教育条例》等教育行政法规。此外，国务院教育行政部门单独或与其他部委联合制定、施行了若干有关教育的规章，地方立法机构也依法制定了大量的地方性教育法规和规章。这些教育法律法规和规章都涉及学生的权利和义务。作为最广泛的教育法律关系主体，学生必须同教育者一起加以遵守，做到知法、守法。

（二）遵守学生行为规范，尊敬师长，养成良好的思想品德和行为习惯

这项义务可简称为遵规尊师和养德修行的义务。这里的学生行为规范特指国家教育行政管理机关制定、颁发的关于学生行为遵守的统一规定，包括《小学生日常行为规范》《中学生日常行为规范》《高等学校学生行为准则（试行）》《中小学生守则》《高等学校学生行为守则》等。这些行为规范集中体现了国家对不同教育阶段学生政治、思想、品德等方面的基本要求。其他教育机构的学生应参照这些学生行为规范，自觉养成良好的思想品德和行为习惯。

尊敬师长是遵守学生行为规范的具体要求，是良好的思想品德和行为修养的具体体现。在教育教学活动中，教师是文化知识的传播者，承担着教书育人、培养社会主义事业建设者和接班人、提高民族素质的使命，理应受到学生和全社会的尊重。尊敬师长是我国的传统美德，也是社会进步文明的重要标志。学生要养成良好的思想品德和行为习惯，提高自身素养，就应当继承发扬这一传统美德。

（三）努力学习，完成规定的学习任务

这项义务可简称为努力学成学业的义务。学习科学文化知识，完成规定的学业，以便使自己成为德、智、体、美、劳方面全面发展的社会主义建设者和接班人。这是学生的首要任务，也是学生区别于其他公民的一项主要义务。

学生应以学为主。学生进入学校就意味着他们的主要任务是学习，意味着承担接受教育、完成学业的义务。对于义务教育阶段的学生来说，这种义务是强迫的，具有强制性；对于非义务教育阶段的学生来说，这种义务是自愿入学后在享有受教育权的同时应承担的义务。履行完成学业的义务是学生享有获得学业证书及学位证书的权利的前提。任何一个教育阶段的学习任务都包括两种：一是结果性的或称终结性的，即某一教育阶段教育计划规定的学生在该教育阶段结束时应完成的学习任务；二是过程性的，是学生为完成某一教育阶段的学业或总的学习任务而要完成的日常的、大量的、具体的学习任务。这两种性质的学习任务是相辅相成的。过程性的学习是量的积累，其目的和结果是质的提高。

（四）遵守所在学校或其他教育机构的管理制度

这项义务可简称为遵守管理制度的义务或守纪服从管理的义务。学校及其他教育机构的管理制度是国家教育管理制度的重要组成部分，是确保学校及其他教育机构教育教学活动正常有序进行的基本措施，也是国家为实现教育权利而赋权于学校及其他教育机构规定的必要的纪律。从广义上说，它是国家法律法规的具体化。遵守学校或其他教育机构的管理制度与遵守国家的法律法规，在实质上是一致的。学生作为广泛的教育活动主体之一，有义务对此加以遵守和服从。具体来说，主要包括以下几个方面。

①遵守其所在学校或其他教育机构的思想政治教育管理制度。

②遵守其所在学校或其他教育机构的教学管理制度。

③遵守其所在学校或其他教育机构的学籍管理制度，包括入学注册、成绩考核和登记，对升级、留级、转学、复学、休学、退学的处理，考勤记录、纪律教育、奖励处分、毕业资格审查等的管理规定。

④遵守其所在学校或其他教育机构的体育管理、卫生管理、图书仪器管理、校园及宿舍管理等。

第三节　未成年人保护

1959 年，联合国大会通过了《儿童权利宣言》，明确了各国儿童应当享有的各项基本权利。但也有一些儿童工作者指出，该宣言不具有法律约束力，不能起到更大的作用。1978 年，联合国大会决定制定一份具有法律效力的《儿童权利公约》(简称《公约》)并成立了起草工作组。1989 年，联合国大会通过了《公约》。1990 年，《公约》在获得 20 个国家批准后正式生效。这是第一部有关保障儿童权利且具有法律约束力的国际性约定。

《公约》共有 54 项条款。根据《公约》，凡 18 周岁以下者均为儿童，除非各国或地区法律有不同的定义。《公约》规定了世界各地所有儿童应该享有的数十种权利，其中包括基本的生存权、全面发展权、受保护权与全面参与家庭、文化和社会生活的权利。《公约》确立了 4 项基本原则：无歧视、儿童利益最大化、生存和发展权以及尊重儿童。《公约》通过确立卫生保健、教育以及法律、公民和社会服务等多方面的标准来保护儿童的上述权利，明确了国际社会在儿童工作领域的目标和努力方向。《公约》指出，缔约方应确保儿童均享有《公约》中规定的各项权利，不因儿童、其父母或法定监护人的种族、肤色、性别、语言、宗教、政治身份、出身、财产或残疾等不同而受到任何歧视。缔约方为确保儿童的福祉，应采取一切适当的立法和行政措施；各相关部门和机构在制定相关政策和落实中以儿童利益最大化为首要考虑。2000 年，联合国大会在《公约》框架的基础上通过了《关于儿童卷入武装冲突问题的任择议定书》和《关于贩卖儿童、儿童卖淫和儿童色情的任择议定书》，以推动国际社会努力保护儿童、消除日益猖獗的残害儿童的犯罪活动。

随着我国现代化进程的加快，未成年人在思想观念、生活方式等方面呈现出多元化的趋势。这种趋势给未成年人权利保护工作带来了新的课题，如学生人身伤害问题、校园安全事故问题、农村留守儿童问题等。在此背景下，《未成年人保护法》于2020年10月17日经第十三届全国人民代表大会常务委员会第二十二次会议进行第二次修订。该法自2021年6月1日起施行。《未成年人保护法》规定，国家对未成年人的保护分为家庭保护、学校保护、社会保护、网络保护、政府保护和司法保护六个方面。

一、家庭保护

家庭保护是指父母或其他监护人对未成年人进行的保护。这种保护包括在生活上的关心照顾和思想上的教育培养。家庭是人生的第一所学校，父母是孩子的第一任老师。父母的思想、观点、道德文化素质、兴趣爱好、能力以及个性都会对孩子产生深远的影响。家庭在对未成年人的保护方面有着不可替代的作用。这也正是法律之所以规定对未成年人的家庭保护的目的所在。家庭保护有其独特的地位，是未成年人保护的第一个阵地，也是未成年人保护的基础。

（一）家庭保护的目的和作用

1. 使未成年人的合法权益免受家庭侵害

虽然时代在进步，公民的法律意识在提高，但家庭教育领域仍然会出现儿童遭受家庭虐待的案例。有些父母、监护人对未成年人动辄打骂，随意体罚；有些父母迫使未成年人辍学经商、外出打工，迫使未成年人结婚、订婚。《未成年人保护法》规定的家庭保护，为消灭这些来自家庭的、给未成年人身心健康造成极大危害的违法犯罪提供了法律保障。

2. 为未成年人提供适宜的家庭环境

适宜的家庭环境是指利于未成年人成长的家庭环境，包括适宜的家庭物质环境与相应的家庭精神文化。比如，父母或监护人应当为未成年人提供适合的学习环境，为未成年人提供成长的必要引领，腾出时间以促进未成年人身心的健康发展。但需要注意的是，家庭保护一方面要强调父母或监护人对未成年人的抚养，另一方面也要反对溺爱。溺爱过多或过分满足未成年人的需要，有可能会使未成年人的品格向坏的方向发展，如自私、任性、懒惰、粗暴。这同样不符合家庭保护的要求。

3. 使未成年人成为合格的社会成员

未成年人在家庭保护下开始逐步认识周围的世界，开始学习一定的知识，发展各种能力，养成一定的品格以及好的行为习惯。这就为未成年人稳步成为合格的社会成员打下了坚实的基础。实践证明，良好的家庭保护可以抵制和减少社会的消极影响，使未成年人健康成长。缺乏家庭保护，不仅会导致未成年人身心会受到侵害，而且会导致他们侵害他人、侵害社会。家庭保护不仅是对未成年人负责，还是对社会负责、对社会尽义务。

4. 预防和减少未成年人犯罪， 促进社会稳定

未成年人犯罪的原因复杂，家庭保护不力是其中的一个重要原因。家庭教育不良、家庭控制力和稳定性的破坏，是导致未成年人出现不良行为和犯罪的重要因素。家庭是控制未成年人犯罪的第一防线。在预防和减少未成年人犯罪、促进社会稳定方面，家庭保护具有特别重要的作用。改善家庭抚养条件，重视家庭教育，保持家庭稳定，是防止未成年人犯罪比较有效的方法。

（二）家庭保护的主要内容

父母或监护人应依法履行对未成年人的监护职责和抚养义务。家庭保护的内容具体包括：①保护未成年人的人身健康和安全，保护他们的姓名权、荣誉权等，对他们进行德、智、体、美、劳方面的培养和教育；②管理好未成年人的财产，及时排除他人对未成年人财产的侵犯，在有利于未成年人利益的前提下可以处理未成年人的财产；③代理未成年人对国家、集体和他人造成的损害的民事赔偿责任；④从物质上对未成年人进行养育和照料，为未成年人提供生活费、医疗费和教育费。

尊重未成年人接受教育的权利，必须使适龄未成年人按照规定接受义务教育，不得使在校接受义务教育的未成年人辍学。不论何种原因导致未成年人失学或辍学，都是父母或监护人的失职，都侵犯了未成年人的合法权益。

用健康的思想、品行和适当的方法教育未成年人，引导未成年人进行有益身心健康的活动，预防和制止未成年人吸烟、酗酒、流浪等行为。家庭是社会的一个教育单位，父母或监护人应承担起教育未成年人的重要职责。

父母或监护人除从以上几个方面履行对未成年人家庭保护的义务外，还应根据自己的情况及未成年人的身心特点和不同情况，进行适人、适事、适时、有效的其他方面的家庭保护。

（三）家庭保护的限制规定

《未成年人保护法》对父母或监护人提出了限制性的要求。

1. 不得虐待、遗弃未成年人

一般来说，虐待是否构成虐待罪，即罪与非罪的界限主要是看虐待情节是否严重。具体可以从以下几个方面来考查。

①虐待行为持续的时间。虐待时间的长短在相当程度上决定对未成年人身心损害的大小。虐待持续的时间长，如几个月、几年，往往会造成未成年人的身心受到较为严重的损害。②虐待行为的次数。虐待时间虽然不长，但行为次数频繁的也容易使未成年人的身心遭受难以忍受的痛苦，极易出现严重后果。③虐待的手段。有的虐待手段十分残忍。使用这些手段极易造成未成年人伤残和死亡，应以情节恶劣论处。④虐待的后果是否严重。虐待行为一般都会不同程度地给未成年人造成精神、肉体上的痛苦和损害。其中有的后果严重。例如，虐待行为人使未成年人身体瘫痪、肢体伤残；将未成年人虐待致死；使未成年人因不堪虐待而自杀；等等。凡发生了上述严重后果的，都应以情节恶劣论处。当然，判断情节是否恶劣，可以根据上述诸方面进行综合分析，也可以根据其中的一个方面加以分析认定。

2. 不得歧视女性未成年人和残疾未成年人

这一条规定是对未成年人的特殊保护。也就是说，女孩和男孩是平等的，残疾孩子和普通孩子是平等的。

我国对女童教育问题十分重视，要求各地采取措施逐步降低、消除女童失学现象。各地在大力宣传《义务教育法》的基础上，还针对实际情况解决女童入学问题。有些地方开设女童班、女子中小学；有些地方允许女童中途插班，允许晚来早走等。这些都有效地控制了学龄女童的失学情况。

国家对残疾儿童也给予了特别关注。残疾儿童教育是义务教育的一部分。国家兴办了各类残疾人学校，如盲童学校、聋哑学校，或者在普通学校开设特殊教育班，并要求普通中小学招收能适应其学习生活的残疾儿童，不得将他们拒之门外。

3. 不得迫使未成年人结婚和订婚

《民法典》规定的结婚年龄是，男子不得早于 22 周岁，女子不得早于 20 周岁。就年龄而言，父母或监护人允许未成年人结婚就是违法行为。此外，根据《未成年人保护法》第十七条的规定，父母或者监护人不得允许或者迫使未成年人结婚，不得为未成年人订立婚约。这一规定是为了保护未成年人的身心健康，也有利于家庭幸福和社会安定。

（四）家庭保护中的家长义务

根据《未成年人保护法》第十六条的规定，未成年人的父母或者其他监护人应当履行的监护职责如下：①为未成年人提供生活、健康、安全等方面的保障；②关注未成年人的生理、心理状况和情感需求；③教育和引导未成年人遵纪守法、勤俭节约，养成良好的思想品德和行为习惯；④对未成年人进行安全教育，提高未成年人的自我保护意识和能力；⑤尊重未成年人受教育的权利，保障适龄未成年人依法接受并完成义务教育；⑥保障未成年人休息、娱乐和体育锻炼的时间，引导未成年人进行有益身心健康的活动；⑦妥善管理和保护未成年人的财产；⑧依法代理未成年人实施民事法律行为；⑨预防和制止未成年人的不良行为和违法犯罪行为，并进行合理管教；⑩其他应当履行的监护职责。这里说的监护人是指对未成年人的人身、财产以及其他一切合法权益进行监督和保护的人。父母是青少年子女法定的监护人。

监护人的义务有如下两项。一项义务是监护。监护就是要对未成年人的生命安全和身体健康负责，不让他们的权益受到侵犯。另一项义务是抚养。未成年人从一出生到长大成人，需要吃饭、穿衣，需要上学，生了病需要去医院……做这些事情需要花钱，这些钱应该由谁来承担呢？理所当然地应该由父母或监护人来承担。如果父母或监护人以各种理由不尽抚养义务，那就是违犯了法律。未成年子女有权要求父母或监护人给予支付，协商不成时可以由人民法院裁决。虽然父母或监护人对子女有抚养义务，但是这种抚养不是无限期的。父母或监护人不能养子女一辈子。子女长大成人，参加工作，有了自己的收入，能独立生活时，父母或监护人就不再承担抚养义务。反过来，在父母或监护人年迈、生活困难时，子女还必须尽一份赡养义务，照顾他们的晚年生活。

二、学校保护

学校保护是指有关的学校及其他教育机构依照《未成年人保护法》及其他有关法律法规，对未成年人实施的专门保护。这里说的学校包括普通中小学、中等职业学校、特殊教育学校和工读学校，以及以招收未成年人为对象的文艺、体育学校等，甚至还包括一些举办少年班、对具有特殊天赋的未成年人进行高等教育的高等学校等。

学校作为对未成年人实施教育的机构，是培养社会主义建设者和接班人的阵地。同时，学校保护是预防和制止未成年人违法犯罪的重要环节。未成年人有一半时间将在学校度过。因此，为未成年人的受教育权、人身权及其他合法权益提供必要和有效的保护，对整个未成年人保护工作起着举足轻重的作用。学校保护是我国未成年人保护的重要方面。学校保护主要体现在以下几个方面。

（一）全面贯彻国家的教育方针

1. 国家的教育方针

教育方针是党和国家在一定历史时期为实现该时期的总路线和总任务对教育工作提出的根本指导思想和总的工作方向。教育方针是对未成年人实施学校保护的基本依据。我们要继续贯彻教育必须为社会主义现代化服务，必须同生产劳动相结合，培养德、智、体、美、劳全面发展的建设者和接班人的方针。这就是党和国家对新时期教育方针的表述。

教育必须为社会主义现代化服务，是我国教育工作的总方向。它既包括物质文明建设，又包括精神文明建设；既包括经济基础建设，也包括上层建筑和思想意识形态建设，是中国特色的社会主义经济、政治和文化三大方面的建设。

教育必须同生产劳动相结合，是培养全面发展的社会主义事业建设者和接班人的根本途径。具体包括教育与国民经济的发展相适应、教育过程中理论与实践相结合、脑力劳动者与体力劳动者相结合。

培养德、智、体、美、劳全面发展的建设者和接班人，是我国各级各类学校教育的培养总目标。培养建设者和培养接班人是相互联系、不可分割的。

2. 对未成年人进行德、智、体、美、劳五育

对未成年人进行德、智、体、美、劳五育，是学校保护的重要任务。对未成年人实施这五个方面的教育，对于把他们培养成全面发展的社会主义建设者和接班人具有重要意义。当前，我们应改革未成年人思想品德教育，加强音乐、美术等科目的教育和社会实践及劳动观念、劳动技能的教育。

3. 对未成年人进行社会生活指导和青春期教育

对未成年人进行社会生活指导，能提高他们对是非的辨别力和抵御不健康事物影响的免疫力；提高他们的生活自主自理能力，让他们形成良好的生活行为习惯；提高他们的社交能力，让他们建立正常、健康的人际关系，积极地参加社会生活。

青春期教育要以社会主义道德教育为核心，使未成年人正确认识自身生理的发育变化，培养未成年人良好的心理素质和道德修养，使他们身心健康发展。学校应当积极稳妥、严肃认真地开展青春期教育，要在师资、教材、教学条件等方面采取措施，使青春期教育健康稳步地开展。

4. 关心爱护全体未成年人

全面贯彻国家的教育方针，不仅体现在要使未成年人全面发展上，而且体现在

要面向全体未成年人上。学校应关心、爱护未成年人，对品行有缺点、学习有困难的未成年人应当耐心教育、帮助，不得歧视他们，以保护这部分未成年人的身心健康和合法权益，使他们同其他未成年人一样健康地发展。

（二）保护未成年人的受教育权

1. 受教育权是未成年人的一项基本权利

未成年人的受教育权是指未成年人依法享有的进入学校及其他教育机构以适合于其身心发展的适当方式接受系统的教育的权利。这项权利是提高未成年人的素质，为他们投身国家建设、参与社会生活奠定基础的一项重要的发展权。可以说，未成年人受教育权利的享有和行使，对未成年人今后一生的发展影响重大。

2. 学校保护是未成年人受教育权保护的重要方面

未成年人受教育权的保护涉及国家、社会、学校及家庭等各个方面。其中学校作为实施教育的专门机构在对未成年人受教育权的保护中具有十分重要的作用。对未成年人受教育权的保护，是未成年人学校保护的主要内容。由于我国保障未成年人受教育权的具体制度、措施和程序还不够完善，因此要使未成年人的受教育权得到充分有效的保障，还需做不懈的努力。

3. 加强和完善对未成年人受教育权的学校保护

要加强和完善对未成年人受教育权的学校保护，学校和教职工需要做到如下。第一，对依法应当接受规定年限义务教育的适龄儿童、青少年，以及其他符合入学条件的非义务教育阶段的未成年人，必须按照有关规定接纳他们入学，不得将他们无理地拒之于校门之外。第二，对在校学习的未成年人，不得非法剥夺或侵害他们的受教育权。第三，对中途辍学、逃学、旷课的未成年人，应当及时采取措施，使其返校上学。第四，不得违反国家的有关规定滥收费用，影响未成年人的受教育权。第五，改善办学条件，合理利用教学场地和设施，不得随意将校舍、场地、设施出租、出售或挪作他用，妨碍学校教育教学活动的正常进行。第六，端正办学思想，提高教学质量，加强素质教育，使未成年人受教育权的保护工作真正体现出来。

（三）保护未成年人的人身权

未成年人享有广泛的人身权，包括生命权、身体健康权、姓名权、肖像权、人格权、名誉权、荣誉权以及自由权。自由权又包括人身自由、住宅自由、通信自由以及言论、出版、集会、结社、游行、示威自由和宗教信仰自由等。《未成年人保护法》把对未成年人的人身权的保护列为学校保护的重要内容。学校保护所涉及的未成年人的人身权主要是指与学校及其他教育机构实施教育活动紧密相连的未成年人的人格尊严、人身安全和健康权。

需要特别提出的是，学校及其他教育机构对未成年人实施人身权保护的义务是基于《未成年人保护法》和其他有关法律法规的规定而产生的。

1. 学校保护未成年人的人格尊严

学校的教职工应当树立尊重未成年人人格尊严的法制观念，与未成年人之间建立民主、平等、亲密的关系。《未成年人保护法》把不得对未成年人实施体罚、变相体罚和其他侮辱人格尊严的行为规定为教职工应当依法履行的法定义务，并规定了相应的法律责任。

2. 学校保护未成年人的人身安全和健康权

《未成年人保护法》第三十条规定："学校应当根据未成年学生身心发展特点，进行社会生活指导、心理健康辅导、青春期教育和生命教育。"生命健康权是人们生存和发展的基本权利，包括生命权和健康权两项人身权。《未成年人保护法》第三十三条规定："学校应当与未成年学生的父母或者其他监护人互相配合，合理安排未成年学生的学习时间，保障其休息、娱乐和体育锻炼的时间。学校不得占用国家法定节假日、休息日及寒暑假期，组织义务教育阶段的未成年学生集体补课，加重其学习负担。幼儿园、校外培训机构不得对学龄前未成年人进行小学课程教育。"保护未成年的人身安全和健康权是学校保护的一项重要内容。

（四）保护未成年人中的特殊群体

1. 学业不佳学生受教育权的保护

这里的学业不佳学生包括学习困难学生和思想品行不佳的学生。根据《未成年人保护法》的规定，学校应当保障未成年学生受教育的权利，不得违反国家规定开除、变相开除未成年学生；学校应当关心、爱护未成年学生，不得因家庭、身体、心理、学习能力等情况歧视学生。对家庭困难、身心有障碍的学生，应当提供关爱；对行为异常、学习有困难的学生，应当耐心帮助。这两条规定可以做以下理解。首先，不得歧视学业不佳学生。造成严重后果的，责任人需要承担相应的法律责任。其次，不得开除学业不佳学生。劝退他们属于变相开除，是违法行为。

2. 留守、困境、残疾儿童受教育权的保护

《未成年人保护法》第八十三条明确规定，政府和学校有责任和义务救助留守、困境、残疾儿童："各级人民政府应当保障未成年人受教育的权利，并采取措施保障留守未成年人、困境未成年人、残疾未成年人接受义务教育。对尚未完成义务教育的辍学未成年学生，教育行政部门应当责令父母或者其他监护人将其送入学校接受义务教育。"《未成年人保护法》第八十六条规定："各级人民政府应当保障具有接受普通教育能力、能适应校园生活的残疾未成年人就近在普通学校、幼儿园接受教育；保障不具有接受普通教育能力的残疾未成年人在特殊教育学校、幼儿园接受学前教育、义务教育和职业教育。各级人民政府应当保障特殊教育学校、幼儿园的办学、办园条件，鼓励和支持社会力量举办特殊教育学校、幼儿园。"

依法设置专门学校的地方人民政府应当保障专门学校的办学条件；教育行政部门应当加强对专门学校的管理和指导；有关部门应当给予协助和配合。专门学校应当对在校就读的未成年人进行思想教育、文化教育、纪律和法制教育、劳动技术教育和职业教育。专门学校的教职工应当关心、爱护、尊重学生，不得歧视、放弃等。

（五）幼儿教育保护

1. 幼儿教育保护是未成年人学校保护的重要组成部分

幼儿教育是我国社会主义教育事业的重要组成部分。由于幼儿园是实施保育、教育的学前教育机构，属于学校教育的预备阶段，因此《未成年人保护法》把幼儿教育保护工作列入未成年人学校保护的范围。幼儿教育保护工作对向幼儿有目的地施

加教育影响、促进幼儿身心健康发展、提高民族素质具有重要作用。但是目前我国的幼儿教育保护工作还不能完全适应幼儿健康成长的要求，仍存在不足，我们有必要把幼儿教育保护工作纳入未成年人保护的法制轨道上来，促进幼儿健康和谐地发展。

2. 保教结合，全面提高保育、教育质量，促进幼儿发展

幼儿园的幼儿教育保护工作应当把保育和教育结合起来，促进幼儿身体正常发育和机能的协调发展。为了保证幼儿的身体健康，幼儿园应当按照《幼儿园管理条例》《幼儿园工作规则》的规定，切实做好幼儿保育工作，促进幼儿在体质、智力、品德等方面的和谐发展。

3. 提高幼儿师资的素质，适应幼儿教育保护工作的需要

做好幼儿教育保护工作涉及多方面，关键在于提高幼儿师资的素质。这项工作不仅要求从事幼儿保育、教育的人员应当具备保育、教育能力，而且要求他们必须具有高度的责任心，热爱幼儿保育、教育工作，热爱幼儿。为了保证幼儿师资的素质，各类幼儿园应当按照国家关于幼儿园工作人员的条件和要求聘用或任用幼儿园的各类工作人员，还应经常对其进行思想政治教育，开展多种形式的业务培训，提高他们从事幼儿保育、教育工作的业务水平，以使幼儿在幼儿园中得到良好的教育、照顾和保护，使他们的身心健康发展。

三、社会保护

社会保护是指各社会团体、企事业组织和其他组织及个人对未成年人实施的保护。其内容是保护未成年人的安全与健康、保护未成年人的荣誉权、保护未成年人的隐私权、保护有特殊天赋和突出成就的未成年人以及公共场所优惠开放等。

（一）保护未成年人的安全与健康

《未成年人保护法》第五十五条规定："生产、销售用于未成年人的食品、药品、玩具、用具和游戏游艺设备、游乐设施等，应当符合国家或者行业标准，不得危害

未成年人的人身安全和身心健康。上述产品的生产者应当在显著位置标明注意事项，未标明注意事项的不得销售。”

我国还特别重视未成年人的疾病预防工作。1990年，国家教育委员会和卫生部发布了《学校卫生工作条例》，对学校提出了多条要求。其中要求学校定期对学生进行体格检查，建立学生体质健康卡片，纳入学生档案，以便发现疾病时及时配合家长做好转诊治疗。同时，我国对儿童实行“计划免疫”，就是通过定期打预防针、吃预防药，增强儿童对疾病的抵抗能力，使儿童少生病或者不生病。比如，有一种病毒叫脊髓灰质炎病毒，侵入人体后，能使天真活泼的孩子产生腿疾。服用小儿麻痹糖丸，能有效预防这种疾病的发生。此外，为了保护未成年人的健康，《未成年人保护法》第五十九条规定：“任何人不得在学校、幼儿园和其他未成年人集中活动的公共场所吸烟、饮酒。”这一规定可以使未成年人避免被动吸烟，保证身体健康不受侵害。

（二）保护未成年人的荣誉权

未成年人的荣誉权是指未成年人在学习或社会生活中获得精神奖励的权利，如被选为“十佳少先队员”“优秀团员”“见义勇为好少年”等。任何组织和个人不得非法剥夺未成年人的这些荣誉称号。对未成年人荣誉权的保护，可以激发未成年人蓬勃向上的进取心，鼓励未成年人从小树立远大的理想和志向，将来对国家做出更大的贡献。

（三）保护未成年人的隐私权

为了保护未成年人的隐私权，《未成年人保护法》第六十三条规定：“任何组织或者个人不得隐匿、毁弃、非法删除未成年人的信件、日记、电子邮件或者其他网络通讯内容。除下列情形外，任何组织或者个人不得开拆、查阅未成年人的信件、日记、电子邮件或者其他网络通讯内容：（一）无民事行为能力未成年人的父母或者其他监护人代未成年人开拆、查阅；（二）因国家安全或者追查刑事犯罪依法进行检查；（三）紧急情况下为了保护未成年人本人的人身安全。”隐私权是指人们有权要求他人尊重自己的、不愿让或不方便让他人获知或干涉的、与公共利益无关的信息或生活领域。《宪法》第四十条规定："中华人民共和国公民的通信自由和通信秘密受法律的保护。"《儿童权利公约》第十六条规定："儿童的隐私、家庭、住宅或通信不受任意或非法干涉，其荣誉和名誉不受非法攻击。""儿童有权享受法律保护，以免受这类干涉或攻击。"未成年人与成年人一样具有受法律保护的隐私权。

（四）保护有特殊天赋和突出成就的未成年人

《未成年人保护法》既充分保障大多数未成年人的权利，又充分考虑到一些未成年人的特殊需要。对于有特殊天赋或者有突出成就的未成年人，国家、社会、家庭和学校应当为他们的健康发展创造有利条件。

特殊天赋是指人生来就有的一般人所不具有的才能。具有特殊天赋的人十分难得。因此我们应采取特殊的教育培养方式，使他们的聪明才智充分发挥，早日成才。对那些经过努力取得突出成就的未成年人，我们也应进行充分表彰和特殊爱护，并为他们今后的健康发展提供、创造良好的条件。比如，有些学生在小学阶段就学完了初中和高中的课程。这样的学生就可以直接考入大学的少年班深造。还有学生在体育、音乐、绘画、书法等方面有突出成就。国家就提供条件让他们发展特长，给他们安排有专业知识和技能的教师，对他们进行专业训练，让他们参加各种比赛活动，为国争光。这些做法显示了国家对未成年人保护的精心和周到。

（五）公共场所优惠开放

未成年人除了在家庭和学校活动之外，还有不少时间是在社会上活动，如到电影院看电影、到博物馆参观、到科技馆参加活动。到这些公共场所可以使他们的生活丰富多彩、充满乐趣，还能开阔他们的眼界、增长他们的见识。所以，国家特别重视这些文化设施的建设，让它们为青少年健康成长提供服务。

《未成年人保护法》第四十四条规定："爱国主义教育基地、图书馆、青少年宫、儿童活动中心、儿童之家应当对未成年人免费开放；博物馆、纪念馆、科技馆、展览馆、美术馆、文化馆、社区公益性互联网上网服务场所以及影剧院、体育场馆、动物园、植物园、公园等场所，应当按照有关规定对未成年人免费或者优惠开放。”在平时，进入这些场所，未成年人的票价一般都比成年人的票价低。每逢节假日和寒暑假，各场所还要举办各种丰富多彩的活动和竞赛，吸引未成年人参加，培养他们广泛的兴趣和爱好。

那么是不是所有的公共场所都应对未成年人优惠开放呢？有些场所不仅不能优惠，而且还要禁止未成年人进入，如营业性歌舞厅、录像厅。因此，这些场所禁止未成年人进入，是国家对未成年人的关怀和爱护。国家要求这些营业性场所挂上明显的标牌，写上“禁止未成年人进入”等字样，不许向未成年人出售门票。对于那些违反规定的经营者，有关部门要责令改正并处以罚款。屡教不改的，还要受到法律制裁。

四、司法保护

司法保护是指公安机关、人民检察院、人民法院以及监狱、少年犯管教所等劳动改造执行机关依法行使权力，履行职责，对未成年人实施的专门保护。

（一）办理未成年人犯罪案件的特殊制度

根据《未成年人保护法》及其他相关法律的规定，对违法犯罪的未成年人实行教育、感化、挽救的方针，坚持教育为主、惩罚为辅的原则。对违法犯罪的未成年人应当依法从轻、减轻或者免除处罚。教育就是对违法犯罪的未成年人进行有组织的政治学习、文化知识学习、劳动技能学习，使他们提高觉悟，改正恶习，成为合格的公民。感化就是要求从事劳改、劳教、少管的人员以情感、道义的力量去感动违法犯罪的未成年人。挽救就是要求司法人员和从事劳改、劳教、少管的人员运用多种方法启发违法犯罪的未成年人深刻认识错误和危害，树立改过从善的决心。

公安机关、人民检察院、人民法院办理未成年人犯罪案件和涉及未成年人权益保护案件，应当照顾未成年人的身心发展特点，尊重他们的人格尊严，保障他们的合法权益，并根据需要设立专门机构或者指定专人办理。公安机关、人民检察院讯问未成年犯罪嫌疑人，询问未成年证人、被害人，应当通知监护人到场。公安机关、人民检察院、人民法院办理未成年人遭受性侵害的刑事案件，应当保护被害人的名誉。对羁押、服刑的未成年人，应当与成年人分别关押。羁押、服刑的未成年人没有完成义务教育的，应当对其进行义务教育。解除羁押、服刑期满的未成年人的复学、升学、就业不受歧视。在未成年人犯罪案件中，新闻报道、影视节目、公开出版物、网络等不得披露该未成年人的姓名、住所、照片、图像以及可能推断出该未成年人的资料。对未成年人严重不良行为的矫治与犯罪行为的预防，依照《预防未成年人犯罪法》的规定执行。

（二）对未成年人继承权、抚养权的规定

《未成年人保护法》对未成年人民事权利的保护有规定，特别指出人民法院在审理继承案件时应当保护未成年人的继承权。在审理离婚案件时，如果离婚双方因抚养未成年人发生争执，不能达成协议，法院应当根据保障未成年人权益的原则和双方的具体情况进行判决。父母或者其他监护人不履行监护职责或者侵害未成年人的合法权益，经教育不改的，人民法院可以根据有关人员或者有关单位的申请，撤销其监护人的资格，依法另行指定监护人；被撤销监护资格的父母或其他监护人应当依法继续负担抚养费用。《未成年人保护法》规定，当未成年人的合法权益受到侵害，依法向人民法院提起诉讼时，人民法院应当依法及时审理，并适应未成年人生理、心理特点和健康成长的需要，保障未成年人的合法权益。在司法活动中对于需要法律援助或者司法救助的未成年人，法律援助机构或者人民法院应当给予帮助，依法为其提供法律援助或者司法救助。侵权者应承担相应的民事责任、行政责任，侵权者的侵权行为构成犯罪的应追究他们的刑事责任。

复习思考题

1. 结合实际评述我国学生的法律地位。

2. 学生权利的内容是什么？如何有效保护学生的权利？

3. 学生义务的内容是什么？结合实际评述学生义务履行的情况。

4. 评述我国的未成年人保护制度。

案例分析题

董某夫妇的儿子小虎是小学四年级学生。有天上午上课时，小虎突然出现精神不振、出汗等症状。任课老师发现后，即派学生小刚、小强送小虎回家。两名学生将小虎送到家时发现大门锁着，而后留下小虎返回学校。

问题：结合案例讨论如何采取有效措施保护未成年人的权益。

第八章　教育法的实施

学习目的和要求

1. 掌握教育法的实施、教育法的遵守、教育法的执行等概念。

2. 知道教育法的遵守的形式与主体。

3. 掌握教育法的遵守的范围和内容。

4. 理解教育法的执行的形式。

5. 了解教育法的执行的原则。

6. 了解教育法的适用的特点与原则。

7. 了解教育法实施的国家机关监督。

8. 知道教育法实施的社会力量监督。

具体教学内容

1. 教育法的实施的含义、教育法的实施的基本原则

2. 教育法的遵守

3. 教育行政执法、教育行政执法的特点、教育法的执行的形式、教育法的执行的原则

4. 教育法的适用及原则

5. 教育法的时间、空间及对事的效力

6. 教育法实施的监督的形式

第一节　教育法的实施概述

一、教育法的实施的含义

（一）法的实施

法的实施也叫法律实施，是指法律在社会实际生活中的具体运用和施行。法的实施包括两个方面：一是国家执法、司法机关及其公职人员严格执行法律、适用法律，保证法律的实现；二是一切国家机关、社会组织和个人，即凡是行为受到法律调整的个人和组织都要遵守法律。① 前者称为法律适用，后者称为法律遵守。孟子云："徒法不能以自行。"意思为只有好的法令，并不能自行于世，即法令必须得到推行才能彰显它的意义。在一定意义上，法律制定是为了法律实施，否则制定再多、再完善的法律也毫无意义。法的实施是实现有法可依、有法必依、执法必严、违法必究的保证，也是法的生命力的体现。

（二）教育法的实施

教育法的实施指的是教育法律规范在教育实践中的具体运用和实行。在教育法律文件中，教育法律规范所规定的教育法律关系和教育法律秩序只是一种可能。要变成现实，需要经过教育法的实施，即通过教育法的实施，将教育法律规范转变为现实的法律关系和法律秩序，实现依法治教。教育法的实施的方式可以划分为守法、执法与司法三种形式。在教育活动中，教育法的制定与教育法的实施共同构成了教育立法、执法、司法、守法的比较完整的教育法治环节。

① 黄崴：《教育法学》，267 页，广州，广东高等教育出版社，2002。

二、教育法的实施的相关概念

（一）教育法的制定

教育法的制定和教育法的实施是两个密切联系但又有区别的过程。法律的制定又称立法，是指国家机关依据法定权限和程序制定、修改和废止法律法规的活动。教育法的制定同一般法律制定的程序一样，就是国家机关依据法定权限和程序制定、修改和废止教育法律法规的活动。法律制定是法律实施的前提和基础；法律实施首先要有法可依，有法可依需要制定完善的法律。法律制定的主要步骤一般包括：法律议案的提出、法律议案的审议、法律议案的表决和通过、法律的颁布等。

（二）教育法的实效

法的实效是指人的行为与法律规范的符合，即人们实际上按法律规范的要求行为，法律规范实际上被遵守。教育法的实效强调的是人们的教育行为与教育法律规范的一致性，是教育法在教育实践活动中实施的实际效果。在教育实践中，教育法律规范的约定与教育法的实施的实效不一定一致。

（三）教育法的实现

教育法的实现是指教育法的规则、原则变成社会现实，教育权利得以实现，教育义务得以履行，教育责任得以兑现。① 教育法的实施追求的就是教育法的实现。如果没有教育法的实现，教育法的实施的实效就不能得到体现。教育法的实施是教育法的实现的前提，教育法的实现是教育法的实施所追求的目标。教育法的实施与教育法的实现的主要区别在于如下几方面。第一，教育法的实现比教育法的实施的含义更广，既包括贯彻执行法律的过程，又包括执行法律的后果；而教育法的实施仅指前者。第二，教育法的实施是指执法、司法和守法，而教育法的实现还包括法律监督。第三，教育法的实施有获得实效的，也有没有获得实效的；教育法的实现主要指已经获得实效的。教育法的实现的意义在于，教育法所规范的权利、义务与责任已经真正得到贯彻落实。

---

① 黄崴：《教育法学》，268 页，广州，广东高等教育出版社，2002。

案例

某中学在午间公开播放了一段录像。这段录像的最后是八年级学生孙某与某女生亲密的镜头。事后，班主任分别找两人谈话。同时，学校认为两人严重违反了本校的规定，决定给予两人开除学籍的处分。孙某的父母将学校告上法庭。法院经审理认为，学校侵犯了孙某的隐私权和受教育权。

讨论：学校教室安装摄像头是否必要？是否有助于教育法在实践中的有效实施？

分析：学校教室安装摄像头或有必要，但可能无助于教育法在实践中的有效实施。因为学校把学生的活动置于摄像头的监视之下，可能会使学校对学生的管理有所帮助，但是把监视的内容予以公开，容易侵犯学生的隐私权。另外，如果学校对学生的管理到了依靠教室安装摄像头的地步，只能说明学校对学生教育管理能力的弱化。

第一，学生享有隐私权。随着社会的进步和发展，人们越来越重视对他人隐私的尊重和保护。为保护未成年人的隐私权，《儿童权利公约》第十六条规定，儿童的隐私、家庭、住宅或通信不受任意或非法干涉，其荣誉和名誉不受非法攻击。根据《未成年人保护法》的规定，学校、幼儿园的教职员应当尊重未成年人的人格尊严；任何组织和个人不得披露未成年人的个人隐私。所以，未成年人与成年人一样有着自己不愿被他人知晓的隐私，与成年人一样享有隐私权。

第二，学校不得以行使教育管理权为由侵犯学生的隐私权。本案例中的学校发现学生的不良行为后，在处理时不注意方式、方法，侵犯了学生的隐私权。学校中常见的侵犯学生隐私权的行为还有：私自拆开学生的信件，在侵犯学生通信自由和通信秘密权的同时，也侵犯了学生的隐私权；偷看学生的日记、电子邮件；采用暴力、胁迫、引诱等方式要求学生说出内心并不愿意被他人知道的秘密；

检查学生的私人物品以窥探学生的秘密；向外宣扬或公开披露学生不愿意被他人知道的事情；等等。

第三，学校侵犯学生的隐私权，需要承担法律责任。根据《未成年人保护法》的规定，侵害未成年人的合法权益，对其造成财产损失或者其他损失、损害的，应当依法赔偿或者承担其他民事责任。根据《民法典》第一百七十九条的规定，承担民事责任的方式主要有：①停止侵害；②排除妨碍；③消除危险；④返还财产；⑤恢复原状；⑥修理、重作、更换；⑦继续履行；⑧赔偿损失；⑨支付违约金；⑩消除影响、恢复名誉；⑪赔礼道歉。本条规定的承担民事责任的方式，可以单独适用，也可以合并适用。根据《最高人民法院关于确定民事侵权精神损害赔偿责任若干问题的解释》第一条的规定，自然人的隐私权受到侵害，以侵权为由向人民法院起诉请求赔偿精神损害的，人民法院应当依法予以受理。

第四，学校应当尊重学生的人格尊严，正确行使教育管理权。学生虽然是被管理者，但他们首先是“人”，他们享有人格尊严。法律赋予成年人的人格权，一样适用于未成年人。学校应当尊重学生的权利。不论教师与学生、父母与子女，人与人之间都应当是平等的。学校不能因为对学生享有教育管理权，就肆意行使自己的教育管理权。学校对学生的教育管理必须建立在尊重学生合法权利的基础上，而不能建立在侵犯学生自由和隐私的基础上。

三、教育法的实施的基本原则

教育法的实施的基本原则是指实施教育法活动必须遵循的准则。它贯穿于一国教育法律法规之中，是守法、执法和司法的基本依据。我国教育法的实施的基本原则具体包括以下内容。

（一）社会主义方向性原则

教育法的实施的社会主义方向性原则有如下要求。第一，坚持以马克思列宁主义、毛泽东思想、邓小平理论、“三个代表”重要思想、科学发展观、习近平新时代中国特色社会主义思想为指导。第二，坚持由中国共产党掌握教育领导权。第三，坚持把培养社会主义事业建设者和接班人作为学校的根本任务。第四，坚持在受教育者中进行爱国主义教育、集体主义和社会主义的教育，进行理想、道德、纪律、法制、国防和民族团结的教育。

（二）公共性原则

教育法的实施的公共性原则有如下要求。第一，国家制定教育发展规划并有责任举办教育事业，各级政府是办学的重要主体。第二，各级各类学校必须接受国家的管理和监督。第三，教育活动必须符合国家和社会公共利益，举办义务教育阶段的学校不得以营利为目的。第四，教师应忠诚于人民的教育事业，教师的劳动应当受到全社会的尊重。第五，整个社会和公民负有通过一定方式支持教育的义务。第六，教育与宗教相分离，并排除不正当因素干扰。

（三）民主性原则

教育法的实施的民主性原则有如下要求。第一，公民有受教育的权利与义务。公民不分民族、种族、性别、职业、财产状况、宗教信仰等，依法享有平等的受教育机会。第二，国家对特殊地区、特殊教育对象予以扶助，以体现平等的受教育权，主要是帮助和扶持各少数民族地区、边远地区发展教育事业，扶持发展残疾人教育事业，保护女子在受教育方面的平等权利，为家庭经济困难的学生提供各种形式的资助等。第三，国家的教育基本制度及学校和其他教育机构的教育教学活动应公开并为受教育者提供便利。第四，学校内部管理体制应通过建立以教师为主体的教职工代表大会或监事会、校务委员会等其他组织形式，实行民主管理和监督。

（四）统一性和多样性相结合的原则

这一原则主要体现为国家建立统一性和多样性相结合的教育体系。其要求如下。第一，国家制定统一的教育事业发展规划，保持各级各类教育事业均衡发展；地方从本地实际出发，分区规划，分类指导，形成社区教育特色。第二，国家实行统一的学校教育制度，同时通过全日制和部分时间制、正规和非正规、普通和特殊等多样性教育以及远距离教育，满足公民对教育的不同需求。第三，国家规定统一的教育方针和教育教学标准，保证基本的教育质量；尊重不同类型学校和受教育者的个性差异，发挥其优势，发展其特长。

（五）教育与终身学习相适应的原则

这一原则主要体现为教育改革和发展要致力于建立和完善终身教育体系。其要求如下。第一，教育体系要从单一的学校教育向多种教育形式过渡，从一次终结性教育向多次性的开放性教育过渡，使教育制度具有灵活性和适应性，满足公民不同时期的多种受教育需求。第二，各级各类教育之间要相互融通和联系，尤其是学制系统内学校保持融通性和开放性，使教育体制适应社会主义市场经济体制和教育事业发展的客观需求。第三，教育面向的对象要从过去单一的青少年为主，转向为全体公民提供教育服务；要使教育成为贯穿于人的一生各个年龄阶段的学习活动。

第二节　教育法的遵守

一、教育法的遵守概述

（一）教育法的遵守的含义

1. 法的遵守

法的遵守有广义与狭义两种含义。广义的法的遵守就是法的实施，包括执法、司法和守法。狭义的法的遵守也叫守法，专指公民、社会组织和国家机关以法律为自己的行为准则，依照法律行使权利的同时履行义务的活动。

法的遵守包括消极守法和积极守法。消极守法是指守法主体对法律规范（主要是义务性法律法规）的被动服从以及对合法权利的正当放弃。积极守法是指守法主体对法律规范的主动适用以及对社会不法行为或意向的合法抑制或反对。

从守法主体看，法的遵守涵盖一切组织和个人。在我国，所有人都是守法主体，所有组织都有义务守法；各政党都要遵守宪法和法律，都要在宪法和法律的范围内活动。从守法内容看，在我国，所要遵守的法律是广义的法律，不仅包括宪法和全国人民代表大会及其委员会制定的基本法律和非基本法律，而且包括与宪法和法律相符合的行政法规、地方性法规、行政规章和其他所有法律渊源。

2. 教育法的遵守

教育法的遵守也有广义与狭义两种含义。广义的教育法的遵守是指国家机关及其工作人员、社会团体组织和公民自觉按照教育法律规范的要求，行使权利、履行义务，从而使教育法律规范得到实施和实现的活动。即教育法的遵守就是教育法的实施，包括执法、司法和守法。教育法执法的主体是国家机关和教育行政机关，其执法活动必须严格按照法定职权和法定程序进行。广义的教育司法包括教育行政机关及审判机关的司法活动。无论是行政机关的司法活动，还是人民法院的司法审判活动，都必须依法进行。

狭义的教育法的遵守专指教育法律关系主体自觉遵守教育法的规定，按照教育法的规范要求作为或不作为，是教育法实施的重要表现形式。

（二）教育法的遵守的形式

教育法的遵守可以分为多种类型。依据守法形式，教育法的遵守可分为三类：行使教育法规定的合法权利、积极履行教育法规定的义务和遵守教育法规定的禁令。

1. 行使教育法规定的合法权利

这是授权性法律规范的实现方式，就是教育法律关系主体按照教育法律法规的规定享有自身的权益，维护自身的利益。例如，根据《教育法》第二十九条的规定，学校享有按照章程自主管理的权利；组织实施教育教学活动的权利；招收学生或者其他受教育者的权利；对受教育者进行学籍管理，实施奖励或者处分的权利；对受教育者颁发相应的学业证书的权利；聘任教师及其他职工，实施奖励或者处分的权利；管理、使用本单位的设施和经费的权利；拒绝任何组织和个人对教育教学活动的非法干涉的权利及法律法规规定的其他权利。上述权利是教育法授予学校的权益。学校依法行使上述权利，也就是教育法得到遵守的体现。当然，在正确行使自身的权利时，要时刻注意：第一，要在自身的权益范围内行使自己的权利；第二，行使自身的权利切忌侵犯他人的权益；第三，要正确地维护自身的权益。

2. 积极履行教育法规定的义务

这是义务性法律规范的实现方式，就是教育法律关系主体主动履行教育法要求的必须有所作为或不作为的行为。只有教育法律关系主体按照教育法要求履行自己的义务，教育法律规范才能得到实现。例如，《教师法》第九条规定："为保障教师完成教育教学任务，各级人民政府、教育行政部门、有关部门、学校和其他教育机构应当履行下列职责：(一)提供符合国家安全标准的教育教学设施和设备；(二)提供必需的图书、资料及其他教育教学用品；(三)对教师在教育教学、科学研究中的创造性工作给以鼓励和帮助；(四)支持教师制止有害于学生的行为或者其他侵犯学生合法权益的行为。"这意味着教师教育教学任务的顺利完成，需要包括国家政府机关部门在内的各教育法律关系主体对教育法所规定的义务的积极履行。各教育法律关系主体义务的积极履行对教育质量的保证与提高具有积极的意义，同时使教育法的遵守得到落实。

3. 遵守教育法规定的禁令

这是禁止性法律规范的实现方式，就是教育法律关系主体不做教育法禁止的行为，违反了就要受到教育法的制裁。禁止性法律规范在教育法中有众多的明确规定。例如，《教育法》第七十一条规定："违反国家有关规定，不按照预算核拨教育经费的，由同级人民政府限期核拨；情节严重的，对直接负责的主管人员和其他直接责任人员，依法给予处分。违反国家财政制度、财务制度，挪用、克扣教育经费的，由上级机关责令限期归还被挪用、克扣的经费，并对直接负责的主管人员和其他直接责任人员，依法给予处分；构成犯罪的，依法追究刑事责任。"又如，《义务教育法》第五十六条规定："学校违反国家规定收取费用的，由县级人民政府教育行政部门责令退还所收费用；对直接负责的主管人员和其他直接责任人员依法给予处分。”

（三）教育法的遵守的意义

教育法的遵守是教育法律关系主体实现自己根本利益的必然要求。教育法的遵守要求教育法律关系主体自觉遵守教育法律规范设定的行为模式，并将各种教育法律规范转化为现实，使权利、义务、责任落到实处，规范教育法律关系主体的各种教育法律行为，保护教育法律关系主体的合法权益。教育法的遵守是教育法律关系主体获取教育权利的最佳途径。教育法遵守的程度越高，教育法律权利实现的可能性越大。

教育法的遵守是教育法的实现的基本形式。教育法的实现主要有三个途径：一是教育法的执行；二是教育法的适用；三是教育法的遵守。遵守教育法是教育法实施中较为广泛、常见的方式，是教育法实施的重要形式。

教育法的遵守是建设社会主义法治国家的必要条件。遵守教育法是国家为全体社会成员设定的义务，是法治社会建立正常教育秩序的必然要求。在现代社会，教育法是教育活动正常有序的重要手段和调节机制，良好的教育秩序必须依靠教育法的调整。教育法通过特有的手段和方式，调整教育法律关系主体的教育行为，解决教育活动领域的纠纷问题，体现教育活动领域的公平，维护教育领域的利益，体现社会主义法治国家依法治国的价值理念。

二、教育法的遵守的主体

依据宪法规定，法律遵守的主体包括一切组织和个人。《宪法》第五条规定：“一切国家机关和武装力量、各政党和各社会团体、各企业事业组织都必须遵守宪法和法律。一切违反宪法和法律的行为，必须予以追究。任何组织或者个人都不得有超越宪法和法律的特权。”《宪法》第三十三条规定：“任何公民享有宪法和法律规定的权利，同时必须履行宪法和法律规定的义务。”《宪法》第五十三条规定，中华人民共和国公民必须遵守宪法和法律。一切被国家的与教育相关的法律和法规纳入调整范围的组织和个人都是教育法遵守的主体。从实践角度看，教育法遵守的主体主要包括以下方面：国家机关、教育行政机关、学校和其他教育机构、企事业组织、社会团体及其他社会组织和个人、教师和其他教育工作者、受教育者、适龄儿童少年和他们的父母或其他监护人等。在教育法遵守的各个主体中，国家和地方各级人民政府机关及其工作人员、国家教育行政机关及其工作人员、中小学校长和教师带头遵守教育法律规范尤其重要。

（一）国家教育行政机关

国家教育行政机关既是专门的教育行政管理机关，又是教育行政执法机关。国家教育行政机关是否能够依法行政，直接影响着教育法规的实施。因此，国家教育行政机关必须带头严格遵守教育法，按照法定权限和法定程序履行自己的职责，不失职，不越权，不谋求教育法规定以外的特权，不为本单位牟取私利。

（二）国家教育行政机关工作人员

国家教育行政机关工作人员是我国教育行政机关中代表国家从事教育行政管理、行使国家权力、执行国家公务的人员。他们既是教育行政管理者，又是教育行政执法者，在教育法的遵守方面应该起榜样作用。国家教育行政机关工作人员是否带头模范遵守教育法，关系到教育法能否真正贯彻、落实。

（三）中小学校长

中小学校长是学校的法定代表人，是学校的行政负责人。校长的职责和法律地位要求他们必须是模范的守法者，按照教育法的要求组织实施教育教学和学校管理活动，依法维护学校、教师、学生和本人的合法权益。校长自觉遵守教育法与否，直接影响到教育法律规范是否真正在学校中得到实施。学校教育活动中许多法律规范没有得到实际意义上的遵守，与校长遵守教育法的素养有很大关系。

（四）教师

教师是教育教学活动的具体实施者，是教育教学活动中教育法规的具体执行者。教师工作的榜样性、示范性使他们的思想、道德、行为、法律素养都会对学生产生潜移默化的影响。强调教师带头遵守教育法，有利于学生守法行为的养成。

（五）公民个人

教育法的遵守是每一个公民应尽的义务。公民的守法意识薄弱，是实践中产生教育法律纠纷、发生教育法律侵权行为的主要原因。培养公民的守法观念，塑造公民的守法行为，是教育法的遵守落到实处的重要保证。

三、教育法的遵守的范围和内容

教育法的遵守的范围指的是遵守哪些教育法。由于教育活动极其广泛，涉及社会生活的方方面面，世界上还没有任何的一个国家能够只制定一部统一的教育法典就能对所有的教育活动进行调整。我国调整教育活动的教育法已经初步形成了一个按照效力等级划分的层级体系。教育法的遵守的范围可以包括以下内容。

（一）宪法

宪法是国家的根本大法，具有最高的法律效力。任何组织和个人都必须以宪法为根本的行为准则。宪法中有关教育的条款，是教育立法的依据，也是进行教育管理和教育教学活动的依据。

（二）教育法律

教育法律是根据宪法由最高权力机关制定的，规范教育各个领域活动的，要求每个社会组织和公民都必须遵守的法律。目前由全国人民代表大会及其常务委员会制定的教育法律主要有《教育法》《教师法》《义务教育法》《职业教育法》《高等教育法》《民办教育促进法》《未成年人保护法》《家庭教育促进法》等。其中《教育法》是规范教育活动和教育关系的基本法，也是依法治教的根本大法。

（三）教育行政法规

教育行政法规是由最高行政机关即国务院制定的。教育行政法规主要有《义务教育法实施细则》《教师资格条例》《民办教育促进法实施条例》《学校体育工作条例》《学校卫生工作条例》等。

（四）地方性教育法规

地方性教育法规是由有立法权的地方人民代表大会及其常务委员会制定的，保证宪法、法律和行政法规的遵守和执行，是结合地方行政区的具体实际情况和实际需要制定的教育法规，如《××省普及义务教育条例》《××省实施学前教育办法》等。

（五）教育行政规章

教育行政规章包括由国务院教育行政部门制定的教育法律文件和由地方行政机关制定的教育法律文件两类。国务院教育行政部门制定的教育法律文件有《普通高等学校学生管理规定》《幼儿园工作规程》《义务教育学校收费管理暂行办法》《学生伤害事故处理办法》等；地方行政机关制定的教育法律文件则为数众多。

（六）其他

遵守教育法，不仅包括遵守宪法和教育法律，遵守其他各个层次和各种形式的教育法律规范，而且包括遵守教育行政执法部门依法做出的一些非规范性文件，如行政处罚通知书、行政复议决定书等。

第三节　教育法的执行

一、教育法的执行概述

（一）教育法的执行的概念

教育法的执行简称教育执法，教育法的执行是教育法实施的重要方面。在日常生活中，法的执行通常有广义与狭义两种。广义的法的执行是指所有国家行政机关、司法机关及其公职人员依照法定职权和程序实施法律的活动。狭义的法的执行则专指国家行政机关及其公职人员依法行使管理职权、履行职责、实施法律的活动。本节所讲的教育法的执行是狭义的法的执行，即教育行政执法，是国家教育行政机关依照法定的职权和程序，针对特定事项和特定的教育行政管理相对人，适用教育法律规范并产生法律效力的活动。

教育行政执法是教育法律实施的重要途径。国家行政机关被称为国家权力机关或立法机关的执行机关。权力机关制定的法律和其他规范性法律文件主要由行政机关贯彻、执行，付诸实现。

（二）教育行政执法的特点

1. 教育行政执法主体的确定性

教育行政执法主体是国家各级教育行政机关以及法律授权的行政主体。这就把教育行政机关与其他国家机关的执法活动区别开来。在我国，宪法规定国家行政机关是国家权力机关的执行机关，是具有行政执法权的国家机关；其他国家机关均没有行政执法权。法律授权非义务教育学校享有对学生进行学籍管理以及颁发学位证书、学历证书的权利。它们虽不是行政机关，但属于法律授权的行政主体。人民法院依法审理教育行政案件的活动虽然也是执法活动，但只是以司法机关为主体的司法活动，不属于教育行政执法。比如，对招用适龄儿童、少年就业的相对人给予责令停止营业和吊销营业执照的行政处罚决定，只能由工商行政管理机关做出，属于工商行政执法。这就把教育行政机关与其他行政机关区别开来。但是，由于教育法律关系的复杂性，有些教育法律规范的适用往往需要由多个行政机关协同进行，要求各个行政机关在其管辖职权范围内进行教育行政执法。

从实践来看，我国的教育行政主体大致有以下几种：①教育行政机关，包括中央与地方各级教育行政机关。②其他国家行政机关，如农村教育行政主体是乡镇人民政府。乡镇人民政府有对违反教育法的行为负责处罚的职责。③教育行政法律法规授权的组织，如高等学校和科研机构。经相关教育行政法律法规授权，它们可以进行教育行政执法。

2. 教育行政执法的主动性

执行法律既是教育行政机关进行教育管理的权力，也是面对社会、公民承担的义务，是职权，也是职责。因此，教育行政机关在进行教育管理时应当依据法律主动执行，而不一定需要行政相对人的请求(对申请资质证、办学许可证等除外)和同意。例如，教育行政机关依法对招生、考试、办学活动进行检查。如果教育行政机关不主动执法并因此给国家或教育造成损失，就会构成失职，需要承担法律责任。

3. 教育行政执法的单方权威性

由于教育行政执法是由国家行政机关代表权力机关执行教育法规的活动，执法主体可以通过拥有的各种强硬手段来强迫执法对象服从，并不需要考虑执法对象的个人意愿；反之，执法对象必须无条件服从执法主体的约束，使教育行政执法成为一种具有单方权威性的活动。当然，教育行政执法的单方权威性并不意味着专制。这是因为它所执行的教育法律规范体现了广大人民的共同教育意志，其民主性在立法过程中已经得到充分的体现。

4. 教育行政执法对象的明确性

教育行政执法是将相关的法律法规用于具体行政管理相对人或事的活动。不针对具体的人或事，不是教育行政执法，如行政领导主持会议、考场巡视等。另外，教育行政立法等抽象行政行为也不是针对具体的人或事，当然也不是教育行政执法。而针对具体的人或事，教育行政机关依照教育法律做出处理，由此引起教育法律关系的产生、变更或消灭，使教育法律的一般规定具体化，产生具有法律效力的行政执法文件。例如，颁发某校办学许可证、发放教师资格证、取消某校招生考试资格等都是教育行政执法。

5. 教育行政执法程序的严格性

教育行政机关执行法律的过程也是行使执法权的过程。行政权是一种国家权力，教育行政权也不例外，具有国家的强制性。教育行政执法既能改变教育资源的分配，也能影响并制约各级学校、教师、学生等的发展。教育行政机关只有在其法定权限范围内，依照法定程序进行执法活动，才是有效的教育行政执法行为。任何超越法定权限、违反法定程序的行为，不仅是违法的，而且自始至终是无效的。教育行政执法程序一般包括：①教育行政相对人提出申请；②教育行政机关依法受理；③教育行政机关依法处理，如对教育行政相对人的申请进行有效审查，做出解释，进行听证，做出决定，制作相应的法律文件，送达当事人等。上述程序是教育行政执法过程中必不可少的，必须严格遵守。

案例

某大学物理化学系学生田某因在一次考试中违反考场纪律而被监考老师停止考试；后被告教务处以考试作弊为由，依据本校关于严格考试纪律的文件对田某做出退学处理的决定。但该退学处理的决定并未得到实际执行。尽管该大学在认定田某考试作弊的事实后决定给田某退学处理，但没有直接向田某宣布处分决定和送达变更学籍通知，也未办理退学手续。

在此后的两年中，田某继续参加学期注册，使用学校的各项设施，包括校医院、图书馆、教室，继续享受学校补助金，也交纳了学费，修完了所有学分并参加了实习和毕业设计。临近毕业时，教务处通知田某所在系，因对田某已做退学处理，故不能毕业，不发放毕业证、学位证、派遣证等。田某认为该大学拒发毕业证、学位证的行为侵犯了其合法权益，向某人民法院提起诉讼。

讨论：某大学对田某做出退学处理的决定是不是教育行政执法行为？为什么？

分析：第一，依据相关法律规定，某大学颁发毕业证和学位证时是法律授权的行政主体，当属于教育行政执法主体，具有给本校毕业生颁发或不颁发毕业证和学位证的职权。某大学颁发毕业证和学位证的行为是教育行政管理行为。

第二，某大学对田某做出退学处理的决定，是针对特定事项和特定的教育行政管理相对人，适用教育法律规范并产生法律效力的活动。

第三，某大学无权对田某做出比相关法律、法规、规章规定更重的处分。某大学可以根据本校的规定对田某违反考场纪律的行为进行处理，但是这种处理应当符合法律、法规、规章的规定。

第四，某大学对田某的退学处理决定必须按照法定程序严格执行。在本案例中，某大学对田某做出退学处理的决定始终都没有得到实际执行。具体表现为尽管某大学在认定田某考试作弊的事实后决定给田某退学处理，但没有直接向田某宣布处分决定和送达变更学籍通知，也未办理相关退学手续。

二、教育法的执行的形式

根据宪法关于行政机关职权的规定精神，教育行政执法的形式主要包括教育行政许可、教育行政处罚、教育行政强制措施、教育行政强制执行、教育行政奖励等。

（一）教育行政许可

教育行政许可即教育行政机关根据当事人的申请，经审查赋予其从事培训、教学、研究等活动的权利或资格，并予以注册或批准的行为。例如，《教育法》第二十一条规定："国家实行国家教育考试制度。国家教育考试由国务院教育行政部门确定种类，并由国家批准的实施教育考试的机构承办。"《教育法》第二十八条规定："学校及其他教育机构的设立、变更和终止，应当按照国家有关规定办理审核、批准、注册或者备案手续。"《义务教育法》第十一条规定："适龄儿童、少年因身体状况需要延缓入学或者休学的，其父母或者其他法定监护人应当提出申请，由当地乡镇人民政府或者县级人民政府教育行政部门批准。"这些规定都属于教育行政许可的范畴。

（二）教育行政处罚

教育行政处罚是指教育行政机关依法对违反教育法的行政管理相对人进行惩戒制裁的教育行政执法行为。教育行政处罚的形式主要有申诫罚，包括警告、通报批评；行为能力罚，包括取消资格、撤销职务、降级、降职、除名、开除、撤销机构等；财产罚，包括罚款、没收非法所得等。《教育法》第九章"法律责任"对教育行政处罚的不同情形分别有明确的法律责任规定。

（三）教育行政强制措施

教育行政强制措施是指为了保障教育行政处理决定的有效执行，避免、排除可能发生的危害后果，或制止已经发生的危害结果的进一步持续，而依法采取的强制措施。例如，《义务教育法》第五十一条规定："国务院有关部门和地方各级人民政府违反本法第六章的规定，未履行对义务教育经费保障职责的，由国务院或者上级地方人民政府责令限期改正；情节严重的，对直接负责的主管人员和其他直接责任人员依法给予行政处分。"

（四）教育行政强制执行

教育行政强制执行是指教育行政机关对应履行而不自动履行教育法定义务的行政管理相对人依法强制其履行义务的教育行政执法行为。根据《未成年人保护法》第一百二十六条的规定，密切接触未成年人的单位在招聘工作人员时，应当向公安机关、人民检察院查询应聘者是否具有性侵害、虐待、拐卖、暴力伤害等违法犯罪记录；发现其具有前述行为记录的，不得录用。密切接触未成年人的单位应当每年定期对工作人员是否具有上述违法犯罪记录进行查询。通过查询或者其他方式发现其工作人员具有上述行为的，应当及时解聘。如果违反上述规定，未履行查询义务，或者招用、继续聘用具有相关违法犯罪记录人员的，由教育、人力资源和社会保障、市场监督管理等部门按照职责分工责令限期改正，给予警告，并处 5 万元以下罚款。拒不改正或者造成严重后果的，责令停业整顿或者吊销营业执照、吊销相关许可证，并处 5 万元以上 50 万元以下罚款，对直接负责的主管人员和其他直接责任人员依法给予处分。

（五）教育行政奖励

教育行政奖励即教育行政机关对依法行使教育权且在维护教育法律的权威性方面成绩突出的组织或个人给予奖励的行为。它以相对人的守法行为为前提，通过奖励，加强对教育法的宣传和推行。例如，《教育法》第十三条规定："国家对发展教育事业做出突出贡献的组织和个人，给予奖励。"《未成年人保护法》第十四条规定："国家对保护未成年人有显著成绩的组织和个人给予表彰和奖励。”《教师法》第三十三条规定：“教师在教育教学、培养人才、科学研究、教学改革、学校建设、社会服务、勤工俭学等方面成绩优异的，由所在学校予以表彰、奖励。国务院和地方各级人民政府及其有关部门对有突出贡献的教师，应当予以表彰、奖励。对有重大贡献的教师，依照国家有关规定授予荣誉称号。”《教师法》第三十四条规定：“国家支持和鼓励社会组织或者个人向依法成立的奖励教师的基金组织捐助资金，对教师进行奖励。”

三、教育法的执行的原则

（一）合法性原则

合法性原则是指教育行政机关在教育行政执法过程中要遵循教育法以及与教育活动有关的其他法律法规的规定。教育行政执法活动要有法的依据，严格依法办事。合法性原则是教育法执行的一条基本原则，是社会主义法制有法必依原则的具体体现。

教育行政执法的合法性原则主要包括以下三方面的内容。①教育行政执法主体必须符合法律的规定，并在法定的权限范围内活动。教育法对教育行政执法主体在以下方面进行了限制。第一，对教育行政执法主体资格的限制。它是指教育行政执法主体必须是具有执法权的教育行政机关或教育行政机关授权的组织。第二，对教育行政机关权力运用程度的限制。即具有合法资格的教育行政执法主体的执法活动必须在法定权限内进行，超越法定权限的活动不具有法的效力。②教育行政执法必须有法律依据。也就是说，教育行政机关的执法活动必须以宪法、教育法律、行政法规、地方性法规、规章等为依据。③教育行政执法要符合法定程序。即教育行政执法应当符合法律法规规定的程序。规定执法程序是为了规范执法人员的行为，防止执法人员滥用职权，维护当事人的合法权益。因此，教育行政执法应当严格依照规定的程序实施。如果不按照规定的程序执法，亦构成教育行政执法的违法。

案例

2000 年，某中学 18 名学生因为家庭困难被迫辍学。某镇政府教育行政主管部门把 18 名学生的家长告上法庭。法院受理后，原告和被告达成了调解协议。事后，被告都主动履行了协议。同时，某镇政府教育行政主管部门对 18 名学生的学杂费予以减免。

讨论：某镇政府教育行政主管部门把 18 名学生的家长告上法庭的行为是不是教育行政执法行为？为什么？

分析：某镇政府教育行政主管部门把 18 名学生的家长告上法庭的行为不是教育行政执法行为。具体理由如下。

父母或其他监护人不送应当接受义务教育的子女入学是违法的。根据《义务教育法》的规定，凡年满六周岁的儿童，不分性别、民族、种族，应当入学接受规定年限的义务教育。条件不具备的地区可推迟到七周岁入学。父母或者其他监护人必须使适龄的子女或者其他被监护人按时入学，接受规定年限的义务教育。根据《未成年人保护法》的规定，父母或者其他监护人应当尊重未成年人接受义务教育的权利，必须使未成年人按照规定接受义务教育，不得使在校接受义务教育的未成年人辍学。所以，父母作为法定监护人，具有送子女入学的法定义务。即使有正当理由需免学、辍学的，父母也必须履行法定的手续，而不得随意辍学。《义务教育法实施细则》第十二条规定："适龄儿童、少年需免学、缓学的，由其父母或者其他监护人提出申请，经县级以上教育主管部门或者乡级人民政府批准。因身体原因申请免学、缓学的，应当附具县级以上教育主管部门指定的医疗机构的证明。缓学期满仍不能就学的，应当重新提出缓学申请。"

在本案例中，家长无正当理由让应接受义务教育的子女辍学，是对适龄儿童受教育权的剥夺，是违反《义务教育法》的。所以，送子女入学绝非私事，而是一项法定的义务。

对于不送子女接受义务教育的父母或其他监护人的管理和处罚是由行政机关实施的，因为两者存在行政法律关系。《义务教育法实施细则》第四十条规定："适龄儿童、少年的父母或者其他监护人未按规定送子女或者其他被监护人就学接受义务教育的，城市由市、市辖区人民政府或者其指定机构，农村由乡级人民政府，进行批评教育；经教育仍拒不送其子女或者其他被监护人就学的，可视具体情况处以罚款，并采取其他措施使其子女或者其他被监护人就学。"据此规定，家长使接受义务教育的子女无故辍学，应由基层人民政府对他们进行批评教育。若教育无效，基层人民政府可依法给予罚款等行政处罚。受到行政处罚的家长对行政决定不服的，可以依据法律法规的规定申请复议。《义务教育法实施细则》第四十三条规定："当事人对复议决定不服的，可以依照法律、法规的规定向人民法院提起诉讼。当事人在规定的期限内不申请复议，也不向人民法院提起诉讼，又不履行处罚决定的，由作出处罚决定的机关申请人民法院强制执行，或者依法强制执行。"

在本案例中，某镇政府教育行政主管部门起诉辍学学生的家长是没有法律依据的，把他们告上法庭的行为不是教育行政执法行为。

（二）权责统一原则

权责统一原则是指在教育行政执法活动中，教育行政机关有权对教育行政相对人适用教育法律规范，同时也承担由实施教育行政执法行为而引起的法律后果。从教育行政法律关系看，作为教育法律关系主体的教育行政机关和相对人之间是一种权利和义务关系。这种权利和义务关系要求教育行政机关在享有一定权利的同时，要承担相应的义务。这种义务的存在为教育行政相对人享有权利提供了法律保证。权责统一原则意味着教育行政机关权利的行使和责任的承担是相统一的，不存在只行使权利而不承担责任的情形，也不存在只承担责任而没有权利的情形。

（三）越权无效原则

越权无效原则是由合法性原则引申而出，并对合法性原则进行反证的。其含义是指超越法定职权范围的教育行政执法行为属于无效行为。教育行政执法必须遵循越权无效原则，方可避免重复执法，同时在一定程度上也可以防止权力滥用。这一原则要求做到：①教育行政执法必须在法定职权范围内进行；②教育行政执法必须符合法定的执法程序；③教育行政执法的内容与手段必须符合有关法律规定；④教育行政执法主体既然拥有某种职权，就必须使用才合法，否则也构成违法。

（四）合理性原则

合理性原则是指在进行教育行政执法时所采取的措施、手段等在内容上要客观、适度、符合理性。

教育行政机关是执行法律的机关，其行为皆应依法实施。但是，由于行政事务具有复杂性，立法机关不可能对所有的教育行政活动制定严密的法律规范完全约束行政行为。因而，事实上和法律上都不得不承认教育行政机关享有一定程度的行为选择权，即自由裁量权。但自由裁量权若缺少约束，则容易出现被滥用。本着既能承认自由裁量权的作用，又应加强对自由裁量权的控制，教育行政执法上提出合理性原则。贯彻合理性原则要求做到：①教育行政执法的动因必须符合立法目的；②教育行政执法的步骤必须建立在正确考虑的基础上，即要符合客观规律；③教育行政执法的内容要合乎情理。

对于具有不正当的目的、不相关的考虑或不合理的内容的教育行政决定，都是滥用自由裁量权，是与法制精神相抵触的。不正当的目的是指法律要求或授权以外的目的。例如，教育行政机关工作人员在批准某校的办学资格时，对其办学单位收费，就属追求不正当或不适当目的的行为。不相关的考虑是指在教育行政执法时考虑了法律要求外的条件。例如，批准设立小学时，以该学校不具备网球场而予拒绝，就是考虑不相关因素。不合理的内容是指教育行政决定的内容不合规律、政策要求、道德或常理等。

第四节 教育法的适用

一、教育法的适用的含义

（一）法的适用

法的适用简称司法，一般指国家司法机关依照法定职权和程序，具体运用法律处理案件的诉讼活动。它是以国家的名义运用法律行使国家司法权的活动。与行政执法一样，它是法的实施的重要形式。

作为国家司法机关实施法律的专门职能，法的适用具有以下特点。第一，法的适用是由特定的国家机关及其公职人员，按照法定职权实施法律的专门活动，具有国家权威性。第二，法的适用是国家司法机关以国家强制力为后盾实施法律的活动，具有国家强制性。第三，法的适用是国家司法机关依照法定程序、运用法律处理案件的活动，具有严格的程序性及合法性。第四，法的适用必须有表明法的适用结果的法律文书，如判决书、裁定书和决定书等。

（二）教育法的适用

教育法的适用是指国家机关和公职人员依照法定的权限和程序，将教育法适用于具体人和组织的专门活动。它包括教育法律的行政适用和司法适用两种形式。前者称教育行政执法，后者称教育司法。本节在教育司法的角度上使用教育法适用的概念，即教育司法是指司法机关按照法定方式查处教育违法案件和解决教育纠纷问题的专门活动。

二、教育法的适用的特点

（一）教育法的适用主体是国家机关

在我国，各级教育行政机关是教育行政执法主体，各级法院、检察院是教育司法主体。任何国家机关工作人员在教育法的适用中都是其所在机关的代表，他们以国家的名义实施教育法的活动并不表明他们都是教育法的适用主体。

（二）教育法的适用具有国家强制力

由于教育法的适用常常与教育法律争端、教育违法行为相联系，没有国家强制力的介入，就没有办法使产生争议的现状恢复秩序。因此，对于司法机关依法所做的决定，所有教育法律当事者都必须执行，不得违抗。

（三）教育法的适用具有程序性

教育法的适用是司法机关按照法定职权和程序所进行的专门活动。程序性是教育法律适用重要且显著的特点之一。司法机关对教育案件的处理应当有相应的法律依据，否则无效。枉法裁判，应当承担相应的法律责任。

（四）教育法的适用的法律文件具有法律拘束力

教育法的适用的法律文件，如判决书、裁定书和决定书等都具有法律约束力，要求任何组织和个人必须执行，不得擅自修改和违抗。同时，教育法的适用的法律文件也可以作为一种法律事实，引起具体教育法律关系的产生、变更和消灭。

三、教育法的适用的原则

（一）准确

准确是正确适用法律的前提与基础。首先，对教育事件的调查要清楚，证据要确凿。如果教育事实确认不准确，就难以正确适用法律。其次，对教育事件的处理要恰当。这就是说要以法律的规定明确责任，不能随意认定各个法律主体的责任。

（二）合法

合法要求司法机关及其工作人员处理教育案件时必须在教育法规定的权限和程序的幅度内适用教育法，严格依法办案。对每个教育案件的处理，不仅要求定性和处理要符合法定标准和规格，而且办案的程序也必须符合法律的规定。

（三）及时

司法机关及其工作人员在受理教育纠纷案件后要及时处理，不允许无故拖延和积压不办。教育司法活动必须在法律规定的期限内进行，符合法律规定的程序和时效。如果因为案情复杂，不能在法定期限内结案的，则应该按法定程序延长办案时间。教育案件的受理按《民事诉讼法》的规定：法院在接到起诉状后，应在 7 日内决定是否立案，立案即表示受理；受理后 5 日内，向被告送达起诉状副本，当庭宣判后 10 日内送达判决书。法院适用普通程序审理的案件应当在立案之日起 6 个月内结案；法院适用简易程序审理的案件应当在立案之日起 3 个月内结案。

第五节　教育法实施的监督

一、教育法实施的监督的内涵

（一）法律监督的含义

监督的原意指的是视察和督导之意。在现代社会中，监督的实质是对权力的制约、督导，防止权力的滥用和腐败，以使国家和社会组织协调、稳定和健康发展。建立和健全监督制度是组织管理或国家生活不可缺少的组成部分。

法律的监督有狭义和广义之分。狭义的法律监督是指法定的国家机关按照法定职权和程序，对立法、执法和司法活动的合法性进行的监察和督促。按照我国宪法的规定，专门的法律监督机关是人民检察院。广义的法律监督是指所有社会主体包括国家机关、社会团体和组织以及公民个人对于各种法律活动的合法性进行的监察和督促。① 在法的一般理论中，法律监督是指广义而言。法律监督主体既包括国家机关，也包括社会力量。从狭义看，法律监督的内涵如下。

① 马新福：《法理学》，369 页，长春，吉林大学出版社，1997。

1. 法律监督是对法律实施中严重违反法律的情况所进行的监督

法律监督不包括对立法活动的监督，只是对法律实施情况的监督，并且是以监督严重违反法律的情况为主的。

2. 法律监督是一种专门性的监督

法律监督的专门性突出表现在两个方面。一是法律监督权作为国家权力的一部分，由人民检察院专门行使。法律监督是检察机关的专门职责。检察机关如果放弃对严重违反法律的行为进行监督，就是失职。二是法律监督的手段是专门的。按照宪法和法律的规定，检察机关进行法律监督的手段是由法律特别规定的。例如，对职务犯罪立案侦查、对刑事犯罪提起公诉，以及对诉讼过程中违反法律的情况进行监督等，都是只有检察机关才有权使用的监督手段。

3. 法律监督是一种程序性的监督

法律对检察机关的法律监督规定了一定的程序规则，这些程序规则可能因监督对象的不同而有所不同。例如，对职务犯罪立案侦查有立案侦查的程序，对刑事犯罪提起公诉有提起公诉的程序，对人民法院已经生效的判决、裁定提起抗诉有提起抗诉的程序，纠正违法有纠正违法的程序。程序性的另外一层含义是法律监督的效果在于启动追诉程序或者救济程序。

4. 法律监督是一种事后性的监督

只有当法律规定的属于法律监督的情形出现以后，检察机关才能启动法律监督程序，实施法律监督行为。并且司法活动、行政活动、国家工作人员的职务活动中可能出现的各种违法行为在程度上是不同的。只有在违法行为达到一定程度之后，检察机关才能启动法律监督程序实施法律监督。

（二）教育法实施的监督

教育法实施的监督从广义上讲是指各类国家机关、政治或社会组织和公民依法对教育法运行情况进行的审查、督促、纠正等活动。它从狭义上讲是指国家专门法制监督机关依照法定权限和程序对教育法运行情况进行的审查、督促、纠正等活动。

教育法学领域通常使用广义上的法律监督概念，国家机关和社会力量两个方面的监督共同构成了教育法实施的监督体系。从教育法实施的监督体系看，教育法实施的监督的方式可以分为自上而下和自下而上的双向监督，以及每一层级的横向监督。例如，上级法院对下级法院审理教育案件的监督，或下级法院对上级法院判决的异议，属于双向监督；同一层级部门的相互监督属于横向监督。

教育法实施的监督由教育法实施的监督主体、教育法实施的监督客体和教育法实施的监督内容共同构成。

教育法实施的监督主体指教育法监督权的实施者，即指明谁依法可以实施监督。它包括来自国家机构内部的自上而下或自下而上的国家监督，和来自国家机构外部的各种组织和个人的社会监督。国家监督由国家权力机关、行政机关和司法机关进行的具有国家强制力并能直接产生相应法律后果的监督。国家机关法律监督的权限和范围在宪法和有关法律中都有明确的规定。这种监督是强制性的，要求被监督者必须接受监督，并相应地根据监督的情况调整其行为。这种监督在教育法律监督体系中占据主导地位。社会监督由执政党、民主党派、社会团体和公民个人依法进行的不具有国家强制力而具有舆论作用的监督。社会组织的监督对保证立法、执法和司法的合理性具有重要的作用。但其对教育法律的监督不是强制性的，不具有法律效力。人民群众作为法律监督主体是现代社会的事。因为在现代社会，国家主权在民，人民有责任对法律运作情况进行监督。

教育法实施的监督客体指教育法实施的监督指向的对象，即监督谁，谁被监督。有观点认为，监督客体应该包括所有的国家机关，如国家权力机关、行政机关、司法机关和社会组织、公民个人，既包括对各种国家机关，如国家权力机关、行政机关和司法机关等的教育立法、执法和司法活动的监督，也包括对社会组织、公民个人实施的教育法律活动和违法犯罪行为的监督。也有观点认为，监督客体只是立法机关、行政机关、司法机关及其公职人员。他们通过教育法律监督，促使被监督的国家机关及其工作人员严格依法办事、依法治教。这两种观点虽然有所不同，但是其共同之处都是强调监督客体应当是国家机关及其公职人员。国家机关及其公职人员之所以是监督客体的重点，主要是因为国家机关及其工作人员是实施国家相关教育法律法规的法定机关，国家机关及其工作人员的一切公务活动对于教育法实施的影响重大。

教育法实施的监督内容包括与监督客体行为合法性有关的所有问题。有观点认为，教育法实施监督内容是对国家机关及其公职人员的教育立法、教育司法、教育行政执法活动的监督。也有观点认为，除对上述内容的监督外，还包括对社会组织和公民个人参与教育活动的合法性进行的监督。

二、教育法实施的监督的意义

法律监督是国家实现其职能的重要手段，对健全国家法制具有十分重要的作用。构建完善的法律监督体系，是现代社会法治发展的重要标志，也是人类文明发展的必然。

（一）教育法实施的监督是保证教育法得以实施的重要手段

教育法的运行包括教育法制定与实施的不同环节。法的制定固然重要，但更为重要的是法的实施。法的实施需要法的监督。法律监督的实质就在于保证体现国家意志的法的真正实现，使法真正成为全社会所有人都必须共同遵守的行为准则。如果没有完备的国家法的监督体系，法的实施就难以得到保障。国家权力机关作为教育法实施监督主体，依照法定权限对教育法的制定进行监督，对违反制定程序及原则的教育法予以纠正。这种监督保障了教育法制定的权威性、严肃性和科学性。同样，教育法实施的各类主体对教育法实施中的违法行为进行监督，防止和纠正教育法实施中出现的失误和偏差，从而使由违反教育法而导致的教育损失降低到最少。①

（二）教育法实施的监督有利于保障教育法律关系主体权利和义务的实现

教育法律关系主体权利的享有和义务的履行都离不开教育法的实施，同样离不

① 杨颖秀：《教育法学》第二版，81页，北京，中央广播电视大学出版社，2007。

开教育法实施的监督。在实践中，权利得不到保障和义务不能够履行，往往是法的监督不能够贯彻到位的结果。例如，学生受教育权的不平等、学习权的被漠视、公正评价权的受侵犯；挪用、克扣教师工资，侮辱、殴打教师；学校土地、资金、财产权益不能得到保护，设备、实施、生活用品等存在安全隐患；地方政府教育经费、教育资金投入和管理的不规范，没有充分发挥把教育放在优先发展的战略地位以发展教育事业的职责等，都需要充分发挥教育法实施监督的必不可少的保障与督促作用。

（三）教育法实施的监督有利于依法治教目标的实现

依法治国是我国社会主义现代化建设的必然要求，依法治教是依法治国的组成部分。依法治教要求按照教育法律规律发展教育。但是教育活动领域现阶段有法不依、违法不究、执法不严的现象偶有发生，教育法难以得到有效实施，教育法的功能没有得到应有的发挥，良好的教育教学环境没有得到保障，进而影响了教育教学质量的提高和教育目标的实现。加强教育法实施的监督，依照教育法律规律管理、发展教育，促进教育事业的健康发展，符合当下教育发展的理念。

三、教育法实施的监督体系

我国教育法实施的监督体系按照教育法实施监督主体可以分为包括国家权力机关的监督、国家司法机关的监督、国家行政机关的监督等在内的国家机关监督，包括中国共产党的监督、民主党派的监督、社会组织的监督、社会舆论的监督以及人民群众的监督等在内的社会力量监督。

（一）国家机关监督

国家机关监督是我国教育法律监督的核心部分。其特点是监督主体依据法定权限和程序进行监督，而且其监督具有直接的法律效力。

1. 国家权力机关的监督

国家权力机关的监督是指最高国家权力机关和地方国家权力机关在其职责范围

内对教育立法和教育法实施情况的监督。国家权力机关的监督是最高层次的监督，具有最高权威性。国家权力机关的主体是各级人民代表大会及其常务委员会。国家权力机关的监督主要体现在两个方面：对教育法制定活动的监督和对教育法实施活动的监督。

(1)国家权力机关对教育法制定活动的监督

依据《宪法》的规定，全国人民代表大会有权制定和修改教育基本法和其他主要教育法律，可以改变或撤销全国人民代表大会常务委员会的不适当决定。全国人民代表大会常务委员会有权制定和修改除教育基本法和其他主要教育法律以外的有关教育法律，可以撤销国务院制定的同宪法和法律相抵触的行政法规、决定和命令，可以撤销省、自治区、直辖市国家权力机关制定的同宪法、法律和行政法规相抵触的地方性法规和决议。县级以上人民代表大会可以改变或撤销本级人民代表大会常务委员会的不适当决议，撤销本级人民政府的不适当决定和命令。县级以上人民代表大会常务委员会可以撤销下一级人民代表大会及其常务委员会的不适当决议，撤销本级人民政府的不适当决定和命令。

(2)国家权力机关对教育法实施活动的监督

全国人民代表大会及其常务委员会有权听取和审议国务院关于教育工作的报告，有权审查和批准国家教育实施方案和教育发展规划，审查和批准教育经费预算和决算情况，监督并保证教育法的全面贯彻实施。

各级人民代表大会及其常务委员会在开会期间有权就教育工作的有关问题向政府机关及其教育主管部门提出质询，受质询的机关必须予以答复。

各级人民代表大会及其常务委员会有权代表人民监督教育行政部门、教育机构及其工作人员，对违法失职人员的行为可以要求有关教育管理机关、教育机构调查处理。

各级权力机关可以受理各种申诉和意见，督促有关部门采取措施予以纠正，从而保证教育法的正确贯彻实施。

2. 国家司法机关的监督

国家司法机关的监督是指国家检察机关和国家审判机关对教育法实施情况进行的监督和制裁活动。

(1)国家检察机关的监督

国家检察机关是指各级人民检察院，它们行使国家检察权。

根据宪法和有关法律的规定，人民检察院在国家司法系统内部对法院的审判活动，特别对刑事案件侦查、审判活动和刑事案件判决、裁定的执行是否合法享有监督权。其中当然包括对教育案件的监督。此外，人民检察院对各级政府及其工作人员在进行各级教育行政管理活动过程中是否坚持依法办事和廉洁奉公也同样享有监督权。

(2)国家审判机关的监督

各级人民法院是国家的审判机关，对教育法实施的监督主要是通过审理教育刑事案件、教育民事案件、教育行政案件，对教育法的实施情况进行检查与监督，能及时以国家强制力处理各种教育违法事件，能有效地追究违法者的法律责任并给予法律制裁，从而维护教育法制和教育秩序，保护教育机构的合法权益，保护广大师生的人身权利和其他权利，为教育法的正确贯彻和全面实施提供直接的法律保护和强大的法律威慑力。①

3. 国家行政机关的监督

国家行政机关的监督指的是各级政府部门及其所属的教育行政部门和有关职能部门对教育法实施情况的监督。这种监督包括上、下级行政机关相互监督和特设行政监察机关对行政的监督。

(1)各级政府的监督

国务院是最高国家行政机关。根据宪法和法律的规定，国务院有权发布有关教

---

① 杨颖秀:《教育法学》第二版，82～85 页，北京，中央广播电视大学出版社，2007。

育工作的行政法规、命令和指示，制定教育事业的发展规划，领导和监督教育行政部门的工作，检查和督促教育法在全国的贯彻执行情况，有权改变或撤销各部委发布的不适当的命令、指示和规章，有权改变或撤销地方各级行政机关不适当的决定和命令，有权对教育行政部门工作人员实行奖惩。县级以上地方各级人民政府有权改变或撤销所属各工作部门和下级人民政府不适当的决定。

(2)教育行政督导

教育系统内还有一种特殊的对教育工作的监督，就是教育行政督导。根据有关法律规定，教育督导职权由教育部行使，地方县以上均设立教育督导机构。教育行政督导的主要任务是对下级人民政府的教育工作与下级教育行政部门和学校的工作进行监督、检查、评估、指导，保证国家有关教育的方针、政策、法规的贯彻执行和教育目标的实现。教育行政督导可分为综合督导、专项督导和经常性检查，由教育督导机构根据本级人民政府、教育行政部门或上级督导机构的决定实施。督导机构和督导人员根据国家有关教育的方针、政策、法规进行督导，并具有以下职权：列席被督导单位的有关会议；要求被督导单位提供与督导事项有关的文件并汇报工作；对被督导单位进行现场调查。

(3)教育行政监察

教育行政监察是指国家行政监察机关对国家行政机关及其公职人员执行法律法规和政策的情况以及违反政纪的行为的监察。依据相关法律规定，国家行政监察机关有检查权、调查权、建议权，并有一定的行政处分权。

(二)社会力量监督

社会力量监督是指非国家机关的监督。社会力量监督的主体主要有中国共产党的各级组织、各民主党派、人民政协、社会团体、社会舆论和人民群众的直接监督等。这些监督没有严格的法律形式，是以社会或社会组织的名义，依据群众的主动精神或社会组织的章程来实施的监督。

1. 中国共产党的监督

我国宪法规定了中国共产党的领导地位，因而以它为主体所进行的监督在整个法律监督体系中具有十分重要的地位。中国共产党的监督通过两种方式实现：一是通过行使政治领导权，督促所有国家机关、政治或社会组织及企事业单位严格依据法律办事；二是通过党的纪律检查机关和党的组织系统对党员和党的组织活动的合法性进行监督。

2. 民主党派的监督

民主党派是除执政党中国共产党以外包括中国国民党革命委员会、中国民主同盟、中国民主建国会、中国民主促进会、中国农工民主党、中国致公党、九三学社、台湾民主自治同盟在内的参政党的统称。民主党派作为参政党，参与国家方针、政策、法律、法规的制定执行，通过多种形式、多种途径广泛地参与国家教育法实施监督，有效地发挥教育法实施监督的作用。

3. 人民政协的监督

中国人民政治协商会议简称人民政协，是中国人民爱国统一战线的组织，是中国共产党领导的多党合作和政治协商的重要机构，是中国政治生活中发扬社会主义民主的一种重要形式。人民政协是由中国共产党和各民主党派、无党派民主人士、各人民团体、各界爱国人士共同创立的。本着中国共产党同各民主党派和无党派民主人士长期共存、互相监督、肝胆相照、荣辱与共的方针，人民政协对国家大政方针和群众生活的重要问题进行政治协商，并通过建议和批评发挥参政议政、民主监督的作用。人民政协是广泛地联系和团结群众的纽带，对坚持和改善共产党的领导有着重要的作用。历次政协会议与人大会议都会同期举行。政协委员通过列席人大及其常务委员的某些会议，听取或讨论政府工作报告，视察、访问、调查、研究教育法实施的情况，发挥教育法实施监督的作用。

4. 社会团体的监督

社会团体主要指工会、共青团、妇联等组织以及城市居民委员会、农村居民委员会等群众自治组织。社会团体通过建议、检举、申诉等形式监督教育法的实施。

5. 社会舆论的监督

社会舆论的监督主要通过广播、影视、报纸、杂志、书籍、网络等途径得以实现。社会舆论的监督具有事实公开、影响面广、时效快等特点，是一种有效、独特的监督形式。社会舆论的监督符合法律的精神。

6. 人民群众的监督

人民群众对教育法实施情况的监督是宪法赋予人民群众的合法权利。《宪法》第四十一条规定："中华人民共和国公民对于任何国家机关和国家工作人员，有提出批评和建议的权利；对于任何国家机关和国家工作人员的违法失职行为，有向有关国家机关提出申诉、控告或者检举的权利，但是不得捏造或者歪曲事实进行诬告陷害。"这种监督的方式包括批评、揭发、检举、控告、申诉和建议等形式，对教育法规实施也具有重要的保证作用。

案例

罗某和王某 2004 年毕业于某县第一中学，且都参加了当年的高考。

2004 年 9 月，某县公安局政委的王某某（王某的父亲）在王某的班主任张某的帮助下，获得了罗某的高考成绩等相关信息，随后通过作假使王某被某大学定向补录。

2009 年 3 月，罗某到银行办理网上银行业务时，被银行告知其本人信息与网上身份不符合。4 月，罗某将王某等人和相关教育机构起诉至某区人民法院。后来众多媒体的介入引起了全国关于罗某事件的讨论。

讨论：结合案例分析教育法实施监督主体及其作用。

分析：在本案例中，教育法实施监督主体包括国家机关和社会力量。尤其是社会力量的社会舆论监督发挥了不可忽视的作用。本案例最初正是网络媒体的披露才引发了新闻媒体的报道，并引起了相关国家政府部门的注意以及国家机关对事件的介入。国家机关对此事件具有国家强制力的监督，使受害者的权利较快地得到了维护，使非法侵权行为得到了纠正，使违法主体为其行为承担了应有的法律责任。可以说，在本案例中，教育法实施监督的主体都较为恰当、充分地发挥了其应有的监督职能，最终使法律关系主体的权利、义务、责任得到了享有、履行和落实。

第六节　教育法的效力

一、教育法的效力的含义

法律效力即法律的约束力，是指人们应当按照法律规定行为。法律效力来自制定它的合法程序和国家强制力。法律效力要求人们应当遵守、执行和适用法律，不得违反。

教育法的效力即教育法的有效性和适用范围，包括教育法在时间、地域、对象、事项等方面所具有的国家强制力。正确适用教育法，必须明确教育法在什么情况下起约束作用。

教育法的实施中有时会出现这样的情况，就是不同的教育法律会对同一案件有效，却发生了冲突。这是在法制建设的进程中立法环节还不够完善所引发的矛盾。如果遇到这样的情形，法律适用时一般应当遵循如下原则。第一，高位阶法高于低位阶法。即法的制定主体的地位高低影响法的效力层级的高低，等级高的主体制定的法律效力自然高于等级低的主体制定的法律效力。例如，《教育法》的效力高于《义务教育法》。第二，特别法优于普通法。当同一位阶的特别法和普通法产生冲突时，优先使用特别法。例如，对于残疾儿童而言，《中华人民共和国残疾人保障法》的效力高于《未成年人保护法》。第三，新法优于旧法。同一位阶的新旧法律效力发生冲突时，优先使用新法。

二、教育法的时间效力

教育法的时间效力是指教育法律规范从何时开始生效与何时终止生效，以及教育法律规范对它颁布前的事项和行为有无溯及力。适用教育法律首先要考虑该法律是否已生效，未生效的教育法律不得适用。

教育法律规范的生效时间一般根据教育法的具体性质和实际情况确定，有如下两种情况。一种情况是自发布之日起生效。例如，《学校卫生工作条例》和《学校体育工作条例》都是自发布之日起开始生效的。另一种情况是在教育法公布后，经过一段时间的宣传和学习，或做一些准备工作之后开始生效。例如，《教育法》是 1995 年 3 月 18 日通过并公布，1995 年 9 月 1 日开始施行的。《义务教育法》是 1986 年 4 月 12 日通过，1986 年 7 月 1 日开始施行的。我国主要教育法律第一次颁布及实施的时间如表 8-1 所示。

表 8-1　我国主要教育法律第一次颁布及实施的时间

教育法律名称	颁布时间	实施时间
《学位条例》	1980 年 2 月 12 日	1981 年 1 月 1 日
《义务教育法》	1986 年 4 月 12 日	1986 年 7 月 1 日
《教师法》	1993 年 10 月 31 日	1994 年 1 月 1 日
《教育法》	1995 年 3 月 18 日	1995 年 9 月 1 日
《职业教育法》	1996 年 5 月 15 日	1996 年 9 月 1 日
《高等教育法》	1998 年 8 月 29 日	1999 年 1 月 1 日
《民办教育促进法》	2002 年 12 月 28 日	2003 年 9 月 1 日

教育法律失效是指有效力的教育法律失去效力。教育法律规范终止生效的时间有以下几种情况。一是新的法律颁布后，原有的法律即失效。这样新法取代旧法，

同时在法律文件中明文宣布废止旧法。例如，《学校体育工作条例》公布后，该条例的最后一条规定《高等学校体育工作暂行规定(试行草案)》和《中、小学体育工作暂行规定(试行草案)》两个部门规章同时废止。二是有的教育法律规范有特定的时间要求或明确的失效时间，期限一到就会自动失效。三是有的教育法律规范由原创制机关发布专门的决定明确宣布废止。四是法律规定的某一特定事件发生，法律失效。例如，1987 年公布的《关于高等学校毕业生统一分配工作调遣费开支的规定》由于高等学校毕业生统一分配制度的取消，自然失效。

教育法的时间效力通常会涉及教育法的溯及力。教育法的溯及力又称教育法溯及既往的效力，是指新的教育法律规范对它颁布以前的事项和行为是否有效，有无追溯及力。教育法律规范调整的是人们现实的教育行为规则。但是在教育法律规范公布以前，人们并不知道哪些行为是允许的，哪些是不允许的，因而谈不上去遵守它。因此，一般而言，教育法律规范只适用于生效后的事实和关系，不适用于生效前的事实和关系，即教育法律规范在具体的运用中一般并不溯及既往。具体来说，就是新法一般不溯及既往的案件，既往的未决案件仍然依据旧法裁决。但是对新法生效前的案件规定的处罚更轻，则应依新法处理。

案例

刘某原是某大学 1992 级博士研究生。1996 年年初，刘某的博士论文全票通过了论文答辩，并通过了系学位委员会的审查。校学位评定委员会审查时做出了不授予刘某博士学位的决定。 某大学据此做出向刘某颁发结业证书的决定。

刘某对此不服，曾向某大学的相关系、校有关部门询问未获得学位的原因，也曾向教育部门反映情况。刘某于 1999 年 9 月向某区人民法院起诉。后来，某区人民法院受理此案。

刘某于 1996 年 4 月 1 日签字领取结业证书。刘某提起行政诉讼的期限应当从签字领取结业证书之日算起至1997年7月1日止。刘某于1999年9月24日向某区人民法院提起行政诉讼，已经超过法定起诉期限。

刘某虽然声称于1997年曾向其他法院起诉过，但由于未能举证，最终败诉。

讨论：结合本案例讨论导致刘某最终败诉的原因。

分析：刘某最终败诉的原因是，刘某没有能够举证其在起诉期限内提起过行政诉讼。依据法律的时间效力原则，在具体的行政法律关系中，公民不服行政主体做出的具体行政行为，应当在法定的起诉期限内提起行政诉讼。由于主客观原因，刘某未能在法律约束的时间效力范围内主张自己的权利，导致主张自己权利的法律效力失效，最终败诉。

三、教育法的空间效力

教育法的空间效力是指教育法律规范发生效力的空间范围。由于具体教育法律的内容和制定机关不同，其效力范围也不完全相同。一般来说，一个主权国家的法律适用于主权管理范围所及全部领域，包括领土、领海、领空以及延伸意义上的领域，如驻外使领馆、航行或停泊于境外的飞机、轮船等交通工具上。只要是国家强制力到达的地方，就是法律规范生效的地方。

教育法的空间效力按照教育法律的内容和制定的机关不同，其效力范围也不相同，大致有以下几种。一是全国范围内生效。即在国家的整个领域生效。在我国，凡是国家机关制定的教育法律、教育行政法规和其他规范性文件，除非有特殊规定，一经公布施行，就在全国有效。二是局部地区有效。地方各级机关发布的地方性教育法规只适用于其管辖的行政区域。三是具有域外效力。例如，2003年国务院颁布的《中华人民共和国中外合作办学条例》第三十四条规定："中外合作办学机构颁发的外国教育机构的学历、学位证书，应当与该教育机构在其所属国颁发的学历、学位证书相同，并在该国获得承认。"这就给予了教育法律领域外的效力。

四、教育法对人的效力

教育法对人的效力是指教育法律规范对什么人生效的问题。教育法律规范无论是在时间上的效力还是在空间上的效力，最终都要落实到人的效力上。这里的“人”是指法律关系主体，包括自然人和法人，也包括国际组织和国家。

法律对人的效力主要采用四种原则。一是属人主义原则。即法律只适用于本国公民，不论其是身在国内还是国外；非本国公民即便身在该国领域内也不适用。二是属地原则。即法律适用于该国管辖地区内的所有人，不论是否本国公民都受法律约束和法律保护；本国公民不在本国，则不受本国法律的约束和保护。三是保护主义原则。即以保护本国的利益为标准。任何人只要损害了本国的利益，不论损害者的国籍与地域如何都要受到该国法律的追究。四是折中原则。即以属地主义为主，以属人主义、保护主义为补充的原则。

我国教育法对人的效力主要表现在两个方面。一是对中国公民的效力。中国公民在国内一律遵守中国教育法律规范。中国公民到国外定居，在受教育权方面以遵守定居国的教育法为主。但如果到国外定居的中国公民还处于义务教育阶段，应在国外继续接受义务教育。如果定居国的义务教育年限比中国长，则以定居国为主；如果定居国的义务教育年限比中国短或没有实施义务教育制度，则以中国的规定为主。同时，在国外接受义务教育，中国没有支付学费的义务。

二是对外国人的效力。在中国的外国人除依法享有外交豁免权以外，都应遵守中国的教育法律规范。但是，根据目前我国教育法的相关规定，有些内容对外国人不产生法律效力。例如，根据《教师法》和《教师资格条例》的规定，外国人不能在中国取得教师资格；根据《教育法》关于校长的任职条件的规定，外国人不能在中国的国有独资学校、国内其他举办主体举办的非合资性质的学校当校长。这些表明教育法律规范对外国人产生的效力是比较复杂的。

五、教育法对事的效力

法律对事的效力是指法律对何种事项具有效力。法律只调整那些属于它调整的事项，对于那些不属于它调整的事项不具有法律效力。教育法只对与教育有关的事项具有法律效力，也只有与教育相关的法规才能成为教育法规。例如，《未成年人保护法》中只有部分内容属于教育条款，也只有这部分的教育条款规定了未成年人受教育的权利与义务。其他的与未成年人接受教育无关的条款并不属于教育法的法律效力调整的范围，也就不具有教育法的法律效力。

案例

教育行政部门在一次教育教学工作检查中发现，某中学八年级的各班课程表有以下共同点：英语、数学、物理三门课程的授课节数比省里制订的课程计划均增加了两节课；思想政治课、历史课、体育课均安排了一节课；音乐、美术、劳动技术课在课程表上根本没有体现；按规定到九年级才开设的化学课被安排了两节。

讨论：教育法怎样才能对教育教学管理发挥实际的效力？

分析：某中学的做法是一种严重违反《义务教育法》《义务教育法实施细则》《关于全日制普通中学全面贯彻党的教育方针、纠正片面追求升学率倾向的十项规定(试行)》的违法行为。

《义务教育法》第三条规定："义务教育必须贯彻国家的教育方针，实施素质教育，提高教育质量，使适龄儿童、少年在品德、智力、体质等方面全面发展，为培养有理想、有道德、有文化、有纪律的社会主义建设者和接班人奠定基础。"

《义务教育法实施细则》第二十条明确规定："实施义务教育的学校必须按照国务院教育主管部门发布的指导性教学计划、教学大纲和省级教育主管部门制定的教学计划，进行教育教学活动。"毫无疑问，该中学的教学计划是违背这一规定的，必须立即纠正。

该中学的这种行为严重违反了《关于全日制普通中学全面贯彻党的教育方针、纠正片面追求升学率倾向的十项规定(试行)》的有关规定。任意砍掉、削减、增添有关课程、课时，挤占学生自学、自习及课余活动时间等做法的根源就在于教育思想不端正、片面追求升学率。

要彻底纠正这种行为，就必须采取综合治理的措施；并且学校依照教育基本法律治校是整治违法行为的关键所在。同时，司法部门也必须加强监督，使依法治校更加顺畅。

复习思考题

1. 界定下列概念：教育法的实施、教育法的遵守、教育行政执法、教育法的适用。
2. 简述教育法的实施的形式。
3. 教育法的遵守的形式包括哪些？
4. 为什么要遵守教育法？
5. 如何理解教育法的执行的形式？
6. 简述教育法的执行的原则。
7. 教育法的适用有哪些特点？
8. 解释教育法的效力。
9. 简述教育法实施的监督体系。

案例分析题

2000 年，某县教委制定的《中小学招生工作方案》规定，某实验小学的新生入学年龄为 6 周岁 10 个月。2000 年 8 月，张某按要求到该实验小学接受义务教育，后被拒收。理由是张某至 2000 年 8 月 30 日入学前只有 6 周岁 6 个月，达不到县教委规定的 6 周岁 10 个月。张某的父亲则认为张某已达到了《义务教育法》规定的 6 周岁应当入学的年龄，该实验小学拒收系违反《义务教育法》的行为，就与该实验小学交涉。该实验小学坚决拒收张某。张某的父亲遂找县教委处理此事，而县教委却一直对此事不做处理。最后，张某以县教委为被告，向县人民法院提起行政诉讼，要求县教委对该实验小学拒收其子入学一事做出处理，保护其受教育权。

问题：县教委对张某入学的要求不做处理是不是教育行政执法行为？为什么？

第九章　教育法律救济

学习目的和要求

1. 了解教育法律救济的含义、特征和途径。
2. 理解并掌握教师申诉制度和学生申诉制度。
3. 理解教育行政复议、教育行政诉讼。

具体教学内容

1. 教育法律救济
2. 教育申诉制度
3. 教育行政复议
4. 教育行政诉讼
5. 教育行政赔偿

第一节 教育法律救济概述

有权利就必须有救济，没有救济的权利就不是真正的权利。教育法律救济是依法治教的重要内容，对于保障学校、教师和学生的合法权益，促进教育法规的实施有着十分重要的意义。

一、教育法律救济的含义

“救济”通常被理解为对困难地区、困难人群予以金钱或物质上的帮助。而法律救济则与此有不同的意义，是指合法权益受到损害的人通过一定的程序和途径获得法律上的补救。

教育法律救济是指教育法律关系主体在合法权益受到损害时通过一定的程序和途径获得法律上的补救。教育法律救济是法律救济在教育活动中的具体实现。

二、教育法律救济的特征

教育法律救济虽然是法律救济的重要组成部分，但是也有其自身的特殊性。

（一）教育法律救济的直接依据是《教育法》

法律救济制度的基础和依据是《宪法》和其所确立的国家的民主制度与法治原则。我国宪法对各个领域的行政活动和公民活动规定了基本的行为准则，要求任何组织和个人都必须在宪法和法律规定的范围内活动。对于任何违法侵权行为，公民都有申诉、控告的权利。《宪法》规定，任何组织或者个人都不得有超越宪法和法律的特权。这使社会生活中发生的任何违法侵权行为都逃不脱法律的追究和制裁，使合法权益受害者能获得法律上的救济。

教育法律救济是在《宪法》原则的指导下，以《教育法》及其所确立的原则为直接依据，教育法律关系主体的合法权益受到损害时均有权要求获得法律上的救济。

（二）教育法律救济的前提条件是教育纠纷

一般而言，教育法律救济制度正是由合理解决各种纠纷问题而建立的。没有权益的损害，就不会存在纠纷；没有纠纷，就无须建立解决纠纷问题的法律制度。教育纠纷的存在是一种客观现实。只有从法律上提出解决纠纷问题的途径、程序和方法，使合法权益受害者得到补偿，才能消除纠纷。教育法律救济制度正是由此而产生的。

（三）教育法律救济的基本依据是损害事实

损害事实是指因损害方实施了违法行为而造成了受害方财产或人身上实际的损失。若没有发生教育损害事实，教育法律救济就无从发生。即使教育法律纠纷存在，但是并未因此而造成实际的损害，即未出现损害事实，教育法律救济也无从发生。相对人只能在合法权益受到损害时才可以提出救济的请求。

（四）教育法律救济的根本目的是权利补救

法律救济的最终目的是补救受害者的合法权益，这也是法律救济的基本功能。在教育行政法律关系中，教育法律救济只能适用于相对人，而不适用教育行政机关。这是因为教育行政机关在教育行政管理活动中拥有国家赋予的教育行政管理权力，可以采取必要强制手段使教育行政权力畅通无阻，一般不会受到损害。在教育行政诉讼实践中，即使法院判决维持教育行政机关的具体行政行为，也不属于对教育行政机关的救济。因为在教育行政诉讼期间不停止具体行政行为的继续执行，教育行政机关的权益未受损害，也就用不着救济。在教育民事救济活动中，侵犯他人权益者承担法律责任的方式也充分体现出补救受害者合法权益的特征。如停止侵害、返还财产、恢复原状、赔偿损失、赔礼道歉等都是对合法权益受害者的补救。

三、教育法律救济的途径

教育法律救济的途径是指教育法律关系主体认为其合法权益受到损害时请求法律救济的方式和程序。掌握教育法律救济的途径，有利于人们更好地利用各种救济方式维护自身的合法权益。教育法律救济主要通过诉讼和非诉讼两种方式来实现。

（一）诉讼方式

教育法律救济的诉讼方式是指通过法定诉讼程序获得教育司法救济方式。从我国现行法律制度看，凡是符合《行政诉讼法》《民事诉讼法》和《刑事诉讼法》规定的受案范围的案件，都可以通过诉讼获得司法救济。《行政诉讼法》《民事诉讼法》和《刑事诉讼法》对各类诉讼案件的受案范围、起诉条件、审判程序等诸多事项做了详细的规定。权益受害者可根据受害的性质、程度选择不同的诉讼方式获得法律救济。《教育法》对教育法律关系主体寻求教育法律救济的途径做了明确规定。

（二）非诉讼方式

教育法律救济的非诉讼方式包括教育行政救济、教育仲裁和调解等方式。

1. 教育行政救济

教育行政救济主要有教育行政申诉、教育行政复议和教育行政赔偿。教育行政救济是教育法律救济的主要方式。

行政申诉是指公民在合法权益受到损害时向行政机关申诉理由、请求救济的一种方式。《教育法》和《教师法》规定了受教育者和教师的教育行政救济方式。《教育法》第四十三条规定，受教育者有对学校给予的处分不服向有关部门提出申诉，对学校、教师侵犯其人身权、财产权等合法权益，提出申诉或者依法提起诉讼的权利。《教师法》第三十九条规定了教师申诉的权利。

行政复议是行政救济的又一种重要方式。我国 1999 年 4 月 29 日第九届全国人民代表大会常务委员会第九次会议通过的《行政复议法》对这一行政救济方式做了具体规定。《国家赔偿法》对国家赔偿制度做了详细规定。

2. 教育仲裁和调解

教育仲裁和调解是通过教育系统内部或机构以及其他民间方式来实施法律救济的方式。随着教育法制的日趋完善，根据《教育法》和《教师法》的基本精神，我国正在逐步建立教育仲裁制度和校内调解制度。

教育仲裁就是教育纠纷当事人向中立的第三者提出申请，由中立的第三者对教育纠纷的事实做出判断并做出裁决的一种法律制度。① 它是对平等主体之间发生的教育合同争议或财产纠纷，在当事人双方自愿的前提下通过仲裁做出裁决。调解是指当事人双方在自愿的基础上，将纠纷交由第三方从中调停，促使当事人双方达成和解的一种法律制度。②

第二节 教育申诉制度

教育申诉制度是指教育法律关系主体在其合法权益受到损害时向国家机关申诉理由，请求处理或重新处理的制度。申诉制度可分为诉讼上的申诉制度和非诉讼上的申诉制度两类。诉讼上的申诉制度是诉讼当事人认为已经发生法律效力的判决、裁定有错误，向人民法院或人民检察院提出申请，要求依法重新审理，给予纠正的制度。诉讼上的申诉有刑事诉讼上的申诉、民事诉讼上的申诉和行政诉讼上的申诉三种。

非诉讼上的申诉制度是指不以生效的判决、裁定为必要前提向司法机关以外的机构提出不服各种处分、处罚，要求改正的制度。此类申诉的范围较广，包括向中国共产党各级纪律检查委员会的申诉、向政府监督部门的申诉、向做出具体行政行

① 曹扩青：《仲裁制：解决高校教育纠纷的理想途径》，载《当代教育论坛》，2007(3)。

② 行政法理论认为行政纠纷不能通过调解使双方达成和解的主要理由是，调解是一个双方协商、让步的过程，政府及其职能部门代表的是无权放弃的国家利益；学校与行政机关的法律地位并不同。

为的上一级机关的申诉等。这里主要介绍教师申诉制度和学生申诉制度。这两种申诉制度都属于非诉讼上的申诉制度。

一、教师申诉制度

（一）教师申诉制度的含义

教师申诉制度即教师在其合法权益受到损害时，依照法律法规的规定，向主管的教育行政机关申诉理由、请求处理的制度。《教师法》第三十九条规定，教师对学校或者其他教育机构侵犯其合法权益的，或者对学校或者其他教育机构作出的处理不服的，可以向教育行政部门提出申诉。教育行政部门应当在接到申诉的三十日内，作出处理。教师认为当地人民政府有关行政部门侵犯其根据本法规定享有的权利的，可以向同级人民政府或者上一级人民政府有关部门提出申诉，同级人民政府或者上一级人民政府有关部门应当作出处理。这是宪法关于公民的申诉权利在教师身上的具体体现。

相对于其他形式的申诉制度，教师申诉制度具有如下特征。

1. 教师申诉制度是一项法定申诉制度

《教师法》明确规定了教师申诉的程序。各级人民政府及其有关部门必须依法在规定的期限内对教师的申诉做出处理决定，使教师的合法权益得到及时救济。学校及其他教育机构、有关部门对上级行政机关做出的处理决定，负有执行的义务，否则应承担相应的法律责任。而其他非诉讼上的申诉，如信访等，虽然对维护教师的权益有一定的保障作用，但在某种程序上会影响教师受损的合法权益的恢复和补救。这也就解释了为什么要在《教师法》中专门规定教师申诉制度。

2. 教师申诉制度是一项专门性的权利救济制度

教师申诉制度是在宪法赋予公民享有申诉权利的基础上，将教师这一特定专业人员的申诉权利具体化的权利救济制度。这就使教师申诉制度和一般的信访工作区别开来，包括受理的主体、时限和效力三个方面。

3. 教师申诉制度是非诉讼上的行政申诉制度

教师申诉制度是行政机关依法对教师的申诉，根据法定行政职权和程序做出行政处理的行政申诉制度。行政处理决定具有行政法的效力。诉讼上的申诉制度则是公民对司法机关已经发生法律效力的判决、裁定不服，而向法院或检察院提出申诉，请求再审的制度。

（二）教师申诉的范围

《教师法》对教师可以提出申诉的范围规定得比较宽泛。

①教师认为学校或其他教育机构侵犯由其《教师法》规定的合法权益的，可以提出申诉。这里的合法权益包括《教师法》规定的教师在职务聘任、科研、工作条件、民主管理、培训进修、考核奖惩、工资福利待遇、退休等各方面的权益。当然，是否侵犯了教师的合法权益，要通过申诉后的查办才能确认。但只要教师认为学校或其他教育机构侵害了其合法权益，就可以提出申诉。

②教师对学校或其他教育机构做出的处理决定不服的，可以提出申诉。在这里，学校或其他教育机构的处理决定可能侵害了教师的合法权益，也可能没有侵害教师的合法权益。但教师对处理不服，就可以提出申诉。

③教师认为当地人民政府的有关部门侵犯其《教师法》规定的合法权益的，可以提出申诉。被申诉人仅限于当地人民政府的有关行政部门，可能是教育行政部门，也可能是其他行政主管部门，但不能是政府。其他企事业单位或个人侵犯教师合法权益的，不列入教师申诉的范围。

同时，教师申诉还存在一个时间范围。只有在《教师法》生效之后发生的案件，才可以依照《教师法》提起申诉。

（三）受理教师申诉的机关

受理教师申诉的机关因被申诉的主体的不同而有所区别。教师如果是对学校或其他教育机构提出申诉，受理申诉的机关为主管的教育部门；如果是对当地人民政府的有关行政部门提出申诉，受理申诉的机关可以是同级人民政府或者上一级人民政府对应的行政主管部门。这里需要指出的是，提出申诉时不要向行政机关的个人提出，而应向行政机关提出。

（四）教师申诉的主要环节

教师申诉由申诉的提出、受理和处理三个环节组成，并依次进行。

1. 申诉的提出

教师应当以书面形式提出申诉。申诉书应载明如下内容：①申诉人的姓名、性别、年龄、住址等；②被申诉人的名称、地址和法定代表人的姓名、性别、职务等；③申诉要求，主要写明申诉人对被申诉人因侵犯其合法权益或不服其对申诉人的处理决定而要求受理机关进行处理的具体要求；④申诉理由，主要写明被申诉人侵害其合法权益或不服被申诉人处理决定的事实依据，针对被申诉人的侵权行为或处理决定的错误提出纠正的法律、政策依据，并陈述理由；⑤附项，写明并附交有关的物证、书证或复印件等。

2. 申诉的受理

有关行政部门接到申诉书后，应对申诉人的资格和申诉的条件进行审查，分不同情况，做出如下处理：①对于符合申诉条件的应予以受理；②对于不符合申诉条件的可以答复申诉人不予受理；③对于申诉书未说清申诉理由和要求的需要重新提交申诉书。

3. 申诉的处理

行政机关对受理的申诉案件，应当进行全面调查核实。根据不同情况，行政机关应做出如下处理决定：①学校或其他教育机构的管理行为符合法定权限和程序，适用法律法规正确，事实清楚，维持原处理结果；②管理行为存在程序上的不足，决定被申诉人补正；③被申诉人不履行法律法规和规章的职责，决定限期改正；④管理行为的一部分适用法律法规和规章错误，可以变更原处理结果或不适用部分；⑤管理行为所依据的内部规章制度与法律法规及其他规范性文件相抵触，可撤销原处理决定。

对于教师提起的申诉，主管教育行政部门应当在收到申诉书的次日起 30 日内进行处理。在移送管辖的情况下，从有管辖权的主管教育部门接到移送的申诉案件的次日起计算期限。对于主管教育行政部门逾期未做处理或者久拖不决，或其申诉内容涉及人身权、财产权以及其他属于行政复议、行政诉讼受案范围，申诉人可依法提起行政复议或者行政诉讼。

行政机关做出申诉处理决定后，应当将申诉处理决定书发送给申诉人。申诉处理决定书自送达之日起发生效力。申诉人对申诉处理决定书不服，可向原处理机关隶属的人民政府申诉复核。其申诉内容直接涉及人身权、财产权以及其他属于行政复议、行政诉讼的受案范围，可依法提起行政复议或者行政诉讼。

二、学生申诉制度

（一）学生申诉制度的含义和特征

学生申诉制度是指学生在其合法权益受到侵害时依照《教育法》及其他法律的规定，向主管的教育行政机关申诉理由、请求救济的制度。《教育法》第四十三条规定，受教育者享有对学校给予的处分不服而向有关部门提出申诉的权利，以及对学校、教师侵犯其人身权、财产权等合法权益而提出申诉或者依法提起诉讼的权利。《国家教育委员会关于实施〈中华人民共和国教育法〉若干问题的意见》规定，各级各类学校与教育行政部门应建立和健全学生的校内申诉制度和行政申诉制度。由此我国正式确立了两级学生申诉制度。

学生申诉制度具有如下特征。第一，学生申诉制度是受《教育法》保护的法定的申诉制度，不同于其他意义上的申诉制度。凡是学生认为学校、学校工作人员、教师侵犯其合法权益时，均可向学校申诉机构提起申诉。任何阻碍、压制乃至剥夺学生申诉权利的行为，均构成违法行为，应承担相应的法律责任。

第二，学生申诉制度是特定的权利救济制度。学生申诉制度的本质在于补救学生受损害的合法权益。学生特定的身份和在教育教学活动中的地位，决定了当其合法权益受到侵害时，其本人既不能采取拒绝履行决定的方式来补救自己，也无权采取强制手段制止或纠正其侵犯行为。因此，《教育法》赋予了受教育者申诉的权利。这是维护学生这一特定主体合法权益的法律救济保障。

（二）学生申诉的范围

《教育法》对受教育者申诉范围的规定比较宽，这对维护学生在学校或其他教育机构中的合法权益是十分有利的。依提出申诉的对象和内容可分为如下几种。

①学生对学校给予的处理不服，包括学籍、考试、校规等方面，有权申诉。例如，某校八年级学生因在教室走廊踢球，将教室的玻璃打破。校长以其违反校规为由，给予开除学籍的处理。校长实施的这一决定违背了《教育法》及《义务教育法》的有关规定，侵犯了学生接受义务教育的权利。学生有权提起申诉。

②学生对学校侵犯其合法财产权利可以提出申诉。例如，对学校违反《义务教育法实施细则》和地方性法规乱收费，学生有权提起申诉。乱收费包括学校违法设定因迟到、打架、不交作业进行的“罚款”，以及其他的“实验费”“补课费”等。

③学生对学校侵犯其人身权利可以提起申诉。例如，对学校在校纪管理中处理不当而侵害学生的人身健康权、名誉权，学生有权提出申诉。

④学生对教师侵犯其合法财产权利可以提出申诉。例如，对教师强迫学生购买与教学无关的物品，学生有权提出申诉。

⑤学生对教师侵犯其人身权利可以提出申诉。例如，对教师私拆、扣压信件而导致学生身心伤害，污辱体罚学生，放学后长时间留校限制学生的人身自由，非法搜查学生的书包等，学生均有权提出申诉。

⑥学生对学校或教师侵犯其知识产权可以提出申诉。例如，对教师侵犯学生的著作权、发现权、发明权或其他科技成果权，学校强行将学生的知识产权收归学校等，不仅侵犯了学生的人身权，也侵犯了其财产权，学生有权提出申诉。

（三）学生申诉制度的申诉人和被申诉人

1. 申诉人

学生申诉制度的申诉人主要包括合法权益受到侵害的受教育者本人及其监护人。

在这里，监护人可依法律规定产生。例如，根据《民法典》的规定，父母、祖父母、外祖父母、兄、姐分别应为未成年的子女、孙子女、外孙子女、弟、妹的监护人；也可依据监护人父母的遗嘱委任产生。

2. 被申诉人

学生申诉制度的被申诉人一般是指学生所在的学校或者其他教育机构、学校工作人员以及教师。这里包含两层含义：一是学生对学校或其他教育机构按照学生管理规定给予的处分不服提出申诉，其被申诉人只限于学校及其他教育机构；二是学校、学校工作人员、教师侵犯学生的人身权、财产权等合法权益时，这些侵权主体都可以作为被申诉人。

（四）学生申诉的程序

学生申诉要遵循一定的程序。其一般步骤为：提出申诉；等待主管机关的受理审查；听取对申诉的处理结果。提出申诉有口头或书面两种形式。口头形式的申诉要讲明被申诉人的自然状况、申诉的理由和事件发生的基本事实经过，最后提出申诉要求。书面形式的申诉要求包括：①写明申诉人的年龄、性别、住址、与被申诉人的关系等。②写明被申诉人的名称、地址和法定代表人的姓名、性别、职务等。③写明申诉要求，主要写明申诉人对被申诉人侵犯其合法权益或实施某个具体行为，要求受理机关重新处理或撤销决定的具体要求；④写明申诉理由和事实经过，具体要求写明被申诉人侵害申诉人合法权益的事实经过和处理决定的事实与法律政策依据，并陈述理由。只要认为是受侵害，都可提出申诉。

主管机关接到学生的口头或书面申诉后，可以依据具体情况经审查后做出不同的处理。对于属于自己主管的，予以受理；对于不属于自己主管的，告知学生向其他部门申诉或驳回申诉；对于虽属于本部门主管，但不符合申诉条件的，告知学生不能申诉；对于未说明申诉理由和要求的，可要求学生再次说明或重新提交申诉书。主管机关对于学生的口头申诉应在当时或规定时间内做出是否受理的答复；对于学生的书面申诉则应在规定时间内给予是否受理的正式通知。

（五）学生申诉的处理

主管机关受理学生的申诉后，应该对事件进行调查核实，根据实际情况做出正确处理：①如果学校、教师或其他教育机构的行为或决定符合法定权限或程序，适用法律规定正确，事实清楚，可以维持原来的处分决定和结果。②如果处分或决定违反相关的法律法规规定，侵害申诉人的合法权益，可以撤销原处理决定或责令被申诉人限期改正。③处分或决定的一部分适用法律法规或规章错误，或事实不清，可责令退回原机关重新处理或部分撤销原决定。④处理或决定所依据的规章制度或校纪校规与法律法规及其他规范性文件相抵触，可撤销原处理决定。⑤如果学校、教师确有侵犯学生的人身权、财产权，应当责令学校、教师予以赔礼道歉或赔偿损失。学生对申诉处理结果不服，可依法向法院起诉。

案例

甘某系某大学 2004 级硕士研究生。2005 年，甘某在参加某科目的论文考试时，提交了自己的考试论文。任课老师发现其提供的考试论文是抄袭的，遂对其进行批评、教育，要求其重写论文。甘某第二次向任课老师提供的考试论文又被任课老师发现与已发表的文章雷同。2006 年 3 月，某大学做出决定，给予甘某开除学籍的处分。甘某不服，向某省教育厅提出申诉。某省教育厅于 2006 年 5 月做出决定，认为某大学对甘某做出处分的程序违反大学的相关规定，责令某大学对甘某的违纪行为重新做出处理。某大学收到某省教育厅的决定书后，根据大学的相关规定最终给予甘某开除学籍的处分。2007 年 6 月，甘某以某大学给予的开除学籍处分没有法律依据及处罚太重为由，向某区人民法院提起行政诉讼。某区人民法院维持了开除学籍决定。甘某不服提起上诉。某市中级人民法院判决驳回甘某上诉，维持原判。后甘某向某省高级人民法院申请再审。该院驳回其再审申请。甘某不服，提出再审要求。某省高级人民法院经审查后认为原生效判决可能存在适用法律错误的情形，要求提审本案，最终确认某大学给予的开除学籍处分违法。

讨论：学生对高等学校给予的开除学籍处分是否可以提起诉讼？人民法院应如何审理？

分析：根据《教育法》的规定，高等学校有权对受教育者进行学籍管理，实施奖励或者处分。学生应当遵守《高等学校学生行为准则》《普通高等学校学生管理规定》，并遵守高等学校依法制定的校纪、校规。高等学校在对违纪学生给予开除学籍等直接影响受教育权的处分时，应当坚持处分与教育相结合原则，做到育人为本、罚当其责，并使违纪学生得到公平对待。违纪学生针对高等学校给予的开除学籍等影响其受教育权的处分不服的，可依法提起诉讼，由人民法院予以受理。

人民法院在审理此类案件时应依据法律法规、参照规章，并可参考高等学校不违反上位法且已经正式公布的校纪、校规。在本案例中，人民法院根据《行政诉讼法》《教育法》《普通高等学校学生管理规定》《高等学校学生行为准则》等法律法规做出了判决。

第三节　教育行政复议

一、教育行政复议的含义和特征

教育行政复议是指教育行政管理相对人认为教育行政机关做出的具体行政行为侵犯了其合法权益，向做出该行为的原教育行政机关或其上一级教育行政机关提出行政复议申请，由受理的教育行政机关根据相对人的申请，对发生争议的具体行政行为进行复查，依法做出维持、变更或撤销具体行政行为的一种裁决活动。《行政复议法》是行政复议制度最高级别的立法。

在申诉制度中，无论是教师还是学生提出申诉请求，要求教育行政机关处理，已经涉及了教育行政复议的范畴。但是，提出教育行政复议的相对人，不仅包括教师、学生这些自然人，也可以是其他教育行政管理相对人，如学校或其他教育机构等法人。

教育行政复议具有以下特征。

第一，教育行政复议是一种特殊的行政行为。首先，教育行政复议是教育行政机关依法行使职权的行为，不受其他机关、社会团体和个人的非法干涉。教育行政复议是教育行政机关依法行使职权，解决教育行政纠纷的行政行为，而不是司法机关解决纠纷的诉讼活动。其次，教育行政复议是依申请而发生的行政行为。教育行政复议是由教育行政管理相对人提出复议申请而引起的，相对人的申请是教育行政复议的前提条件。最后，教育行政复议是教育行政司法行为。教育行政复议虽是教育行政机关的行为，但从其法律关系、行为程序和方式来看，又具有司法活动的特征。教育行政复议在复议范围、复议管辖、受理和做出决定的期限、复议机构、审理与决定、期限与送达等方面都有严格的规定。

第二，教育行政复议的提出以教育行政机关的具体行政行为为对象。抽象行政行为具有普遍约束力，并不针对特定的人或事。如果对抽象行政行为不服，不能申请行政复议，只能向制定该规范性文件的行政机关的同级权力机关或该行政机关的上一级行政机关提出审查申请。只有教育行政机关做出具体行政行为时，才能申请教育行政复议。

第三，教育行政复议的申请人只能是教育行政管理相对人，被申请人只能是做出具体行政行为的教育行政机关。在教育行政管理活动中，教育行政机关和管理相对人的地位并不平等。只有在教育行政管理相对人认为教育行政机关具体行政行为侵犯其合法权益时，才能提出申请进行复议。因而，被申请人只能是教育行政机关。

第四，教育行政复议案件的审理不适用调解。复议机关在审理复议案件的过程中不得进行调解，也不得以调解为结案方式。其原因在于：调解的基础是双方地位平等，可以自由处分自己的权利。在教育行政复议中，教育行政管理相对人和教育行政机关之间的地位并不平等；而且教育行政机关行使的是国家行政权力，无权自由处分，不能通过协商、妥协改变原来已做出的具有公定力的行政决定。

二、教育行政复议的受案范围

教育行政复议的受案范围是指教育行政复议机关对哪些行政行为具有行政复议审查权。要明确教育行政复议的受案范围，首先要明确一般行政复议的受案范围。

对于一般行政复议，原则上说，所有侵犯相对人人身权和财产权的具体行政行为都属于复议行政申请范围。《行政复议法》对一般行政复议的受案范围做了如下具体规定。

①对行政机关作出的行政处罚决定不服。

②对行政机关作出的行政强制措施、行政强制执行决定不服。

③申请行政许可，行政机关拒绝或者在法定期限内不予答复，或者对行政机关作出的有关行政许可的其他决定不服。

④对行政机关作出的确认自然资源的所有权或者使用权的决定不服。

⑤对行政机关作出的征收征用决定及其补偿决定不服。

⑥对行政机关作出的赔偿决定或者不予赔偿决定不服。

⑦对行政机关作出的不予受理工伤认定申请的决定或者工伤认定结论不服。

⑧认为行政机关侵犯其经营自主权或者农村土地承包经营权、农村土地经营权。

⑨认为行政机关滥用行政权力排除或者限制竞争。

⑩认为行政机关违法集资、摊派费用或者违法要求履行其他义务。

⑪申请行政机关履行保护人身权利、财产权利、受教育权利等合法权益的法定职责，行政机关拒绝履行、未依法履行或者不予答复。

⑫申请行政机关依法给付抚恤金、社会保险待遇或者最低生活保障等社会保障，行政机关没有依法给付。

⑬认为行政机关不依法订立、不依法履行、未按照约定履行或者违法变更、解除政府特许经营协议和土地房屋征收补偿协议等行政协议。

⑭认为行政机关在政府信息公开工作中侵犯其合法权益。

⑮认为行政机关的其他行政行为侵犯其合法权益。

《行政复议法》还进一步规定，公民、法人或者其他组织认为行政机关的行政行为所依据的下列规范性文件不合法，在对行政行为申请行政复议时，可以一并向行政复议机关提出对该规范性文件的附带审查申请。具体包括：①国务院部门的规范性文件；②县级以上地方各级人民政府及其工作部门的规范性文件；③乡、镇人民政府的规范性文件；④法律、法规、规章授权的组织的规范性文件。

根据《行政复议法》这一规定，行政机关的行政活动将受到行政复议的全面审查和监督；受到行政机关具体行政行为侵害的公民、法人和其他组织，有权要求行政机关对其具体行政行为所依据的规范性行政文件进行审查。对于违法的规范性行政文件，有权行政机关将根据法定程序予以撤销。《行政复议法》的这一规定不仅使更多的行政活动受到法律监督，而且极大地增加了公民、法人或其他组织在行政复议中得到有效救济的机会。

教育行政复议的受案范围要符合两个条件：一是符合一般行政复议的规定；二是教育行政机关的具体行政行为所侵犯的应是教育法规所保护的教育关系。《义务教育法实施细则》第四十三条对此做出了复议规定："当事人对行政处罚决定不服的，可以依照法律、法规的规定申请复议。"在此，如果相对人对公安机关就扰乱义务教育学校秩序的行政处罚不服，可提起教育行政复议。因为它既符合一般行政复议受案范围第一条的规定，又符合教育法所保护的法律关系的条件。另外，教育行政复议的被申请人通常是教育行政机关，但也包括其他行政机关。例如，财政机关向学校乱摊派、乱罚款时，被申请人就是财政机关。

三、教育行政复议的程序

（一）申请

申请是指公民、法人或其他组织认为教育行政机关的具体行政行为侵犯其教育法律所保护的合法权益，依照法律规定的条件向有关机关提出复议的要求。申请人应以书面形式在60日内提出复议申请。复议申请书应载明下列内容：申请人的自然情况(姓名、性别、年龄、职业、住址等)，被申请人的名称、地址，申请复议的要求和理由；附交有关的物证、书证或复印件，提出申请的日期。

（二）受理

受理是指教育行政复议机关基于相对人的申请，应当在5日内对申请人的资格和申请复议的条件认真加以审查，并对复议申请做出处理的行为。对符合的予以受理处理；对不符合的不予受理并书面告知申请人；对复议申请书未载明规定的，发还申请人并限期补正等。教育行政复议机关决定受理的标志是立案。一旦立案，教育行政复议机关必须依法对案件进行审理。申请人和被申请人的法律地位平等，申请人不得重复申请复议。

（三）审理

审理是教育行政复议的中心阶段。教育行政复议机关应当在受理之日起7日内将复议申请书副本或者行政复议申请笔录复印件发送被申请人。被申请人应当自收到行政复议申请书副本或者行政复议申请笔录复印件之日起10日内，应向教育行政复议机关提交做出具体行政行为的有关材料或者证据以及答辩书。被申请人逾期不答辩的，不影响复议。

教育行政复议机关根据复议申请书和被申请人提供的材料、证据和答辩书，对原教育行政执法决定进行审查。教育行政复议机关通过审查，查明事实真相，确定原教育行政执法决定是否违法、失当，是否侵害了申请人的合法权益。教育行政复议应以书面形式进行，教育行政复议机关认为必要时也可采取其他方式。

（四）决定

决定是指对案件进行审理后，在判明具体行政行为的合法性、正当性的基础上，有关机关做出相应的裁断。教育行政复议机关应在复议期限内(自受理之日起60日内，但法律另有规定的除外)做出决定。复议决定有：维持决定，补正程序决定，撤销和变更决定，履行职责决定，赔偿决定。

（五）执行

复议决定生效后具有国家强制力，要求复议双方自觉履行，否则将强制执行。在教育行政复议的过程中，如果教育行政机关拒绝履行复议决定，教育行政复议机关可以直接或建议有关部门对该教育行政机关的法定代表人给予行政处分。复议参加人或其他人阻碍复议人员依法执行职务，在未使用暴力和其他威胁手段的情况下，由公安机关给予行政处罚；在使用暴力或其他威胁手段的情况下，则依法追究刑事责任。教育行政复议机关工作人员失职，由复议机关或有关部门给予批评教育或行政处分，直至追究刑事责任。

第四节　教育行政诉讼

一、教育行政诉讼的含义和特征

教育行政诉讼是行政诉讼的一种，是指公民、法人或其他组织认为教育行政机关和教育行政机关工作人员的具体行政行为侵犯其教育法所保护的合法权益，而以教育行政机关为被告提起诉讼，由人民法院在双方当事人和其他诉讼参与人的参加下，进行审理并做出判决。

教育行政诉讼有以下特征。

一是教育行政诉讼申请人的特殊性。教育行政诉讼的申请人是认为教育行政机关的具体行政行为侵犯其合法权益的公民、法人或其他组织，被申请人是做出具体行政行为的教育行政机关。在教育行政诉讼中，被申请人始终是教育行政机关，申请人始终是公民、法人或其他组织。

二是教育行政诉讼内容的特殊性。教育行政诉讼必须是教育行政机关行使职权做出的行政行为，而当事人不服的诉讼。教育行政诉讼所要解决的问题在于判断教育行政机关的行政行为是否合法。

三是教育行政诉讼作用的特殊性。教育行政诉讼兼具救济和监督两种性质。通过教育行政诉讼，首先是可以保护相对人的合法权益，给予相对人受损的合法权益以救济；其次是可以监督教育行政机关依法行政，不滥用职权。

二、教育行政诉讼的受案范围

《行政诉讼法》第二条规定："公民、法人或者其他组织认为行政机关和行政机关工作人员的行政行为侵犯其合法权益，有权依照本法向人民法院提起诉讼。"也就是说，人民法院只受理对行政机关行政行为不服的案件，只要相对人认为行政机关和行政机关工作人员的行政行为侵犯了其合法权益，就可以提起行政诉讼。

《行政诉讼法》第十二条规定的受案范围为：①对行政拘留、暂扣或者吊销许可证和执照、责令停产停业、没收违法所得、没收非法财物、罚款、警告等行政处罚不服的；②对限制人身自由或者对财产的查封、扣押、冻结等行政强制措施和行政强制执行不服的；③申请行政许可，行政机关拒绝或者在法定期限内不予答复，或者对行政机关作出的有关行政许可的其他决定不服的；④对行政机关作出的关于确认土地、矿藏、水流、森林、山岭、草原、荒地、滩涂、海域等自然资源的所有权或者使用权的决定不服的；⑤对征收、征用决定及其补偿决定不服的；⑥申请行政机关履行保护人身权、财产权等合法权益的法定职责，行政机关拒绝履行或者不予答复的；⑦认为行政机关侵犯其经营自主权或者农村土地承包经营权、农村土地经营权的；⑧认为行政机关滥用行政权力排除或者限制竞争的；⑨认为行政机关违法集资、摊派费用或者违法要求履行其他义务的；⑩认为行政机关没有依法支付抚恤金、最低生活保障待遇或者社会保险待遇的；⑪认为行政机关不依法履行、未按照约定履行或者违法变更、解除政府特许经营协议、土地房屋征收补偿协议等协议的；⑫认为行政机关侵犯其他人身权、财产权等合法权益的。除前款规定外，人民法院受理法律、法规规定可以提起诉讼的其他行政案件。

《行政诉讼法》第十三条规定，人民法院对公民、法人或者其他组织提出的下列事项不予受理：①国防、外交等国家行为；②行政法规、规章或者行政机关制定、发布的具有普遍约束力的决定、命令；③行政机关对行政机关工作人员的奖惩、任免等决定；④法律规定由行政机关最终裁决的行政行为。

三、教育行政诉讼的管辖

教育行政诉讼的管辖是指人民法院组织系统内部审判第一审教育行政案件的权限划分。教育行政诉讼的管辖大致分为级别管辖、地域管辖、裁定管辖。

（一）级别管辖

级别管辖是指上、下级人民法院之间受理和审判第一审教育行政案件的权限划分。一般来说，最高人民法院管辖全国范围内重大、复杂的第一审教育行政案件；高级人民法院管辖本辖区重大、复杂的第一审教育行政案件；中级人民法院管辖本辖区内重大、复杂的教育行政案件以及由教育部门的具体行政行为引起的案件；基层人民法院管辖第一审教育行政案件。

（二）地域管辖

地域管辖又称区域管辖，是指同级人民法院之间受理和审判第一审教育行政案件的权限划分。一般来说，教育行政案件由最初做出具体行政行为的教育行政机关所在地的人民法院管辖。经过复议并改变原具体行政行为决定的教育行政案件，也可由教育行政复议机关所在地的人民法院管辖。教育行政案件因不动产而提起，由不动产所在地人民法院管辖。

（三）裁定管辖

裁定管辖是指人民法院裁定教育行政案件的管辖权。它包括三种情形：一是移送管辖，指人民法院将已受理的案件移送给有管辖权的人民法院审理；二是指定管辖，指上级人民法院以裁定的方式，指定某下级人民法院管辖某一案件；三是管辖权的转移，指上级人民法院决定或同意将有管辖权的案件，由下级人民法院移送上级人民法院，或由上级人民法院移送下级人民法院。

四、教育行政诉讼的程序

（一）起诉

起诉是指公民、法人或者其他组织认为教育行政机关的具体行政行为侵犯了其教育法所保护的合法权益，依法向人民法院提出诉讼请求，要求人民法院予以救济的行为。它要求有明确的被申请人、有具体的诉讼请求和事实根据、属于人民法院管辖、符合受案范围、符合起诉的日期限定。按照《行政诉讼法》的规定，对于须经复议的行政案件，申请人不服行政复议决定的，可以在收到复议决定书之日起 15 日内向人民法院提起诉讼；如果复议机关逾期未做决定的，申请人可以在复议期满 15 日内向人民法院提起诉讼；直接起诉的应在知道行政行为之日起 6 个月内起诉。

（二）受理

受理是指人民法院经过审查之后应当在 7 日内立案或做出不予受理的决定。审查是依照相关法律对起诉条件等内容进行核查。申请人对不予受理的裁定，可在接到裁定书之日起 10 日内向上一级人民法院提出上诉。

（三）审理

开庭审理前，人民法院在立案之日起 5 日内将起诉状副本发送被申请人，告知被申请人应当在收到起诉状副本之日起 15 日内向人民法院提交做出具体行政行为的有关材料，并提出答辩状。人民法院在收到被申请人答辩状之日起 5 日内，将答辩状副本发送申请人。被申请人不提出答辩状，不影响人民法院审理。人民法院确定合议庭组成人员，确定开庭审理的时间、地点，并在开庭之前 3 日内传唤、通知当事人和其他诉讼参与人。人民法院审理教育行政案件，分为宣布开庭、法庭调查、法庭辩论、合议庭评议、宣判五个阶段。

（四）判决

人民法院对教育行政案件审理后，应根据不同情况做出判决：证据确凿，适用法律法规正确，符合法定程序的，维持原判；主要证据不足，适用法律法规错误，违反法定程序，超越、滥用职权的，判决撤销或部分撤销原判；被申请人不履行或者拖延履行法定职责的，判决其在一定期限内履行；行政处罚显失公正的，判决变更处罚决定。

当事人不服人民法院第一审判决，有权在判决书送达之日起 15 日内向上一级人民法院提起上诉。当事人不服人民法院第一审裁定，有权在裁定书送达之日起 10 日内向上一级人民法院提起上诉。逾期不提起上诉，人民法院的第一审判决或者裁定发生法律效力。

（五）执行

执行是指人民法院使生效的判决、裁定、调解书等付诸实践。当事人必须履行人民法院发生法律效力的判决、裁定。公民、法人或者其他组织拒绝履行判决、裁定时，教育行政机关可以向人民法院申请强制执行或依法强制执行。拒不履行时，依法追究其法律责任。

案例①

2011 年，房某个人实际出资，但以 A 公司的名义向某区社区教育办公室提出办学申请。该区社区教育办公室经过审查后，根据《民办教育促进法》的相关规定，向 A 公司颁发了民办学校办学许可证。

同年，该区社区教育办公室接到举报后，经核查发现，房某为该学校的隐名出资人；该学校在申请设立的过程中提交了虚假的举办人材料，属于提交虚假证明文件骗取办学许可，且情节严重，遂依据《民办教育促进法》相关规定，吊销了该学校的民办学校办学许可证。

该区社区教育办公室依据《民办教育促进法》的相关规定，组成清算组对该学校进行了清算，并吸收隐名出资人房某参与清算。清算结束后，该区社区教育办公室做出注销该学校的行政决定。此后，房某针对吊销学校办学许可证和注销学校行为一并提起了行政诉讼。

① 陈伟：《民办学校隐名出资人不具备行政诉讼原告主体资格》，载《山东审判》，2017(4)。

一审法院经过审理，认为该学校为非企业法人；该区社区教育办公室的吊销行政处罚以及注销行政决定都是针对该学校做出的；房某并非被诉具体行政行为的相对人或相关人，与被诉具体行政行为之间不存在法律上的利害关系，不具有提起行政诉讼的原告主体资格，遂依照《最高人民法院关于执行〈中华人民共和国行政诉讼法〉若干问题的解释》的相关规定，驳回房某的起诉。

房某认为，自己与被诉具体行政行为之间存在法律上的利害关系，具备提起本案行政诉讼的原告主体资格。一审裁定认定事实不清，适用法律错误，请求二审法院依法改判。二审法院经过审理后，驳回了房某的上诉，维持了一审判决。

讨论：以他人的名义出资举办民办学校，即隐名出资举办民办学校的行为人是否能以自己的名义提起行政诉讼？

分析：二审法院在审理的过程中出现了两种意见。一种意见认为，根据《民办教育促进法》的规定，民办学校在扣除办学成本、预留发展基金以及按照国家有关规定提取其他的必需的费用后，出资人可以从办学结余中取得合理回报。这说明民办学校的出资人对民办学校享有出资人权益，即从办学结余中取得合理回报的权利。隐名出资人也属于出资人。房某作为该学校的隐名出资人，对该学校享有出资人权益。被诉具体行政行为影响了房某出资人权益的实现，故而与其之间存在法律上的利害关系。房某可以以自己的名义提起行政诉讼。另一种意见认为，虽然从字面上看，民办学校的出资人包括隐名出资人和显名出资人，但根据《民办教育促进法》的立法目的，对出资人必须做狭义解释，只能限定为显名出资人，即申请设立过程中提交的出资人文件表明的出资人，否则就是对隐名出资行为的鼓励。在本案例中，房某作为涉案学校的隐名出资人，对该学校不享有出资人权益，不能从办学结余中取得合理回报。所以被诉具体行政行为没有影响房某权利的实现，与房某之间不存在法律上的利害关系。房某不能以自己的名义提起行政诉讼。

合议庭最终采纳了第二种意见，主要理由是，被诉具体行政行为系针对该学校做出的。而上诉人对该学校以及投入举办该学校的财产没有受法律保护的权利，与被诉具体行政行为之间没有法律上的利害关系，不能提起行政诉讼。

第五节　教育行政赔偿

一、教育行政赔偿的含义和特征

教育行政赔偿是指教育行政机关及其工作人员在执行职务过程中，违法行使职权侵犯了公民、法人或其他组织的合法权益，造成了损害，依照《国家赔偿法》由国家给予的赔偿。行政赔偿在《行政诉讼法》上又称为行政侵权赔偿。

教育行政赔偿一般有如下特征。

一是主体特定性。教育行政侵权行为主体是教育行政机关及其工作人员，这是教育行政赔偿的前提。它不同于一般民事法律关系中的侵权之处在于民事侵权行为主体可以是任何人或组织。教育行政赔偿是教育行政机关或工作人员在实施教育管理活动时违法侵权给公民、法人或其他组织造成损失而给予的经济赔偿。

二是执行职务性。教育行政侵权行为与行使教育行政权力相联系。教育行政权力的行使表现为执行行政职务，即职务行为是构成教育行政赔偿的基础。非职务行为不会导致教育行政赔偿责任，可能会导致民事侵权责任。此时工作人员要对自己的行为负责，国家对此不承担责任。

三是违法行政性。违法行政的本质在于它的社会危害性。它不仅侵犯了公民、法人或其他组织的合法权益，还削弱了法律，使国家的权威受到了严重影响，伤害了人民对国家的感情。对违法行政后果进行赔偿正是为了消除违法行政所造成的恶果。

四是国家赔偿性。因为执行职务而发生教育行政侵权行为，不由工作人员个人向受害者承担责任，而由国家向受害者承担责任。但是，这并不等于不追究工作人员的侵权责任。一般而言，在教育行政机关内部，可以对违法执行职务的追究纪律责任，但不能以工作人员内部的纪律责任代替教育行政机关对受害者承担的责任。

教育行政赔偿的主体是国家，这是由于这种责任的产生系由国家权力的运用所致。国家是抽象概念，它的活动表现为具体行政机关的活动。工作人员的职务行为也是受行政机关委托并以行政机关的名义做出的，其行为应视为行政机关的行为。因此，国家责任直接承担的形式是由行政机关代表国家并以国家的名义对受害者承担赔偿责任。

五是法律责任性。教育行政赔偿是具有法律意义的责任。首先，这种责任一般由法律规定，如《国家赔偿法》等法律法规的侵权责任规范。其次，这种责任的承担形式通常是具有法律意义的惩戒，如金钱赔偿、返还原物等。最后，这种责任的承担是法律救济，即补救、恢复受害者的合法权益。

二、教育行政赔偿责任的构成要素

教育行政赔偿责任的构成要素是指国家承担赔偿责任所应具备的前提条件。根据《国家赔偿法》的规定，教育行政赔偿责任的构成要素由损害事实、侵权行为主体、执行职务的违法行为和因果关系四个方面组成。

（一）损害事实

国家赔偿制度的主要功能是对损害进行补救，因而任何侵权赔偿责任都以损害事实的存在为首要条件。没有损害事实，也就谈不上赔偿。根据我国的实际，并不是任何损害都能得到赔偿。根据《国家赔偿法》的规定，损害赔偿范围如下。第一，对人身权和财产权造成的损害予以赔偿；对公民其他权益的损害，如精神损害①等，

① 精神损害赔偿一般以人身自由、生命健康权等物质性人格权受到侵害为前提。2021年，《最高人民法院关于审理国家赔偿案件确定精神损害赔偿责任适用法律若干问题的解释》发布，结合实践经验将精神损害赔偿的情形具体化，体现出我国对人格权保护的进一步重视。参见马怀德、张红：《论国家侵权精神损害赔偿》，载《天津行政学院学报》，2005(1)；杨立新：《人身权法论》第三版，78页，北京，人民法院出版社，2006。

国家不予赔偿。第二，由于侵犯人身权和财产权所引起的财产损害，国家予以赔偿。第三，财产损害中只赔偿直接的损失，对间接损失不予赔偿。那么哪些损害是对人身权和财产权的损害呢？

1. 对人身权的损害

根据《国家赔偿法》的有关规定，对人身权的损害可分为对人身自由权的损害与对生命健康权的损害。

（1）对人身自由权的损害

人身自由权指公民依法享有的不受他人支配或控制的权利以及行动自由的权利。对人身自由权的侵害主要表现为违法剥夺或限制他人的人身自由。导致人身自由权损害的国家侵权行为是多种多样的，主要包括行政执法行为中的违法拘留、劳教、扣留、收审等，执行职务中的非法拘禁、扣押等。

（2）对生命健康权的损害

所谓生命健康权是指公民依法享有的保护身体不受非法侵害的权利。对生命健康权的损害主要表现为因国家侵权行为致使公民身体受到伤害或者死亡。

2. 对财产权的损害

财产权是指具有经济利益的权利，包括物权、债权、著作权、专利权、商标权等。对财产权损害的国家侵权行为包括行政行为中违法罚款，吊销许可证和执照，责令停产停业，查封、扣押、冻结财产，没收财物，违法征收财物、摊派费用等。

（二）侵权行为主体

侵权行为主体即国家只对一定范围的主体的侵权行为承担赔偿责任。依据《国家赔偿法》的规定，我国的侵权行为主体包括国家机关和国家机关工作人员两类。国家机关是指享有一定权利，执行国家职能的国家机构系统，包括国家行政机关、国家审判机关与国家检察机关等。教育行政赔偿中专指国家教育行政机关。国家机关工作人员是指在上述国家机关中担任一定职务，依法执行公务，并以此领取报酬的人员，包括公务员、审判员、检察人员、公安人员、国家安全人员以及法律法规授权的组织成员，受上述国家机关委托执行公务的组织成员或个人事实上执行公务的人员。教育行政赔偿中专指教育行政机关的工作人员及受教育行政机关委托执行公务的组织成员。

（三）执行职务的违法行为

执行职务的违法行为是国家侵权责任中根本的构成要素，说明了国家承担赔偿责任的根本原因。所谓执行职务的违法行为是指违法执行职务的行为。这里包含两层含义：一是违法，包括违反有关法律法规以及具有法律效力的规范文件。二是违法行为必须是在行使国家职权过程中产生的行为。国家机关工作人员行使与职权无关的个人行为给他人造成损害，不适用国家赔偿，但公民可以请求民事赔偿。

属于执行职务范围的行为有如下两种。

1. 构成职务行为本身的行为

这种行为有教育行政机关违法封闭民办学校的行为，工商行政管理机关违法吊销许可证和执照、责令停产停业的行为等。这种行为的特点是，其本身就是国家机关实施的行为。

2. 与职务内容密不可分的行为

这种行为的特点是其本身不是职务行为，而是事实行为，却与职务内容密切相关。这种行为包括两种形式。一种是为执行职务而采取不法手段的行为。例如，在动员辍学学生返校就读时，收缴其家长的农业生产工具和家庭生活用品。另一种是利用职务之便，为个人目的所为的行为。例如，某职务评审工作人员与某甲有私怨，在某甲的教师职务评审中故意从中作梗。

（四）因果关系

违法侵权行为与损害事实之间具有因果关系是教育行政侵权主体对损害承担法律责任的基础与前提。如果缺少这种因果关系，那么行为人就没有义务对损害负责；反之，如果存在这种因果关系，则构成行政赔偿。在我国，教育行政赔偿责任构成要素中的因果关系通常指直接因果关系，即行为与结果之间存在逻辑上的直接关系。

其中，行为并不是导致结果的必然或根本原因，而仅仅是导致结果的一个较近的原因。至于其间关联性的紧密程度，则完全由人民法院根据具体案件的情况来判定。

三、教育行政赔偿的范围

《国家赔偿法》在《行政诉讼法》规定的基础上针对目前实际存在的问题，将行政赔偿的范围仅限于侵犯人身权与财产权的违法行政行为。《国家赔偿法》关于赔偿范围的规定包括以下几个方面。

（一）侵犯人身权的违法行政行为

1. 违法拘留或者违法采取限制公民人身自由的行政强制措施

实施行政处罚与行政强制措施都属于行政机关的职务行为，违法实施这两种具体行政行为构成了职务行为本身的违法。凡限制人身自由的行政强制措施存在事实不清，适用法律错误，未遵守法定程序等问题，均属于违法行政强制措施。已造成公民人身自由受到限制或剥夺的既成事实时，国家应当承担赔偿责任。

2. 非法拘禁或者以其他方法非法剥夺公民的人身自由

这类行为是指行政机关及其工作人员在执行职务中，在不具有行政拘留、限制人身自由的行政强制措施权限，或者虽具有上述权限但尚未依法做出决定的情况下，非法剥夺公民的人身自由。其方式是非法拘禁、非法扣留、绑架、强制禁闭等。这类行为的特点是，一般不属于行政机关及其工作人员的职务行为，却与职务行为有关联，或者是为了执行职务而采取的非法手段。例如，教师非法罚留学生，限制学生的人身自由。

3. 以殴打等行为或者唆使、放纵他人以殴打等行为造成公民身体伤害或死亡

这类行为是行政机关工作人员在行使职权时实施或唆使他人实施的行为。其本身并不是职务行为，但却与职务行为密切相关，或者是执行职务的手段，或者是假借职务之便实施的，或者是在执行职务的时间或场所内实施的。

4. 违法使用武器、警械造成公民的身体伤害或者死亡

这类行为是指行政机关工作人员在行使职权时违反国家有关武器、警械使用规定而使用枪支、警棍、手铐、警绳、催泪弹等致他人伤亡的行为。这类行为一般是在执行职务中发生的。

5. 造成公民身体伤害或死亡的其他违法行为

这类行为是指行政机关及其工作人员在执行职务中实施的除上述四种违法行为以外的违法行为而致他人伤亡的行为。

（二）侵犯财产权的违法行政行为

1. 违法实施罚款、吊销许可证和执照、责令停产停业、没收财产等

根据《国家赔偿法》的规定，行政处罚必须符合以下两个条件，国家才予以赔偿：一是行政处罚违法，即其合法性已被行政机关或者司法机关裁决否定。二是行政处罚已经执行并造成了侵害相对人财产权的结果。例如，财物已经没收上缴，这部分财物的所有权已经从受害者转移至行政机关。

2. 违法对财产采取查封、扣押、冻结等行政强制措施

这里的行政强制措施属于限制财产的强制措施，会对当事人财产权的行使予以一定限制或剥夺。为切实保障当事人的合法权益，法律一般对行使上述强制措施都规定了严格的条件及程序，行政机关必须依法实施上述行为。如果违反法律规定而致他人损害，受害者有权请求国家赔偿。

3. 违法征收、征用财物

行政征收和征用是对公民财产的所有权和使用权的取得，从某种意义上可以理解为一种对公民财产权的限制。对于个人的财产权，社会经历了从古代专制社会的“王权至上控制个人财产”，到近代资本主义民主社会的“私人财产神圣不可侵犯”，再到现代社会的“个人财产权利不得滥用”的历程，经历了“忽视—绝对保护—相对保护”的过程。行政征收和征用就可以看作相对保护个人财产权的前提下对个人财产权的一种限制，体现了权利不得滥用原则。它意味着在公共利益确实需要的情况下，

个人的财产权需要让位于公共利益，既不能消极地不作为，也不能主动地作为来影响社会公共利益。行政征收和征用是对消极行使财产权的一种限制。当社会公共利益在进行必要的发展的时候，强制性地征收和征用个人财产并补偿，就是征收和征用的实质。如果行政机关违反法律规定实施上述行为，相对人有权要求国家赔偿。

4. 违法侵犯财产权造成损害的其他行为

这是指行政机关及其工作人员在执行职务中实施除上述三种违法行为以外的其他违法行为，而侵犯了相对人财产权并造成损害的行为。例如，因行政机关拒绝履行保护财产权的法定职责或者对于受害者要求行政机关保护其财产的申请不予答复，致使他人将受害者财产毁损。行政机关这种违法不作为致使受害者财物损害的行为，就属于这里所说的“其他行为”。

四、教育行政赔偿的义务机关

根据《国家赔偿法》第七条、第八条的规定，教育行政赔偿的义务机关包括以下几类。

（一）实施侵害的行政机关

行政机关及其工作人员违法行使行政职权侵犯公民、法人和其他组织的合法权益造成损害时，该行政机关为行政赔偿的义务机关。在此情况下，违法行使职权的行为以该行政机关的名义做出。做出该行为的工作人员完全是为了执行命令或决定，其本人并没有主动违法的行为。例如，某行政机关违法做出摊派城市建设费用的决定，由其工作人员执行。该项违法行为属于该行政机关违法行使职权，而非执行人员个人违法行使职权。

两个以上行政机关共同行使行政职权而侵犯公民、法人和其他组织的合法权益造成损害时，共同行使行政职权的行政机关为共同赔偿的义务机关，并根据具体情况划分赔偿份额。

（二）法律法规授予行政权的组织

法律法规授予行政权的组织行使授予的行政权而侵犯公民、法人和其他组织的合法权益造成损害时，这些组织为行政赔偿的义务机关。作为行政赔偿义务机关的此类组织必须具备以下条件。

①有法律法规明确授予的行政权。法律指全国人民代表大会及其常委会通过的各类法律及具有法律效力的规范性文件，如决定、决议等。法规指行政法规和地方性法规。在我国，有法规制定权的机关为国务院、省级人民代表大会及其常委会以及省、自治区人民政府所在地的市和经国务院批准的较大的市的人民代表大会及其常委会。

②在行使被授予的行政权时侵犯公民、法人和其他组织的合法权益并造成损害。

（三）委托的行政机关

受行政机关委托的组织或个人行使受委托的权力而侵犯公民、法人和其他组织的合法权益造成损害时，委托的行政机关为行政赔偿的义务机关。例如，某市税务机关委托某酒店代征宴席税。酒店老板超额征收，引发行政赔偿。此时，委托的市税务机关为行政赔偿的义务机关。

（四）行政复议机关

受理行政复议申请，依法对具体行政行为进行审查并做出裁决的行政机关即行政复议机关。只有复议决定加重了被复议机关损害的情况下，行政复议机关才对加重的损害部分承担赔偿责任。对于由最初做出具体行政行为的行政机关所造成的损害，该行政机关为行政赔偿的义务机关。

（五）上述行政赔偿的义务机关被撤销后的赔偿义务机关

上述行政赔偿的义务机关被撤销后，继续行使其职权的行政机关为行政赔偿的义务机关。没有继续行使其职权的行政机关时，撤销该行政赔偿义务机关的行政机关为行政赔偿的义务机关。

五、教育行政赔偿的程序

（一）行政赔偿的提起

赔偿申请人向教育行政机关请求赔偿，应递交教育行政赔偿申请书及有关的证据材料。申请书应当具备以下事项：①申请人的姓名、性别、年龄、工作单位和住所，法人或者其他组织的名称、住所和法定代表人或者主要负责人的姓名、职务；②具体赔偿要求，事实根据和理由；③行政赔偿的义务机关；④申请的年、月、日。

行政赔偿程序由非诉讼程序（行政程序）与诉讼程序（司法程序）两部分组成。在我国，原则上行政赔偿申请人必须首先向行政赔偿的义务机关提出赔偿请求，由行政赔偿的义务机关先行通过行政程序予以解决。只有当行政赔偿的义务机关不受理行政赔偿申请人的赔偿请求或者行政赔偿申请人对赔偿数额有异议时，行政赔偿申请再诉请人民法院予以裁决。

（二）行政赔偿申请的受理

行政赔偿的义务机关收到请求赔偿的申请后，要对其进行审查。主要审查下列几项内容：①是否符合行政赔偿的要素；②申请书的形式和内容是否符合要求；③申请人要求赔偿的损害是否确系由本行政机关及其工作人员或受本机关委托的组织和个人的违法行为造成；④申请赔偿的损害是否属于《国家赔偿法》所规定的赔偿范围。如果经审查，所有这些要求都已达到，则应受理。如果发现申请书的内容、形式有缺漏，应告知申请人予以补正；如果申请人不具有请求权，应告知要由有请求权的人来申请；如果申请人已丧失申请权，应告知其不予受理的原因。

如果审查结果认为该申请符合赔偿条件，行政赔偿的义务机关应与申请人进行协商。双方就赔偿问题达成一致意见后，应制作具有法律效力的赔偿协议书，载明赔偿方式、金额、履行方式和期限等，并在自收到申请之日起 2 个月内依照赔偿协议书中的规定给予赔偿。如果行政赔偿的义务机关逾期不赔偿或者赔偿申请人对赔偿数额有异议，赔偿申请人自期满之日起 3 个月内向人民法院起诉。

行政赔偿的义务机关赔偿损失后，应当责令有故意或者重大过失的工作人员、受委托的组织或者个人承担部分或者全部赔偿费用。对于有故意或者重大过失的责任人员，有关机关应当依法给予行政处分；对于构成犯罪的人员，应当依法追究刑事责任。

（三）行政赔偿申请的拒绝

被请求的行政赔偿义务机关在收到申请人的申请后，通常以两种方式拒绝赔偿。①认为本机关无赔偿义务，因而应在收到申请后以书面的形式告知申请人不予赔偿，并说明不予赔偿的理由。②收到申请后，置之不理，超过 2 个月的法定期限不予赔偿；或者申请人对赔偿数额有异议，这种情况可以被认为是默示的拒绝。申请人不论遇到何种方式的拒绝，均可在 3 个月内向人民法院提起赔偿诉讼，通过司法程序求得损害赔偿。

案例

2017 年 3 月 23 日，某市人社局发布市教育局直属事业单位招聘公告，面向全国招聘教职员。招聘公告有关报考者的资格条件规定，报考人员所修学的专业必须与应聘的职位相对应。李某经资格初审参加笔试，于 2017 年 5 月通过现场资格审查，经面试、体检、考察、公示等程序，通过政审并经拟聘用公示，参加了某教育学会组织的岗前培训。2017 年 9 月，李某（乙方、受聘人员）与某市司法学校（甲方、用人单位）签订聘用合同。其约定，合同期限为 2017 年 9 月 1 日至 2019 年 8 月 31 日。甲方同意聘用乙方在行政管理服务教学部岗位上工作，聘任教师职务等。后来，某市司法学校向某市教育局提交申报资料，申请为李某办理增人计划手续。某市教育局经审核认为符合增人计划要求并将相关资料申报给某市人社局。某市人社局经审查认为李某于 2015 年 7 月毕业，距 2017 年 4 月 7 日报名首日时工作时间不足 2 年，不符合招聘职位要求的 2 年以上同行业工作经历条件，遂做退案处理。其后，某市司法学校以李某具备招聘职位要求的有相关专业的中级或以上国家职业资格，再次向某市教育局申报。某市教育局审查认为符合申报要求，再次向某市人社局申报。某市人社局经审查认为李某持有的《全国计算机信息高新技术考试合格证书》属于国家职业资格目录中的“软件和信息技术服务人员”，并非“人力资源服务人员”，不符合招聘职位的要求，遂决定做退案处理。2018年3月20日，某市人社局在系统做出退案决定。某市教育局于2018年3月23日向某市司法学校做出退案处理。李某自述其于2018年9月3日得知该退案处理，遂向原审法院提起诉讼。

讨论：(1)某市教育局是否为本案适格被告？(2)某市人社局的退案行为是否合法？(3)李某提出的赔偿请求是否应予以支持？

分析：第一，某市教育局是否为本案例适格被告的问题。

在本案例中，某市教育局根据某市人社局退案决定做出的退案处理，仅是后续处理行为，不能说明某市教育局对增员事项进行实质处分。故某市教育局在本案例中不构成实质性适格。《行政诉讼法》第二十六条规定：“公民、法人或者其他组织直接向人民法院提起诉讼的，作出行政行为的行政机关是被告。”一审法院驳回李某对某市教育局的起诉，认为其符合法律规定，予以维持；认为李某上诉主张某市教育局应当为本案适格被告，缺乏法律依据，不予支持。

第二，某市人社局的退案行为是否合法的问题。

从职权依据看，《某省事业单位公开招聘人员办法》规定，各级人民政府人力资源行政部门负责对本行政区域内事业单位公开招聘工作进行指导、监督和管理。各级人民政府有关行政部门和事业单位的主管部门按照各自的职责协同做好事业单位公开招聘工作。《某省机关、事业单位增人计划卡管理实施细则》规定，机关、事业单位不论以何种形式新增职工，包括接收国家统一分配的大、中专毕业生和转业军(警)官，从社会上招收干部、工人(含复员退伍军人，下同)，调入干部、工人等，均纳入职工人数计划，并使用增人计划卡。《某省机关、事业单位增人计划卡管理实施细则》还规定，用人单位新增职工，须如实填写增人计划卡，主管部门审核盖章后，送进人审批部门办理进人审批手续，再凭增人计划卡到人事计划部门核定工资基金。没有增人计划卡的单位不能进人。否则，不予核增工资基金和调资晋级。由此可见，某市人社局对本案例中的事业单位招聘及录用工作有监督、管理、审批的职权。故李某关于某市人社局超越职权实施行政行为的上诉理由，理据不足。

第三，李某提出的赔偿请求能否予以支持的问题。某市人社局做出的退案处理决定有充分的事实和法律依据，且程序正当合法。故李某提出的行政赔偿请求没有事实基础和法律依据。

第六节　其他教育诉讼

一、教育民事诉讼

（一）教育民事诉讼的含义

教育民事诉讼是指人民法院在双方当事人和其他诉讼参与人的参加下，依法审理和解决有关教育的民事纠纷案件的活动，以及在活动中产生的各种诉讼法律关系的总和。教育民事诉讼的范围包括：关于教育方面的财产权纠纷案件，如财产所有权、债权等；关于教育方面的人身权纠纷案件，如生命权、健康权、名誉权、肖像权等；关于教育方面的经济合同纠纷案件；关于教育方面的知识产权纠纷案件，如著作权、专利权等。

（二）教育民事诉讼的管辖

教育民事诉讼的管辖是指上、下级人民法院之间受理第一审教育民事诉讼的分工和权限，主要分为级别管辖、地域管辖、裁定管辖等。

1. 级别管辖

级别管辖是指上、下级人民法院之间受理第一审教育民事案件的分工与权限。分工的主要依据在于案件性质、繁简程度、影响范围等。根据《民事诉讼法》的规定，基层人民法院管辖第一审民事案件，但本法另有规定的除外。中级人民法院管辖的第一审民事案件是重大涉外案件、在本地区有重大影响的案件和最高人民法院确定由中级人民法院管辖的案件。高级人民法院管辖在本辖区有重大影响的第一审民事案件。最高人民法院管辖的第一审民事案件是在全国有重大影响的案件和认为应当由本院审理的案件。

2. 地域管辖

地域管辖是指同级人民法院之间在各自的辖区内受理第一审教育民事纠纷案件的分工和权限。地域管辖分为一般地域管辖、特殊地域管辖和专属地域管辖。一般地域管辖是指按照当事人所在地与所在法院的隶属关系所确定的管辖。特殊地域管辖是以诉讼标的所在地或民事法律事实发生地为标准确定的管辖。专属地域管辖指特定的案件专门属于特定的法院管辖。通常来说，一般的教育民事纠纷案件由被告住所地的人民法院管辖。被告住所地与经常居住地不一致时，由经常居住地的人民法院管辖。因不动产提起的教育民事诉讼，由不动产所在地的人民法院管辖。

3. 裁定管辖

裁定管辖分为三种情况。第一，移送管辖。某一人民法院受理教育民事纠纷案件后，发现本院对该案件没有管辖权，依法将案件移送给有管辖权的人民法院审理。第二，指定管辖。上级人民法院以指定方式指定其辖区内的下级人民法院对某一教育民事纠纷案件行使管辖权。其前提有两个：一是由于特殊原因，有管辖权的人民法院不能行使管辖权；二是由于发生管辖权争议，上级人民法院指定管辖。第三，管辖权转移。根据法律的规定，上级人民法院将某一教育民事纠纷移交下级人民法院，或者经同意，下级人民法院移交上级人民法院管辖。

（三）教育民事诉讼的程序

民事诉讼程序包括第一审普通程序、简易程序、第二审程序、审批监督程序等。教育民事诉讼程序主要指第一审普通程序，大体包括如下步骤。

1. 起诉

起诉是当事人依法向人民法院提出请求的诉讼行为。《民事诉讼法》一百二十二条规定，起诉必须符合下列条件：①原告是与本案有直接利害关系的公民、法人和其他组织；②有明确的被告；③有具体的诉讼请求和事实、理由；④属于人民法院受理民事诉讼的范围和受诉人民法院管辖。

2. 受理

受理是人民法院收到原告的起诉状后，应当在法定的期限内对起诉状是否符合法定要求，起诉是否符合法定条件等做出审查。如果发现起诉状有遗漏或错误时，应通知起诉人补正。符合起诉条件，应当在 7 日内立案，并通知当事人；不符合起诉条件，应当在 7 日内做出裁定书，不予受理；原告对裁定不服，可以提起上诉。

3. 审理

人民法院审理前的准备工作包括：依法发送起诉状、答辩状①；告知当事人诉讼权利和义务；确定审判人员，依法组成合议庭；审核诉讼材料，调查收集必要的证据；先行调解②。审理包括庭审准备、宣布开庭、庭审调查、法庭辩论、合议庭评议、宣判几个步骤。法庭辩论结束后，在已查明事实及分清是非的基础上，人民法院可以再行调解。当庭调解达不成协议，应继续进行庭审，或依法做出判决。人

① 人民法院应当在立案之日起 5 日内将起诉状副本发送被告，被告应当在收到之日起 15 日内提出答辩状。答辩状应当记明被告的姓名、性别、年龄、民族、职业、工作单位、住所、联系方式；法人或者其他组织的名称、住所和法定代表人或者主要负责人的姓名、职务、联系方式。人民法院应当在收到答辩状之日起 5 日内将答辩状副本发送原告。被告不提出答辩状，不影响人民法院审理。

② 在自愿、合法的前提下进行调解是民事诉讼法的一项基本原则，并贯穿于审判程序的始终。经过一定的准备工作后，在案情基本查明、是非基本清楚的基础上，只要有可能调解，审判人员就应当先行调解。经过调解达成协议，应制作调解协议书，结束诉讼程序；如达不成协议，就应开庭审理。

民法院审理教育民事诉讼案件一般实行公开审判，涉及国家秘密、个人隐私或者法律另有规定的除外。在审理过程中，原告经人民法院传票传唤，无正当理由拒不到庭，或未经法庭许可中途退庭，可以按撤诉处理。被告无正当理由拒不到庭或中途退庭，可以缺席审判。

4. 判决和裁定

人民法院经过审理依法做出判决，确定当事人的权利和义务。凡开庭审理的教育民事纠纷案件，无论是公开审理或依法不公开审理的，都必须公开宣告判决。宣告判决后，人民法院应告知当事人的上诉权利、期限及上诉的法院。一审人民法院审理民事案件，应当在立案之日起 6 个月内审结。适用简易程序审理的案件，应当在立案之日起 3 个月内审结。

5. 执行

发生法律效力的民事判决、裁定，要求当事人必须履行。如果一方拒绝履行，对方当事人可以向人民法院申请执行。

二、教育刑事诉讼

（一）教育刑事诉讼的含义

教育刑事诉讼是指国家司法机关在当事人及其他诉讼参与人的参加下，依照法定的诉讼程序，审理有关教育刑事案件的活动。教育刑事诉讼的受案范围包括：①公民或法定代理人对于行为人违反教育法的规定侵犯其合法权益，并已触犯刑律构成犯罪，且情节轻微，依照有关规定直接向人民法院提起刑事诉讼的教育刑事案件；②需要提起公诉的教育刑事案件。《刑事诉讼法》一百六十九条规定，凡需要提起公诉的案件，一律由人民检察院审查决定。人民检察院认为犯罪嫌疑人的犯罪事实已经查清，证据确实、充分，依法应当追究刑事责任，可依法向人民法院提起公诉。刑事案件中的绝大部分都是公诉案件。

教育刑事诉讼的管辖指人民法院、人民检察院和公安机关依照法律规定受理教育刑事案件的职权范围。它可以分为职能管辖和审判管辖。所谓职能管辖是指人民法院、人民检察院、公安机关受理教育刑事案件的分工。所谓管辖审判是指人民法院系统内对第一审教育刑事案件受理的权限划分。

（二）教育刑事诉讼的程序

1. 起诉

教育刑事案件的起诉分为自诉和公诉。自诉是指教育刑事案件的被害人或者其法定代理人为了追究被告人的刑事责任，直接向人民法院提起诉讼。提起自诉须具备的条件有：自诉人必须是本案中的被害人或其法定代理人；必须有明确的被告人；不能超出法定范围；必须在追诉时效期限内提出。起诉应当以书面的形式进行。如果书写起诉状确有困难，可以口头起诉。公诉是相对于自诉而言的，是指人民检察院代表国家向人民法院提出诉讼请求，要求人民法院对被告人进行审判的诉讼活动。人民检察院对需要提起公诉的案件进行全面审查后，认为被告人的犯罪事实已经清楚，证据确实、充分，依法应当追究刑事责任，应当做出起诉的决定，并向人民法院提起诉讼。

2. 受理

人民法院收到自诉状后，经过审查，对于符合受理条件的自诉案件，应予以受理；对于不符合受理条件的自诉案件，可以说服自诉人撤回起诉或者裁定驳回。人民法院对公诉案件进行审查后，对于起诉书中有明确的犯罪事实，并且附有证据目录、证人名单和主要证据复印件或者照片的案件，应当决定开庭审判。

3. 审理

人民法院决定开庭审判后，不论是对自诉案件还是对公诉案件的开庭审理，都应进行庭前准备工作。自诉案件的庭前准备工作包括：核对证据、弄清事实、向被告人送达诉状副本、通知当事人和证人出庭等。公诉案件的庭前准备工作包括：组成合议庭；将起诉书副本至迟在开庭 10 日前送达被告人；将开庭时间、地点，在开庭 3 日前通知人民检察院，传唤当事人，通知辩护人、诉讼代理人等有关人员；先期公布案由、被告人的姓名、开庭时间和地点等。自诉案件、公诉案件的开庭审理程序基本相同，大致分为开庭、法庭调查、法庭辩论、被告人最后陈述、评议和宣判几个阶段。

4. 判决

人民法院经过审理，根据已查明的事实证据和有关的法律法规，分别做出如下判决：对于事实清楚，证据充分，依据法律认定被告人有罪的案件，应做出有罪判决；依据法律认定被告人无罪的案件，应当做出无罪判决；对于证据不足，不能认定被告人有罪的案件，应当做出证据不足，指控的犯罪不能成立的无罪判决。人民法院对案件做出判决，一律公开进行。①

5. 执行

判决发生效力后，罪犯被交付执行机关执行刑罚。没收财产的判决，无论附加适用或者独立适用，都由人民法院执行。必要时，可会同公安机关执行。

三、教育刑事诉讼附带民事诉讼

《刑事诉讼法》第一百零一条规定："被害人由于被告人的犯罪行为而遭受物质损失的，在刑事诉讼过程中，有权提起附带民事诉讼。被害人死亡或者丧失行为能力的，被害人的法定代理人、近亲属有权提起附带民事诉讼。如果是国家财产、集体财产遭受损失的，人民检察院在提起公诉的时候，可以提起附带民事诉讼。"所谓刑事诉讼附带民事诉讼是指司法机关在刑事诉讼过程中，解决被告人刑事责任的同时，附带解决因其行为所引起的物质损失的赔偿而进行合并审理的诉讼制度。提起附带民事诉讼应具备以下条件：①必须以被告人的行为构成犯罪，刑事案件成立为前提；②必须是被害人因被告人的犯罪行为而遭受的物质损失；③被害人的物质损失必须是被告人的犯罪行为直接造成的。人民法院对被害人提起的附带民事诉讼，应当在

① 有关国家秘密或者个人隐私的案件以及 14 周岁以上不满 16 周岁的未成年人的案件不公开审理；16 周岁以上不满 18 周岁未成年人的案件一般也不公开审理。虽然舆论对未成年人犯罪案件的关注和介入对于增强司法的公正性、透明度都发挥着重要作用，但是舆论的介入可能会与未成年人犯罪审理不公开原则产生冲突。首先，导致了公民知情权和言论自由与诉讼参与人合法权利的冲突。其次，造成了审判权独立行使与知情权和言论自由的冲突。

审查刑事案件的同时，对附带民事诉讼的问题进行认真审查，并根据不同情况分别做处理。附带民事案件的第一审程序应根据案件的难易程度并参照《民事诉讼法》规定的程序确定。

复习思考题

1. 界定下列概念：教育法律救济、教师申诉制度、学生申诉制度、教育行政复议、教育行政诉讼、教育行政赔偿。

2. 简述教育法律救济的特征。

3. 简述教育法律救济的途径。

4. 简述教师申诉制度、学生申诉制度的特征。

5. 简述教育行政复议的程序。

6. 简述教育行政诉讼、教育行政赔偿的含义和特征。

7. 简述教育行政赔偿责任的构成要素。

案例分析题 1

吕甲与吕乙系父女关系。2018 年 5 月，吕乙的父母将吕乙的新生入学材料递交至某区甲小学，但被告知根据《2018 年地段生认定办法》的规定，吕乙登记住所的学区名额已被占用，需由某区教育局统筹安排。2018 年 8 月，某街道办事处电话通知吕乙的父母商谈入学问题，后当场告知其按照相对就近原则，将吕乙安排至户籍地附近的某区乙小学或丙小学；吕乙的父母未做选择或认可。此后，吕乙的父母向某区教育局及某街道办事处等部门反映，要求将吕乙安排至离家最近的某区甲小学就读。2018 年 9 月，因吕乙仍未入学，某区教育局及某街道办事处与其父母面谈，最终确定将吕乙统筹安排至某区丁小学。后来，吕甲及吕乙以某区教育局存在行政不作为问题为由，向某区人民政府申请行政复议，要求某区教育局安排吕乙至某区甲小学入学，并要求对某市教育局制定的《2018 年地段生认定办法》进行合法性审查。某区人民政府受理后，将文件转送有权机关处理。某市人民政府复函认为，《2018 年地段生认定办法》的制定主体、程序及内容合法。2018 年 12 月，某区人民政府驳回吕甲及吕乙的行政复议申请。吕甲及吕乙仍不服，认为某区教育局迟延安排吕乙入学构成行政不作为，提起行政诉讼。

问题：某区教育局对吕乙的入学是否履行了教育行政部门的法定职责？某区人民政府驳回行政复议申请是否合法？

案例分析题 2

2018 年 8 月，被告人姚某与潘某某、黄某某等人商议，决定在当年 10 月举行的全国一级造价工程师职业资格考试中组织考生作弊，进而谋取非法利益。

2018 年 10 月 29 日至 11 月 14 日，被告人姚某、潘某某、黄某某等 7 人均被抓获。上述 7 名被告人到案后均如实供述了前述犯罪事实。

某区人民法院经审理后认为，被告人姚某等 7 人在法律规定的国家考试中组织作弊，故以组织考试作弊罪分别判处被告人姚某等 7 人有期徒刑 2 年 6 个月至有期徒刑 10 个月不等，并处罚金 2 万元至 8 万元不等的刑罚，违法所得予以没收。

一审宣判后，被告人均未提出上诉，公诉机关亦未抗诉，判决已生效。

问题：结合本案例讨论组织考试作弊罪标准如何认定。

参考文献

一、著作

1. 劳凯声、郑新蓉:《教育法学概论》，武汉，湖北教育出版社，1996。

2. 孙葆森:《教育法学基础》，长春，吉林教育出版社，1998。

3. 张维平:《教育法学》，哈尔滨，东北朝鲜民族教育出版社，1990。

4. 张玉堂、程微梦:《教育法规通论》，成都，电子科技大学出版社，1996。

5. 李晓燕:《教育法学》第2版，北京，高等教育出版社，2006。

6. 杨颖秀:《教育法学》第二版，北京，中央广播电视大学出版社，2007。

7. 劳凯声:《变革社会中的教育权与受教育权：教育法学基本问题研究》，北京，教育科学出版社，2003。

8. 黄才华:《依法治教概论》，北京，国际文化出版公司、教育科学出版社，2002。

9. 瞿葆奎:《教育学文集》第23卷，北京，人民教育出版社，1991。

10. 戴本博:《外国教育史(中)》，北京，人民教育出版社，1990。

11. 秦梦群:《美国教育法与判例》，北京，北京大学出版社，2006。

12. 郑良信:《教育法学通论》，南宁，广西教育出版社，2000。

13. 孙霄兵:《受教育权法理学：一种历史哲学的范式》，北京，教育科学出版社，2003。

14. 张静:《学生权利及其司法保护》，北京，中国检察出版社，2004。

15. 顾明远、梁忠义：《日本教育》，长春，吉林教育出版社，2000。

16. 杨挺：《教育法学》，重庆，西南师范大学出版社，2011。

17. 沈宗灵：《法理学》，北京，北京大学出版社，2000。

18. 郝维谦、李连宁：《各国教育法制的比较研究》，北京，人民教育出版社，1997。

19. 邓建华、蒋先福：《教育法学基础》，长沙，湖南师范大学出版社，2001。

20. 袁兆春等：《教育改革与发展：我国教育法体系的完善》，济南，山东人民出版社，2009。

21. 黄崴：《教育法学》，广州，广东高等教育出版社，2002。

22. 陈鹏、祁占勇：《教育法学的理论与实践》，北京，中国社会科学出版社，2006。

23. 劳凯声：《教育法学》，沈阳，辽宁大学出版社，2008。

24. [美]约翰·罗尔斯：《正义论》，何怀宏、何包钢、廖申白译，北京，中国社会科学出版社，1988。

25. [苏联]瓦·阿·苏霍姆林斯基：《和青年校长的谈话》，赵玮等译，上海，上海教育出版社，1983。

26. 余雅风：《新编教育法》，上海，华东师范大学出版社，2008。

27. 杨海坤：《宪法基本权利新论》，北京，北京大学出版社，2004。

28. 马新福：《法理学》，长春，吉林大学出版社，1997。

29. [德]弗·鲍尔生：《德国教育史》，滕大春、滕大生译，北京，人民教育出版社，1986。

30. [法]爱弥尔·涂尔干：《教育思想的演进》，李康译，上海，上海人民出版社，2003。

31. [美]鲁思·本尼迪克特：《菊与刀》，吕万和、熊达云、王智新译，北京，商务印书馆，1990。

32. 劳凯声、余雅风：《中国教育法制评论》第12辑，北京，教育科学出版社，2014。

33. 劳凯声：《中国教育法制评论》第6辑，北京，教育科学出版社，2009。

34. 劳凯声：《中国教育法制评论》第1辑，北京，教育科学出版社，2002。

二、期刊及学位论文

1. 劳凯声：《教育立法的实践、理论与问题》，博士学位论文，北京师范大学，1991。

2. 胡文斌：《国外教育法学发展概述》，载《教育研究》，1986(11)。

3. 何瑞琨：《教育法学的学科特点》，载《教育研究》，1987(6)。

4. 何瑞琨：《教育法学研究对象初探》，《辽宁高等教育研究》，1986(3)。

5. 丁胜源、陆进达：《关于建立具有中国特色的教育法学的意见》，载《教育研究》，1987(12)。

6. 张玉堂：《关于我国教育法规研究的几个问题》，载《四川师范大学学报(社会科学版)》，1994(2)。

7. 谭晓玉：《当前中国教育法学研究中的若干理论问题探讨》，载《教育研究》，2004(3)。

8. 谭晓玉：《我国教育法学研究的回顾与反思》，载《教育研究》，1995(8)。

9. 谭晓玉：《未成年学生在校伤害事故法律责任问题探讨——"中小学在校伤害事故"理论研讨会综述》，载《中小学管理》，1999(9)。

10. 刘冬梅：《教育法学学科建构论略》，载《河南师范大学学报(哲学社会科学版)》，2011(3)。

11. 湛中乐：《教育法学研究的问题、范围与方法》，载《中国高等教育》，2014(17)。

12. 湛中乐、苏宇：《教育法学的理论体系与学科建设初论》，载《北京师范大学学报(社会科学版)》，2016(2)。

13. 许晓东、阎峻：《论中国教育法学学科建设》，载《高教发展与评估》，2015(5)。

14. 孙绵涛：《教育法学学科理论研究的若干方法论问题》，载《高等教育研究》，2015(1)。

15. 周光礼：《反思与重构：教育法学的学科建构》，载《高等工程教育研究》，2007(6)。

16. 李连宁：《我国教育法规体系刍议》，载《中国法学》，1988(1)。

17. 周建、徐其萍、李洪甫：《教育法学的基本理论》，载《河北法学》，1991(2)。

18. 龙洋、孙霄兵：《对我国教育法学理论体系逻辑起点的思考》，载《教育学报》，2011(6)。

19. 孙霄兵：《教育法学的学科价值与学科发展》，载《中国高等教育》，2014(17)。

20. 余雅风、劳凯声：《改革开放30年中国教育法学研究的回顾与展望》，载《教育研究》，2009(2)。

21. 余雅风：《我国教育法学的发展及其对教育法治的回应——基于学术史的视角》，《教育学报》，2021(1)。

22. 蒋后强、余兴凤：《教育法学学科建设及人才培养的路径探索》，载《学位与研究生教育》，2016(9)。

23. 李楠：《德国义务教育法制变迁历程探究》，载《安康学院学报》，2012(2)。

24. 蔡颖：《试析德国现代化进程中的教育改革》，载《湖州师范学院学报》，2007(3)。

25. 胡劲松：《20世纪上半叶的德国教育现代化进程》，载《华南师范大学学报(社会科学版)》，2005(3)。

26. 秦雅勤：《透视魏玛共和时期教育改革》，载《学理论》，2012(20)。

27. 赖秀龙：《德国教育政策的制定及启示》，载《现代教育管理》，2009(11)。

28. 李晓燕：《学生的权利和义务论纲》，载《河北师范大学学报（教育科学版）》，2009(10)。

29. 姜大源：《德国联邦职业教育法译者序》，载《中国职业技术教育》，2012(10)。

30. 费爱伦、谭移民：《联邦德国职业教育法规体系》，载《外国教育资料》，1997(4)。

31. 周丽华：《“与洪堡告别?”——战后联邦德国高等教育政策述评》，载《比较教育研究》，2006(4)。

32. 俞可：《在生存与发展的夹缝之间——德国高等教育改革全面展开》，载《上海教育》，2007(5)。

33. 甄瑞：《德国教育体系概况》，载《时代教育》，2010(1)。

34. 卢祖元：《中、美、日三国现代教育立法之比较》，载《江苏高教》，2002(5)。

35. 王嫣：《美国教育立法与美国教育发展》，载《外国教育研究》，1994(3)。

36. 刘庆仁：《美国教育改革概况：1994—2000 年》，载《世界教育信息》，2001(10)。

37. 李雪峰、何晓东：《〈不让一个孩子落后〉法案对中国教育的启示》，载《宜宾学院学报》，2011(10)。

38. 李素敏：《日本教育法制的特点》，载《日本问题研究》，1996(1)。

39. 李仕明、吴坚强、唐小我：《知识经济　高新技术产业　人才——美日经济的发展启示》，载《研究与发展管理》，2000(2)。

40. 李永连：《日本教育立法发展述要》，载《外国教育研究》，1994(1)。

41. 罗朝猛：《日本〈教育基本法〉修订的历程、动因、内容及其争论》，载《比较教育研究》，2007(8)。

42. 刘毓：《二战以来日本教育法制特点浅议》，载《外国中小学教育》，1997(6)。

43. 张玉堂：《清末教育立法及其特点》，载《四川师范大学学报（社会科学版）》，1993(4)。

44. 李露：《论抗战时期的教育立法》，载《集美大学学报》，2002(2)。

45. 高金玲：《关于中国教育法制建设的思考》，载《广西师范大学学报》，2004(3)。

46. 褚宏启：《校长要具备依法治校的素质》，载《人民教育》，1998(10)。

47. 劳凯声：《高等教育改革与高等学校的法律地位》，载《高等师范教育研究》，1993(1)。

48. 褚宏启：《论学校在行政法律关系中的地位》，载《教育理论与实践》，2000(3)。

49. 成有信：《教师职业的公务员性质与当前我国师范院校的公费干部学校特征》，载《教育研究》，1997(12)。

50. 黄葳、孟卫青：《英、美、法、德、日中小学校教师法律地位的比较》，载《比较教育研究》，2002(6)。

51. 蔡永红、肖艺芳：《日本教育公务员制度的特点及其对我国的启示》，载《教师教育研究》，2011(6)。

52. 檀传宝：《论教师的义务》，《教育发展研究》，2000(11)。

53. 姚金菊：《宜确立学校的"公法法人"法律地位》，载《首都师范大学学报(社会科学版)》，2010(6)。

54. 褚宏启：《浅谈学校权力的有限性》，载《教学与管理》，1999(1)。

55. 胡劲松、葛新斌：《关于我国学校"法人地位"的法理分析》，载《教育理论与实践》，2001(6)。

56. 胡劲松、周丽华：《试析德国公立学校的法律地位》，载《华南师范大学学报(社会科学版)》，2002(3)。

57. 韩智芳：《外国学校管理史话(十一)——现代英、日、德学校教育改革及其管理体制》，《教育史研究》创刊二十周年暨中国教育史研究六十年学术研讨会论文，北京，2009。

58. 冯志军：《日本教育法规研究》，硕士学位论文，苏州大学，2004。

59. 皮进：《明治时期日本教育法制变革的历史考察》，硕士学位论文，西南政法大学，2005。

60. 郭泽霞：《中国当代教育立法研究(1949—1985)》，硕士学位论文，曲阜师范大学，2011。